DALE CARNEGIE

Wie man im digitalen Zeitalter Freunde gewinnt

... und Menschen beeinflusst

Bibliografische Information der Deutschen Nationalbibliothek:
Die Deutsche Nationalbibliothek verzeichnet diese Publikation in der Deutschen Nationalbibliografie. Detaillierte bibliografische Daten sind im Internet über http://dnb.d-nb.de abrufbar.

Für Fragen und Anregungen:
info@finanzbuchverlag.de

Wichtiger Hinweis
Ausschließlich zum Zweck der besseren Lesbarkeit wurde auf eine genderspezifische Schreibweise sowie eine Mehrfachbezeichnung verzichtet. Alle personenbezogenen Bezeichnungen sind somit geschlechtsneutral zu verstehen.

1. Auflage 2023

Türkenstraße 89
80799 München
Tel.: 089 651285-0
Fax: 089 652096

Die englische Ausgabe erschien 2012 bei Simon & Schuster unter dem Titel *How to Win Friends and Influence People in the Digital Age*.

Übersetzung: Elisabeth Liebl
Redaktion: Silke Panten
Korrektorat: Christine Rechberger
Umschlaggestaltung: Karina Braun, München
Umschlagabbildung: Shutterstock.com/Coosh448
Abbildungen Innenteil: Shutterstock.com/Mirgunova
Satz: Daniel Förster
Druck: CPI books GmbH, Leck
Printed in the EU

ISBN Print 978-3-95972-585-9
ISBN E-Book (PDF) 978-3-98609-105-7
ISBN E-Book (EPUB, Mobi) 978-3-98609-106-4

Weitere Informationen zum Verlag finden Sie unter

www.finanzbuchverlag.de

Beachten Sie auch unsere weiteren Verlage unter www.m-vg.de.

Inhalt

Warum Dale Carnegies Rat auch heute noch aktuell ist

1936 erklärte Dale Carnegie seinen Leserinnen und Lesern ebenso nüchtern wie bestimmt: »Der Umgang mit Menschen ist vermutlich das heikelste Problem, das wir zu lösen haben.«[1] Dieses Statement ist die Ausgangsbasis für sein Buch *Wie man Freunde gewinnt. Die Kunst, beliebt und einflussreich zu werden.* Und sie trifft heute noch genauso zu wie damals. Strategien für den Umgang mit anderen Menschen zu entwickeln, ist heutzutage jedoch eine viel komplexere Fragestellung.

Kommunikation geschieht heute in Echtzeit, und die Zahl der Kommunikationswege hat sich vervielfacht. Dabei entstanden Netzwerke, die die Grenzen von Ländern, Branchen und Ideologien überschreiten. Trotz dieser Umwälzungen sind die Prinzipien, die Carnegie in seinem Buch beschreibt, nicht etwa überholt, sondern wichtiger denn je. Sie bilden die Grundlage einer jeden integren Kommunikation, ob Sie nun ein Produkt vermarkten, sich bei Ihrem Partner entschuldigen oder Investoren gewinnen möchten. Und wenn dabei das Fundament nicht stimmt, kann es leicht geschehen, dass Sie die falsche Botschaft aussenden, Ihr Gegenüber beleidigen oder Ihr Ziel total verfehlen. Sich exakt auszudrücken sei, wie der amerikanische Schriftsteller James Thurber nachdrücklich betonte, sehr wichtig, und in unserem Zeitalter der fragilen Gleichgewichte bedeutsamer denn je, da ein verkehrtes oder falsch verstandenes Wort ebenso viel Unheil anrichten könne wie eine impulsive, unbedachte Handlung.[2]

Werfen Sie doch nur einmal einen Blick auf das Zeitalter der fragilen Gleichgewichte – 50 Jahre, nachdem Thurber diesen Satz schrieb. Die Risiken, die wir eingehen, sind bedeutend höher. Der Medienmix, dem wir ausgesetzt sind, macht es zunehmend schwieriger, sich abzuheben. Jedes Wort, jede nonverbale Geste, jeder stumme Blick wird so argwöhnisch hinterfragt wie nie zuvor. Eine einzige verkehrte Handlung kann heute weit gravierendere Folgen haben als damals. Und doch ist und bleibt jede zwischenmenschliche Kommunikation – vom ersten »Guten Morgen!« bis zum letzten »Guten Abend!« – eine Gelegenheit, um Freunde zu gewinnen und andere Menschen positiv zu beeinflussen. Diejenigen, die dies Tag für Tag erfolgreich tun, führen auch ein recht erfolgreiches Leben. Doch diese Art von Erfolg fordert ihren Preis, den zu zahlen nicht alle bereit sind. Dafür braucht es ein bisschen mehr als nur ein paar hohle Phrasen und den geschickten Einsatz sozialer Medien.

»Die Kunst der Kommunikation ist die Sprache der Menschenführung«, schrieb James Humes, der für mehrere amerikanische Präsidenten Reden schrieb.[3] Mit anderen Worten: Einfluss auf andere Menschen aufgrund sozialer Kompetenz hat ebenso viel mit dem »Sender« (einer einflussreichen Figur) zu tun wie mit dem Medium. Dieses Buch zeigt Ihnen, warum das richtig ist, so wie es dies schon 50 Millionen Lesern in aller Welt gezeigt hat, darunter Staatsoberhäupter, Medienstars, Wirtschaftsgrößen und Bestsellerautoren. Sie alle haben eines begriffen: So etwas wie eine neutrale Kommunikation gibt es nicht. Ihr Gegenüber fühlt sich nach der Begegnung mit Ihnen entweder ein bisschen besser oder ein bisschen schlechter.[4] Und bei den Besten unter uns genügen ein Nicken, der Tonfall, die bloße Begegnung, damit andere sich besser fühlen. Diese eine Idee täglich zu leben, führt zu einschneidenden Resultaten. Dadurch verbessern sich Ihre Beziehungen zu anderen Menschen und Sie gewinnen an Einfluss, kein Zweifel. Doch der eigentliche Grund dafür ist, dass sich durch die tägliche Übung Ihre Persönlichkeit und Ihr Einfühlungsvermögen zum Besseren verändern. Reagieren wir denn nicht alle positiv auf Menschen, die sich uns zuwenden?

»Wer sich für andere interessiert, gewinnt in zwei Monaten mehr Freunde als jemand, der immer nur versucht, die anderen für sich zu interessieren.«[5] Carnegies Behauptung, wenngleich sie nicht unmittelbar einleuchtet, hat nichts an Gültigkeit verloren, denn sie erinnert uns daran, dass das Geheimnis besserer zwischenmenschlicher Beziehungen ein gewisses Quantum an Selbstlosigkeit ist, das in unserem digitalen Zeitalter jedoch unter die Räder geraten ist.

Wir leben in einer noch nie dagewesenen Ära der Selbsthilfe und Selbstvermarktung. Wir schauen uns YouTube-Videos an, die in wenigen Wochen millionenfach abgerufen werden und die Art globaler Aufmerksamkeit erregen, für die sich die Leute früher Jahre, ja sogar Jahrzehnte, krummlegen mussten. Wir werden Zeugen, wie angeblich geleakte Sexvideos über Nacht aus Nonames Celebritys machen. Wir sehen, wie Moderatoren und politische Experten lautstark ihre Konkurrenz demontieren und ihre Einschaltquoten nach oben treiben. Tag für Tag erfasst uns die Versuchung zu glauben, dass die beste Publicity-Strategie ein Mix aus Gags und Parodien ist, der über das Medium mit der größten Reichweite verbreitet wird. Diese Versuchung ist für viele einfach zu stark. Für diejenigen aber, die die Grundregeln des menschlichen Miteinanders verstehen, gibt es weitaus bessere, weitaus ethischere und weitaus nachhaltigere Wege, die sie beschreiten können.

Nun sind Selbsthilfe und Selbstdarstellung nicht per se schlecht. Problematisch wird die Sache erst, wenn der Strom der Selbstverwirklichung von den Mauern unseres Egos zurückgehalten wird. Sie sind einer von fast acht Milliarden Menschen – die Früchte Ihres Erfolgs sind nicht für Sie allein bestimmt.

Je eher Sie zulassen, dass diese Tatsache Ihr Kommunikationsverhalten bestimmt, desto eher werden Sie die Erfahrung machen, dass der schnellste Weg, um sich persönlich oder beruflich weiterzuentwickeln, nicht der ist, dem anderen die eigenen Vorzüge in den leuchtendsten Farben zu schildern, sondern sich für diese Person zu öffnen. Kein anderer Autor hat diesen Weg so klar vorgezeichnet wie Dale Carnegie. Doch vermutlich hat nicht einmal er sich vorstellen können, dass dieser Weg zu einer sinnerfüllten Zusammenarbeit heute die Autobahn zu bleibendem, lohnendem Einfluss geworden ist.

Mehr als nur clevere Kommunikation

Zwar sind aufgrund der hoch getakteten Schnelligkeit, mit der wir uns heutzutage miteinander austauschen, ausgeprägte soziale Kompetenzen nützlicher denn je. Dennoch reicht es nicht aus, klug kommunizieren zu können, um eine einflussreiche Persönlichkeit zu werden.

»Kommunizieren« heißt schlicht, dass wir unsere Gedanken, Absichten und Schlussfolgerungen gegenüber den Menschen unserer Umgebung äußern, sie also »nach außen bringen«. »Wes das Herz voll ist, des geht der Mund über«, heißt es schon in der Bibel.[6] Diese inneren Beweggründe sind das wesentliche Merkmal, wodurch sich die Führungspersönlichkeiten von heute von den Beziehungsvampiren von heute unterscheiden.

Die zwei höchsten Formen der Einflussnahme haben Sie verwirklicht, wenn die Menschen Ihnen erstens aufgrund dessen folgen, was Sie für sie getan haben, und zweitens aufgrund dessen, was Sie sind. Mit anderen Worten: Am einflussreichsten sind Sie, wenn Ihr Verhalten von Großzügigkeit und Glaubwürdigkeit getragen ist. Das ist der Preis, den Sie für eine weitreichende und nachhaltige Wirkung auf andere entrichten müssen, ob sie sich nun auf zwei Menschen oder auf zwei Millionen erstreckt. Doch müssen Großzügigkeit und Glaubhaftigkeit authentisch und geschickt zum Ausdruck kommen, damit beide Seiten etwas davon haben.

Da wir nun einmal in einer Zeit leben, da bekannte Influencer so einfach zu bekommen sind wie ein Kleinkredit und man nur schrill genug schreien muss, damit es vernehmlich aus dem Medienwald zurückschallt, ist es umso wichtiger, dass man jede Gelegenheit zur Kommunikation ernst nimmt – dass Sie über jedes Medium, das Sie für Ihre Kommunikation nutzen, Botschaften senden, die Vertrauen schaffen, Dankbarkeit vermitteln und Wertschätzung für die Empfänger ausdrücken. Eines aber hat sich seit Carnegies Zeiten nicht geändert: Es besteht nach wie vor ein klarer Unterschied zwischen Einfluss, der nur geborgt (und schwer aufrechtzuerhalten) ist, und Einfluss, der verdient ist (und so fest steht wie der Erdboden unter unseren Füßen). Carnegie war ein Meister, wenn es um die Art von Einfluss geht, die man sich verdient hat.

Schauen Sie sich nur ein paar seiner Grundregeln an: nicht kritisieren, nicht verurteilen, nicht klagen; sprechen Sie von Dingen, die für Ihr Gegenüber interessant sind; gestehen Sie ein, wenn Sie Unrecht haben; geben Sie dem anderen die Möglichkeit, das Gesicht zu wahren. Grundregeln wie diese machen aus Ihnen weder einen faszinierenden Gesellschafter noch einen sprühenden Geschichtenerzähler. Doch sie erinnern Sie daran, zuerst die Bedürfnisse des anderen abzuwägen, ehe Sie etwas sagen. Sie ermutigen Sie, schwierige Themen auf eine ehrliche und gütige Weise anzusprechen. Sie spornen Sie an, ein freundlicherer, bescheidenerer Manager, Partner, Kollege, Verkäufer oder Elternteil zu werden. Und schließlich sind diese Regeln eine Herausforderung für Sie, auf das Leben anderer Menschen nicht durch Großspurigkeit und Manipulation Einfluss zu nehmen, sondern durch den gewohnheitsmäßigen und authentischen Ausdruck von Respekt, Einfühlungsvermögen und Güte.

Ihr Lohn? Bereichernde, beständige Freundschaften. Vertrauenswürdige geschäftliche Transaktionen. Ein überzeugender Führungsstil. Und in der Flut heutigen egoistischen Verhaltens ein Markenzeichen, durch das Sie sich sehr deutlich abheben.

Man hat über das Original dieses Buches gesagt, es sei das bestverkaufte Selbsthilfebuch aller Zeiten. Vom heutigen Standpunkt aus betrachtet ist diese Bezeichnung irreführend. »Selbsthilfe« ist kein Begriff, den Carnegie je gebraucht hätte. Dieses Etikett wurde dem Buch später aufgeklebt, weil es durch seinen enormen Verkaufserfolg das Genre überhaupt erst begründete. Die Ironie am Ganzen ist, dass nicht alles, was heute unter »Selbsthilfe« läuft, Carnegies Zustimmung finden würde. Er propagierte ein Handeln, das dem ehrlichen Interesse am anderen entspringt. Hinter den Prinzipien, die Carnegie lehrte, stand die Freude, anderen zum Erfolg zu verhelfen. Müsste man sein Buch neu einordnen, würde *Wie man Freunde gewinnt* richtiger als das meistverkaufte Seelenhilfebuch der Welt gelten. Denn in ihm hat Carnegie die im Seelischen fundierte Grundhaltung, wie sie sich in der Goldenen Regel ausdrückt, brillant herausdestilliert.

Die Prinzipien in diesem Buch sind mehr als bloße Tools zur Selbsthilfe oder Selbstvermarktung. Es sind ethische Strategien, die Sie im Gespräch und in der Zusammenarbeit mit anderen ebenso wie in Ihrem Unternehmen dauerhafte, lohnende Fortschritte erzielen lassen. Ihre Auswirkungen sind weitreichend.

Wenn Sie diese Prinzipien anwenden, macht Sie das nicht nur zu einer anziehenderen, einflussreicheren Persönlichkeit. Sie werden darüber hinaus jeden Tag etwas tun, wovon andere Menschen profitieren. Stellen Sie sich vor, wie jede Interaktion, die die digitalen Medien Ihnen täglich ermöglichen, diesen Effekt verstärkt. Stellen Sie sich vor, wie Dutzende Menschen innerhalb einer Organisation bereitwillig mitziehen. Freunde zu gewinnen und Menschen zu beeinflussen, ist heute keine Kleinigkeit. Unter den zahllosen Möglichkeiten, die sich Ihnen laufend bieten, ist dies Ihre größte und zugleich immer gegebene Möglichkeit, zusammen mit anderen dauerhafte Fortschritte zu erzielen. Und beginnt nicht jeder Erfolg damit, eine Beziehung zu anderen Menschen einzugehen?

Ein sanfter Einstieg

In der Geschäftswelt neigt man dazu, auf die sogenannten Soft Skills, wie man Carnegies Prinzipien heute nennt, herabzuschauen, so als wären sie unter dem Strich im besten Fall Beiwerk zur fachlichen Qualifikation der Hard Skills. Doch diese Einstellung ist von gestern. Es ist hier ein dauerhaftes Umdenken nötig, wenn Sie aus Ihrem Tun und aus diesem Buch den größtmöglichen Nutzen ziehen wollen.

Denn Soft Skills wie Mitgefühl und Einfühlungsvermögen machen Hard Skills wie Programmieren, das Organisieren von Arbeitsabläufen oder Produktdesign überhaupt erst effektiv. Wieso? Soft Skills sind der Kitt, mithilfe dessen Hard Skills zu Produktivität, Synergieeffekten und wirtschaftlicher Bedeutung führen, denn all das erfordert ein ehrliches Engagement auf zwischenmenschlicher Ebene. Hat der fachlich hoch qualifizierte Manager, der in den für Normalsterbliche unsichtbaren Regionen über die Geschäftsberichte wacht, bessere Ergebnisse vorzuweisen als die fachlich hoch qualifizierte Managerin, die sich mit ihren Mitarbeitern beschäftigt, die sie kennen, sehen und respektieren? Mag Ersterer auch eine Zeit lang gewisse Erfolge verzeichnen, indem er das Unternehmen mit straffer Hand führt, so steht sein Einfluss doch auf gefährlich wackligen Beinen, denn die Macht, die er innehat, ist ihm nicht von seinen Leuten übertragen worden. Sein Einfluss ist nur ein scheinbarer und wird schnell verpuffen.

In seinem Buch *Derailed* hat der Betriebspsychologe Tim Irwin detailliert den Sturz von sechs Top-CEOs während der vergangenen zehn Jahre nachgezeichnet. In jedem einzelnen Fall war dieser Sturz verursacht durch die Unfähigkeit der jeweiligen Person, zu ihren Mitarbeitern eine konkrete, sinnerfüllte Beziehung herzustellen. Mit anderen Worten: Jedes Scheitern war die Folge von einem Hard-Skill-Überschuss auf der einen Seite und einem Defizit an Soft Skills auf der anderen – unternehmerischer Sachverstand minus überzeugender Einfluss. Und diese Art von Versagen kann auch uns betreffen. Solche Leute scheitern vielleicht im großen Stil, doch unser Versagen ist häufig nicht weniger augenfällig.

Wir verlieren das Vertrauen von Freunden, Angehörigen und anderen Menschen, wenn wir die üblichen Schritte zu erfolgreichen zwischenmenschlichen Beziehungen befolgen, ohne deren Essenz zu stärken – die darin besteht, die Bedürfnisse des anderen zu erfassen und zu erfüllen.

Warum übersehen so viele Menschen mit den besten Absichten eben diesen wichtigen Punkt? Vielleicht ist es die kaum fassbare Natur der Soft Skills, die uns hier in die Irre führt. Es kann sein, dass wir uns nur auf das verlassen, was messbar ist.

Hard Skills können abgeprüft, unterrichtet und weitergegeben werden. Wirtschaftsratgeber werden vor diesem Hintergrund geschrieben, denn man kann – individuell oder auf geschäftlicher Ebene – den Zuwachs an Hard Skills anhand von Diagrammen, Kennzahlen und Berichten exakt festmachen.

Anders sieht es bei den Soft Skills aus. Sie auf einzelne, konkret fassbare Schritte herunterzubrechen, kann schwierig sein. Soft Skills sind häufig unstrukturiert und nur indirekt fassbar durch positive Reaktionen und bessere (Kunden-)Beziehungen. Aber sind das nicht andererseits die besten Maßstäbe überhaupt? Was nützt eine lange Liste erreichter Ziele, wenn sie durch eine Verschlechterung auf der Beziehungsseite erkauft werden? Erfolg, der darauf beruht, dass man die Ellenbogen ausfährt und sich selbst in den Vordergrund stellt, wird nicht von Dauer sein.

Das gilt schon im Kleinen. Halten wir denn an Freundschaften mit Menschen fest, die uns regelmäßig durch ihr Verhalten zeigen, dass es ihnen nur um sich selbst geht? Wenn wir feststellen, dass jemand uns gegenüber Hintergedanken hat, erreicht er bei uns weniger als jemand, dem wir nur einmal begegnet sind. Diese Freundschaft ist zum Scheitern verurteilt, es sei denn, der andere gibt seinen Fehler zu und ändert sich. Doch selbst dann wird immer ein Körnchen Zweifel zurückbleiben.

In einen größeren Maßstab übersetzt heißt das: Halten wir Marken die Treue, die unfähig oder nicht willens sind, auf unsere Wünsche und Bedürfnisse einzugehen? Die Zeiten, in denen das Unternehmen dem Kunden klarmachte, was er braucht, sind längst vorbei. Wir leben in einer Zeit, in der Entscheidungen in puncto Design, Herstellung und Marketing von den Konsumenten getroffen werden. »Going green« war einst der Slogan für eine kleine, von den besten Absichten bestimmte Werbekampagne für eine Handvoll Produkte. Die vereinte Stimme der Konsumenten hat ihn mittlerweile zum verbindlichen Marketingmantra erhoben.

Ob Individuum oder Unternehmen – wem es an Verständnis für den Erfolgsfaktor Soft Skills fehlt, der verfehlt heute sein Ziel. Manche Menschen beharren auf dem Standpunkt, dass man Soft Skills nicht lehren könne. Das stimmt durchaus – aber nur, wenn Sie an das Thema mit einer Hard-Skill-Methodik herangehen. Diesen Fehler hat Carnegie nie gemacht. Er hat herausgefunden, dass sich eine auf den Menschen ausgerichtete Einstellung durch keine noch so raffinierte Schritt-für-Schritt-Strategie formen lässt. Sie entsteht vielmehr daraus, dass wir auf menschliche Grundbedürfnisse eingehen. Wenn wir durch unser Verhalten anderen nutzen und sie positiv beeinflussen, erschließen wir uns tiefere Quellen von Inspiration, Sinn und Ressourcen.

Wir alle tragen in uns das tief verwurzelte Bedürfnis nach aufrichtiger Kommunikation – danach, zu verstehen und verstanden zu werden. Und darüber hinaus tragen wir in uns das Bedürfnis nach authentischer Verbundenheit – wir wollen erkannt, akzeptiert und geschätzt werden. Noch ein Stück weit dahinter kommt das Bedürfnis nach erfolgreicher Zusammenarbeit – danach, gemeinsam mit anderen ein bedeutsames Ziel zu verwirklichen, sei es, geschäftlich Erfolg zu haben, als Gruppe einen Sieg einzufahren oder eine langfristige Beziehung aufzubauen. Die krönende Essenz des Erfolgs ist angesiedelt im Spektrum zwischen authentischen Beziehungen zu anderen Menschen (Freunde gewinnen) und einer wachsenden positiven »Außenwirkung« (Menschen beeinflussen). »Es gibt nur eine wahrhafte Freude«, sagt der französische Flieger und Schriftsteller Antoine de Saint-Exupéry, »den Umgang mit Menschen.«[7]

Wie können wir also Zugang finden zu diesen inneren Qualitäten, die eine gute Kommunikation, erfüllte zwischenmenschliche Beziehungen und stetig sich verbessernde Zusammenarbeit fördern?

Zuerst einmal müssen wir uns in Erinnerung rufen, dass die Messlatte für erfolgreiche Beziehungen nicht die sozialen Medien sind. Sie hat nichts damit zu tun, in welchen Medien wir präsent sind und wie viele Freunde, Fans oder Follower wir ansammeln. Erfolgreiche Beziehungen bemessen sich am Grad ihrer Sinnerfülltheit. Lassen Sie Ihre Kommunikation sinnerfüllter, tiefgründiger werden, und Ihr Weg zum Erfolg – auf egal welchem Gebiet – wird einfacher sein und nachhaltiger. Warum? Weil die Menschen das registrieren. Und sich erinnern. Es berührt die Leute, wenn sie mit Ihnen zu tun haben und sich danach ein bisschen besser fühlen.

Welche Wirksamkeit ein Medium entfaltet, bemisst sich daran, ob es für die Menschen Bedeutung entwickelt. Wenn Sie etwas Sinnvolles zu bieten haben, entscheiden Sie, welcher Kanal für Ihre Zwecke am besten geeignet ist. Stellen Sie dagegen das Medium über die Bedeutung, dann besteht die Gefahr, dass Ihre Botschaft, um Shakespeares *Macbeth* zu zitieren, nicht mehr ist als »[...] ein Märchen [...], erzählt von einem Tollen, voller Klang und Wut, das nichts bedeutet«.[8] Mit Tweets und Status-Updates besteht vielleicht die bequeme Möglichkeit, Freunde, Familie und Kollegen auf dem Laufenden zu halten. Doch eben das hat die Flutwelle von »Klang und Wut« ausgelöst. Und es sind nicht nur die 140-Zeichen-Botschaften (oder weniger), die bedeutungslos sind. Jedes Medium, das nichtssagende Botschaften verbreitet, verfehlt seine Absicht, sei es ein Werbespot im Fernsehen, eine abteilungsinterne Mitteilung, eine Kundenmail oder eine Geburtstagskarte.

Da zu Carnegies Zeiten die Medienlandschaft noch überschaubar war, bestand für ihn keine Notwendigkeit, beide Seiten dieser Gleichung zu betrachten. Er konnte sich auf die Frage beschränken, was Bedeutsamkeit im persönlichen Gespräch, am Telefon und in Briefen ausmacht. Heute jedoch will nicht nur die Sinnhaftigkeit unserer Botschaft, sondern auch die Auswahl des geeigneten Mediums gründlich bedacht sein.

Praktische Tipps für den erfolgreichen Umgang mit anderen Menschen für die heutige Zeit

»Einfache Wahrheiten«, schrieb der französische Philosoph Vauvenargues, »befreien uns von großen Spekulationen.«[9] Der Grund, warum *Wie man Freunde gewinnt* bis heute oben auf den Bestsellerlisten steht (allein im Jahr 2010 wurden in den USA 250 000 Exemplare verkauft), ist der, dass die Prinzipien, die das Buch behandelt, ebenso einfach wie zeitlos sind. Die Weisheit, die ihnen zugrunde liegt, ist ebenso verständlich, wie sie über das bloße Alltagswissen hinausgeht. Seit Carnegie 1912 seinen ersten Kurs zu diesem Thema gab, zeigt er konkret die effektivsten Methoden auf, wie man zu einer Persönlichkeit wird, deren Meinung, Rat und Führung geschätzt wird.

Wenn nun dieser Klassiker in einer überarbeiteten Form vorgelegt wird, dann nicht, weil seine Ratschläge überholt wären und ersetzt werden müssten. Der Text, den Sie auf den folgenden Seiten zu lesen bekommen, verfolgt ein anderes Ziel: Carnegies Ratschläge für ein gänzlich anderes Zeitalter aufzubereiten – seine zeitlosen Grundsätze aus moderner Perspektive zu betrachten und mit unserem von Digitalität und Globalität geprägten Geist anzuwenden. Wir haben heute unvergleichlich mehr Möglichkeiten, Freunde zu gewinnen und Menschen zu beeinflussen, als man zu Carnegies Zeiten hatte. Bricht man diese Möglichkeiten jedoch herunter, so spielt die bloße Zahl keine Rolle, denn »das ganze Universum besteht, mit einer unbedeutenden Ausnahme, [nach wie vor] aus anderen Menschen.«[10]

Es trifft zu, was Tom Butler-Bowdon über *Wie man Freunde gewinnt* schreibt: »Die Dreistigkeit des Titels passt überhaupt nicht zum Inhalt.«[11] Betrachten Sie den Titel dieses Buches durch unsere heutige skeptische Brille, und es entgeht Ihnen seine Magie. Dieses Buch ist vor allem eine Abhandlung darüber, wie man die einzigartige Verbindung von echtem Einfühlungsvermögen, strategischen Partnerschaften und großzügigem Führungsstil praktisch anwendet.

Wichtig ist, beim Lesen immer im Gedächtnis zu behalten, dass es zu Carnegies Zeiten weder diese Medienvielfalt (Websites, Facebook, LinkedIn, Twitter) mit ihren aufpolierten Profilen noch das marktschreierische Marketing (Pop-up-Ads, Promi-Werbung, Fernsehprediger) gab. Die Idee hinter dem Gewinnen von Freunden hat nichts mit dem »Like«-Button zu tun. Und der Einfluss auf andere Menschen bezog sich nicht auf ein halbes Jahrhundert aufgeblähter Werbekampagnen, Irreführung und Täuschung des Konsumenten oder falsche Celebritys. Carnegie hatte seine intuitiven Gründe, warum er den Titel so gewählt hat.

Damals war es so gut wie unmöglich, einen anderen Menschen zu beeinflussen, wenn man nicht zugleich die Freundschaft mit ihm nährte. Soziale Medien gab es nicht. Digitale Kommunikationswege existierten nicht. Tatsächlich hat man nur selten einmal Geschäfte mit jemandem getätigt, den man nicht in einer irgendwie greifbaren Form kannte. Als Normalsterblicher hatten Sie nur drei Möglichkeiten, mit anderen in Kontakt zu treten: von Angesicht zu Angesicht oder per Brief respektive Telefon. Damals wurde erwartet, dass man sich persönlich begegnete. Heute ist das die Ausnahme. Zwar gab es auch zu Carnegies Zeiten schon die indirekte Einflussnahme auf andere, sei es aufgrund von Berühmtheiten oder sozialem Status, doch erfolgte sie nie so unmittelbar und viral wie heute. Damals war Freundschaft die Brücke zu Einfluss im täglichen Leben. Man gewann Freunde durch einen festen Händedruck, ein warmes Lächeln und durch altruistisches Handeln. Den Einfluss, den man so erwarb, hatte man sich auch redlich verdient. Heute ist das Verhältnis von Ursache und Wirkung nicht ganz so sauber.

Nehmen wir nur die »100 einflussreichsten Menschen der Welt« von 2010, die uns das Nachrichtenmagazin *Time* damals präsentierte. Mit über sechs Millionen Followern auf Twitter schaffte es selbst Lady Gaga auf die Liste.[12] Es erübrigt sich, darüber zu diskutieren, ob sie Einfluss auf ihre immense Fangemeinde hat, die mittlerweile auf über zehn Millionen Menschen angewachsen ist.[13] Wenn sie einer Schuhmarke oder einer Flasche Mineralwasser huldvoll zunickt, dann verkauft sich das Produkt. Die eigentliche Frage ist doch aber, welchen Nutzen sie ihren Followern bringt und was ihr Einfluss bewirkt. Legt sie in beiderlei Hinsicht die höchsten Maßstäbe an, so ist ihr Einfluss eine gewichtige Kraft. Geht es ihr aber nur darum, ihre Ratings zu erhöhen, wird sie zwar mehr Geld machen, aber ihre Tiefenwirkung geht nicht weiter als die einer schicken Hochglanz-Werbekampagne.

Für die Frage des persönlichen Einflusses sind zwischenmenschliche Werte essenziell, daran hat sich nichts geändert. Diese sind nach wie vor der Preis für den Erfolg im zwischenmenschlichen Bereich. Doch die Flut an modernen Kommunikationsmitteln sorgt dafür, dass es davon nun eine Billigfassung gibt. Und Sie bekommen nur das, was Sie bezahlt haben.

Mögen wir auch in einer Zeit leben, in der gilt: »Nackte Haut plus viel Tamtam = Berühmtheit«, so will dieses Buch doch nicht zeigen, wie man Freundschaften generiert, um den eigenen Einfluss auszunutzen. Ein Verhalten, das – wie Carnegie meinte – »nur von den Lippen ausgeht«.[14] Dies ist ein Buch über Beziehungen zu anderen Menschen, die »vom Herzen ausgehen«. Es geht darum, dass man Freunde gewinnt auf die Art, wie Ihr rechtschaffener Großvater das Herz Ihrer klugen Großmutter für sich gewann – durch aufrichtiges Interesse, innige Anteilnahme und ehrliche Wertschätzung. Und es geht darum, wie man den nachhaltigen Einfluss, der aus dieser Haltung resultiert, in Richtung beiderseitiger Entwicklung und beiderseitigen Nutzens lenkt.

Es gibt einen korrekten und wirkungsvollen Weg, dies zu erreichen, und Dale Carnegie hat ihn vortrefflich beschrieben. Nach 75 Jahren sind seine Prinzipien nach wie vor gültig, doch ein paar Definitionen haben sich geändert und der Anwendungsbereich hat sich vergrößert. Dieses Buch zielt deshalb darauf ab, diese Definitionen und ihre Anwendung zu erklären. Wie sind Carnegies Prinzipien in einer digitalisierten Welt zu verstehen und anzuwenden? Einige Stichwörter finden wir in Listen, die es zu Carnegies Zeiten noch nicht gab, etwa »World's Most Admired Companies«, die Liste der meistbewunderten Unternehmen, die von *Fortune* veröffentlicht wird. Oder: »Best-Performing CEOs in the World«, die Liste der erfolgreichsten Unternehmensvorstände, herausgegeben von der *Harvard Business Review*. Und die bereits erwähnte Liste der 100 einflussreichsten Menschen, erstellt vom *Time Magazine*. Die Infos (und manchmal auch Warnungen), die man diesen Listen entnehmen kann, haben uns in der Frage, wie man heute erfolgreiche Beziehungen zu anderen Menschen aufbauen kann, gelegentlich als Orientierungshilfe gedient. Im Geiste der ursprünglichen Fassung dieses Buches wird auf den folgenden Seiten auch immer wieder daran erinnert, dass bei all unserem Tun das Warum wichtiger ist als das Was.

Um Carnegies Prinzipien in der heutigen Zeit anzuwenden, werden uns keine unrealistischen Schritte abverlangt wie den Netzwerkstecker zu ziehen und zu Telegramm, Telefon und anderen physischen Informationsträgern zurückzukehren. Andererseits ist es aber auch nicht damit getan, ein paar Tropfen Menschlichkeit in Ihre diversen digitalen Auftritte einfließen zu lassen. Allgemein gesagt ist eine wohlüberlegte Mischung aus persönlicher Note und digitaler Präsenz die beste Vorgehensweise.

Die praktische Umsetzung dieser Mischung beginnt damit, dass Sie Ihre aktuelle Situation ehrlich einschätzen. Von da ist der weitere Weg zu erfolgreichen zwischenmenschlichen Beziehungen klar.

Wie sieht Ihr Verhältnis von persönlichen Gesprächen zu digitalen Kontakten aus? Für die meisten läuft die Kommunikation mit anderen in erster Linie über E-Mails, SMS, Blogs, Tweets und Facebook-Posts ab. Das bedeutet sowohl neue Herausforderungen als auch neue Chancen.

Wenn wir uns allerdings so massiv auf die digitale Kommunikation verlassen, entgeht uns ein entscheidender Aspekt der direkten Interaktion mit anderen, nämlich die nonverbalen Signale. Wenn wir eine traurige Nachricht überbringen müssen, ist es schwer, dem anderen unser Mitgefühl und unsere Unterstützung zu bezeigen, ohne ihm die Hand auf die Schulter zu legen. Wenn Sie eine neue Idee präsentieren, ist es schwierig, per Telefon dasselbe Ausmaß an Begeisterung zu vermitteln, das Sie »live« entfalten würden. Wie oft haben Sie schon eine E-Mail geschrieben und der Empfänger musste Sie zurückrufen, um zu klären, was Ihrer Ansicht nach klar war?

Unsere Gefühle lassen sich nur schwer vermitteln, ohne zugleich nonverbale Signale einzusetzen. Mit dem Aufkommen von Videokonferenzen sind zwar einige dieser Beschränkungen gefallen, doch Video macht nur einen Bruchteil der digitalen Kommunikation aus. Und auch ein Video garantiert nicht die maximale Wahrung menschlicher Würde, wie ein Gespräch unter vier Augen das kann. Der preisgekrönte Film *Up in the Air* thematisiert dies. Ryan Bingham (gespielt von George Clooney) ist als Personalabwickler schon durchs ganze Land geflogen, um für Firmen, die sich nicht selbst die Hände schmutzig machen wollen, Mitarbeiter zu feuern. Bingham ist spitze in seinem Job, der von ihm verlangt, dass er den Leuten auf würdevolle, ja inspirierende Weise kündigt. Er hat sich einen Vortrag zurechtgelegt, mit dem er jeden, den er entlässt, ermutigt, doch seine neue Freiheit willkommen zu heißen. Er legt sich sogar mit seinem Chef an, der von ihm verlangt, aus Gründen der Kostendämpfung Kündigungen künftig per Videokonferenz abzuwickeln. Das Paradoxe daran ist nun, dass Bingham ein Einzelgänger ist, der in seinem Leben keine einzige authentische Beziehung unterhält, nicht einmal zu seiner kleinen Schwester, zu deren Hochzeit er zunächst nicht kommen will. Sein scheinbar phänomenales Talent, einen Draht zu den Menschen zu finden, die er entlässt, und auf sie einzugehen, bestätigt in Wahrheit, wie distanziert er von allem ist. Erst als ihm durch ein persönliches Erlebnis die elementare Wichtigkeit echter menschlicher Verbundenheit klar wird, erkennt er die Wahrheit. Und doch kann nicht einmal er selbst diese Erkenntnis umsetzen.

Wir leben in einer hochtourigen, digitalen Welt, in der die Werte menschlicher Verbundenheit häufig der effizienten (Geschäfts-)Kommunikation zum Opfer fallen. Viele Menschen haben das absurde Kunststück gemeistert, die Zahl ihrer Kontaktmöglichkeiten zu erhöhen und gleichzeitig jeden wirklichen Kontakt zu den Menschen zu verlieren. Das

Heilmittel dagegen ist weder ein dickes Fell (wie bei Ryan Bingham) noch eine verstärkte »Kontaktpflege« mittels wortreicher, aber oberflächlicher Kundenansprache. Ersteres ist eine unsinnige innere Haltung, Letzteres eine verkehrte Strategie.

Unsere Produktivität stößt heute eben dort an Grenzen, wo an die Stelle erfolgreicher zwischenmenschlicher Beziehungen der zahlenmäßig messbare Erfolg gesetzt wird. Häufig ist es das bloße Tempo, mit dem wir heute kommunizieren, das unser Urteilsvermögen trübt. Weil wir glauben, dass man von uns dieselbe unmittelbare Reaktion erwartet, wie wir sie von anderen erwarten, nehmen wir uns oft nicht die Zeit, um aussagekräftige Antworten zu formulieren. Und so vernachlässigen wir häufig die elementarsten Grundregeln der Höflichkeit mit der Begründung: »Ich kann diese Grundsätze unmöglich auf einen Blogkommentar, eine E-Mail oder eine Videokonferenz übertragen. Ich weiß ja nicht mal, ob ich überhaupt wahrgenommen werde.« Aber es ist genau diese Art von Interaktion, bei der sich Carnegies Grundsätze am nützlichsten erweisen. Gerade in solchen ganz normalen, alltäglichen Situationen sticht menschenfreundliches Verhalten besonders hervor.

Wir erwarten Höflichkeit beim ersten Date und den ihm folgenden Treffen. Wir sind angenehm berührt, wenn uns dieselbe Höflichkeit beim wöchentlichen Fortschrittsbericht oder der gemeinsamen Fahrt im Aufzug begegnet. Wir erwarten eine zurückhaltende, aber überlegte Wortwahl bei einer Werbekampagne oder einer Hochzeitsrede. Wir sind angetan, wenn wir bei einer E-Mail oder einer schriftlichen Antwort in einer im Grunde banalen Angelegenheit merken, dass unser Gegenüber sich Gedanken über seine Wortwahl gemacht hat. Man sagt häufig, dass gerade Kleinigkeiten den Unterschied machen – eben die subtilen Details Ihres täglichen Umgangs mit anderen Menschen.

Warum sind diese Kleinigkeiten auch in unserem digitalen Zeitalter noch immer von Belang? Weil »ein Mensch [...], der außer dem Fachwissen auch noch die Fähigkeit mitbringt, seine Ideen auszudrücken, eine leitende Stellung zu bekleiden, andere zu begeistern – eine solche Person wird mit Gold aufgewogen«.[15] Es ist bemerkenswert, wie viel wichtiger Carnegies Worte heute sind.

TEIL I

DIE GRUNDLAGEN ZWISCHENMENSCHLICHEN UMGANGS

Kapitel 1

Lassen Sie den Bumerang stecken

Würden Sie Adolf Hitler und Martin Luther King jr. fragen, was sie unter »Einfluss« verstehen, bekämen Sie womöglich recht ähnlich klingende Antworten. Sehen Sie sich aber in deren Biografie daraufhin an, welchen Gebrauch sie von ihrem Einfluss gemacht haben, so werden Sie feststellen, dass das Verständnis nicht weiter auseinanderliegen könnte. Die Unterschiede sind schon in der Wortwahl deutlich greifbar.

Vergleichen Sie den Satz »Was für ein Glück für die Regierenden, dass die Menschen nicht denken!« mit folgender Aussage: »Ich bin nicht an Macht um der Macht willen interessiert, sondern an Macht, die moralisch, richtig und gut ist.«[1] Der Unterschied liegt auf der Hand, nicht wahr? Der erste Satz sagt, dass Einfluss hat, wer ein gerissener, herablassender Zyniker ist.

Der zweite Satz sagt, dass nur der ein einflussreicher Mensch wird, der glaubwürdig ist und sich für das Gemeinwohl einsetzt. Mit dem, was wir täglich sagen oder tun, siedeln wir uns irgendwo zwischen diesen beiden Extremen an. Die Geschichte gibt uns Aufschluss darüber, was am Ende wo herauskommt. Mit unserer Kommunikation können wir den anderen demontieren oder aber ihn aufbauen.

Was das angeht, so könnte Carnegies Rat an uns nicht klarer sein: Kritisiere, verurteile und klage nicht. Die Befolgung dieses Ratschlags ist heute jedoch schwieriger geworden. Zu sagen, wir müssten achtsamer sein in der Wahl unserer Worte, ist eine gewaltige Untertreibung. Mit den digitalen Medien haben wir eine riesige Anschlagtafel bekommen, auf der wir unsere Meinungen und Ansichten weithin kommunizieren können, doch kommt mit diesen Kommunikationsmöglichkeiten aufgrund der öffentlichen Sichtbarkeit auch eine immense Verantwortung auf uns zu. »Die digitale Kommunikation macht es möglich, mehr Menschen schneller und billiger zu erreichen«, sagte unlängst Guy Kawasaki, Autor des Bestsellers *Enchantment*. »Doch ein Loser bleibt ein Loser. Man könnte behaupten, dass die Technik es uns ermöglicht, unseren Ruf schneller und leichter zu ruinieren als je zuvor.«

Das ist ein gutes Argument und genau das, was heute dem oben genannten Grundsatz entgegensteht. Was früher eine hinter vorgehaltener Hand geäußerte Kritik war, kann Ihnen heute ein saftiges Bußgeld eintragen. So wie dem einstigen Hausarzt Dr. Patrick Michael Nesbitt, einem Kanadier, der zu einer Geldstrafe in Höhe von 40 000 Dollar verurteilt wurde, weil er auf Facebook »bösartige«, verleumderische Bemerkungen über die Mutter seiner Tochter gepostet hatte.[2] Oder wie der Niederländer Ryan Babel, der in seiner Zeit beim FC Liverpool nach einem verlorenen Spiel gegen Manchester United den Link zu einem manipulierten Bild von Schiedsrichter Howard Webb tweetete, begleitet von dem Kommentar: »Und so was nennt sich einer der besten Schiedsrichter. Das ist ein Witz.« Was ihm eine Geldstrafe von 10 000 Pfund, umgerechnet etwa 16 000 Dollar, einbrachte.[3] Zu Babels Tweet bemerkte Ben Dirs, der damals als Sportjournalist für die Website der BBC schrieb: »Noch vor einem Jahr hätte Babel vielleicht nur seiner Freundin gegenüber seinem Unmut Luft gemacht. Nun aber hat er dieses ungemein praktische – und sehr verführerische – Tool zur Verfügung, sich in aller Öffentlichkeit lautstark auszulassen.«[4]

Was früher einmal eine unter Freunden unbedacht hingeworfene Unmutsäußerung war, kann Sie heute Ihren Arbeitsplatz kosten. Eine 2009 von Proofpoint durchgeführte Befragung von US-Unternehmen mit mehr als 1000 Beschäftigten ergab, dass 8 Prozent der Mitarbeiter wegen Kommentaren auf Plattformen wie Facebook und LinkedIn entlassen wurden.[5] Detaillierter beschreibt eine jüngere Online-Ausgabe der

Huffington Post 13 Facebook-Posts, die eine Kündigung der Betreffenden zur Folge hatten.[6] Darunter die folgenden Fälle:

- Die Kellnerin einer Pizzeria beschwerte sich auf herabsetzende Weise über zwei Gäste, von denen sie nur ein geringes Trinkgeld bekommen hatte, nachdem sie drei Stunden an ihrem Tisch bediente und extra für sie eine halbe Stunde länger bleiben musste. »Danke, dass Sie bei Brixx gespeist haben«, schrieb sie sarkastisch und nannte die beiden Gäste geringschätzig »Billigheimer«.[7]
- Ein für die Spieltage angestellter Stadionmitarbeiter der Philadelphia Eagles veröffentlichte ein abfälliges Status-Update, worin er die Philadelphia Eagles kritisierte, weil sie eingewilligt hatten, dass sein verehrter Free-Safeties-Spieler Brian Dawkins einen Vertrag bei den Denver Broncos unterschrieb. »Dan ist down, weil Dawkins bei Denver unterschreibt ... Diese verdammten Eagles sind doch Vollspastiker!!«[8]
- Sieben Mitarbeiter der kanadischen Lebensmittelkette Farm Boy hatten eine Facebook-Gruppe namens »I got Farm Boy'd (auf Deutsch etwa: Farm Boy hat mich über den Tisch gezogen)« gegründet. Auf ihrer Seite machten sie sich über Kunden lustig und »griffen Kunden und Angestellte verbal an«.[9]

Manchmal ist man versucht, sich zu fragen, ob Kritik in den sozialen Medien jedes Mitgefühl, alle Nachsicht und Milde verdrängt hat. Ohne Zweifel ist es cool, sich abfällig über andere auszulassen. Da es so viele Möglichkeiten gibt, sich Gehör zu verschaffen, scheinen einige Menschen darauf erpicht, umfänglich Gebrauch von ihrem Recht auf freie Meinungsäußerung zu machen, wenn jemand anderer einen Fehler gemacht hat. Kaum aber haben sie selbst etwas falsch gemacht, berufen sie sich auf ihr Recht der Aussageverweigerung. Man hat es sich in den USA zur Gewohnheit gemacht, sich auf den 1. Zusatzartikel zur Verfassung zu berufen – der unter anderem die Meinungsfreiheit zusichert – und ihn wie ein Schwert in der einen Hand zu schwenken, während man in der anderen Hand den Schild des 5. Zusatzartikels führt – der besagt, dass niemand sich selbst belasten muss. Worüber allerdings vergessen wird, dass man auf diese Weise alle zwischenmenschlichen Beziehungen zum Schlachtfeld macht. Diese Kultur des ständigen Sich-Beschwerens ist in vielfacher Hinsicht traurige Wirklichkeit.

Dem tatsächlich einflussreichen Menschen aber ist klar, dass solche Taktlosigkeiten das Zerbrechen von Beziehungen nur beschleunigen, egal, wie recht man selbst oder wie unrecht der andere haben mag. Ein solches Verhalten macht mehr kaputt, als es nützt, da es den Verdacht nahelegt, dass unterschwellig einseitige Motive im Spiel sind, ob solche nun tatsächlich vorhanden sind oder nicht. In der Folge bekommt ein ursprünglich entspannter Kontakt etwas Bemühtes. Kein Wunder, dass wir heute mehr Meinungsmacher haben als wirkliche Führungspersönlichkeiten. Es geht immer um Einflussnahme, aber vielen geht es dabei um nichts anderes als darum, ihren Standpunkt darzustellen. Damit wird nicht nur ein schlechtes Beispiel gegeben. Solch ein Verhalten führt letztlich nur zu noch mehr Spannungen und reißt einen tiefen Graben zwischen den Parteien auf, was jede konstruktive Zusammenarbeit verhindert.

Betritt aber eine wirkliche Führungspersönlichkeit die Bühne, so gibt es keine langen Diskussionen über Für und Wider. Es hat nur wenige, noch mitreißendere Redner gegeben als den, der die Unabhängigkeitserklärung verkündete. Präsident Lincoln war lange Zeit als ein Mann bekannt, der schwierige Situationen gelassen und verständnisvoll anging. Seine Reaktion auf einen schweren taktischen Fehler seiner Generäle in einer entscheidenden Phase des Bürgerkriegs ist dafür ein klassisches Beispiel.

Die Schlacht von Gettysburg wurde in den ersten drei Julitagen des Jahres 1863 ausgetragen. In der Nacht des 4. Juli begann General Robert E. Lee, sich Richtung Süden zurückzuziehen, während starke Niederschläge das Land überfluteten. Als Lee mit seiner unterlegenen Armee den Potomac erreichte, sah er sich eingekeilt zwischen einem angeschwollenen, unpassierbaren Fluss vor sich und dem siegreichen Unionsheer hinter sich. Lee saß in der Falle. Das wäre *die* Gelegenheit gewesen, Lees Soldaten gefangen zu nehmen und den Krieg auf der Stelle zu beenden. Voll der Zuversicht befahl Lincoln General George Meade, nicht erst Kriegsrat zu halten, sondern Lee sofort anzugreifen. Der Präsident gab diesen

Befehl telegrafisch durch und schickte zudem Meade einen Sonderkurier mit der Anweisung, sofort zuzuschlagen.

Meade berief jedoch einen Kriegsrat ein. Er zögerte. Er schob die Entscheidung hinaus. Telegrafisch schickte er dem Präsidenten alle möglichen Entschuldigungen. Schließlich sank der Potomac wieder, Lee überquerte den Fluss und entkam mit seinen Streitkräften.

Lincoln tobte. »Was soll das?«, schrie er seinem Sohn Robert entgegen. »Herrgott noch mal! Was soll das? Wir hatten sie schon so gut wie in der Hand. Wir hätten nur noch zugreifen müssen und hätten sie gehabt. Doch egal, was ich gesagt oder getan habe, unsere Armee hat sich nicht vom Fleck gerührt. Unter diesen Umständen hätte Lee von so gut wie jedem General besiegt werden können. Wäre ich dort gewesen, hätte ich ihn selbst schlagen können.«

Bitter enttäuscht setzte sich der sonst so beherrschte Lincoln hin und schrieb Meade einen, für seine Verhältnisse, harschen Brief.

Sehr geehrter Herr General,

ich glaube nicht, dass Sie sich des Ausmaßes der Misere bewusst sind, die Lees Entkommen für uns bedeutet. Wir hätten ihn mit Leichtigkeit ergreifen können, und ihn festzusetzen hätte, in Verbindung mit unseren späteren Erfolgen, den Krieg beendet. So wie die Dinge jetzt liegen, wird sich der Krieg auf unbestimmte Zeit hinziehen. Wenn Sie Lee nicht letzten Montag ohne Risiko angreifen konnten, wie wollen Sie dies südlich des Flusses bewerkstelligen, wenn Sie nur einen kleinen Teil Ihrer Männer mit sich nehmen können – nicht mehr als zwei Drittel der Soldaten, die Sie am Potomac zur Verfügung hatten? Es wäre unvernünftig zu erwarten – und ich erwarte es auch nicht –, dass Sie nun noch viel ausrichten werden. Sie haben Ihre einmalige Chance verpasst, und ich bin darüber zutiefst bekümmert.

Diesen Brief hätte man dem Empfänger mit einigem Recht schicken können, doch Lincoln hat ihn nie abgesandt. Man hat ihn erst nach seinem Tod unter seinen Papieren gefunden.

Was glauben Sie hat Lincoln davon abgehalten, dem anderen seine Enttäuschung und seine verständliche Kritik zu verdeutlichen? Lincoln beherrschte die Kunst der Kommunikation meisterhaft, und Bescheidenheit zeichnete jede seiner Äußerungen aus. Er muss sich darüber im Klaren gewesen sein, dass er, hätte er den Brief geschickt, seine Frustration zwar teilweise losgeworden wäre, er General Meade aber gegen sich aufgebracht hätte, was dessen Tauglichkeit als Befehlshaber nur weiter beeinträchtigt hätte. Lincoln wusste, dass Meade erst wenige Tage zuvor zum Kommandeur über die Truppen am Potomac ernannt worden war. Er wusste außerdem, dass Meade eine Reihe glänzender militärischer Erfolge aufzuweisen hatte. Mit Sicherheit stand er unter gewaltigem Druck, zu dem noch das böse Blut zwischen ihm und einigen der Männer kam, über die er das Kommando führen sollte. Hätte Lincoln diese Dinge einfach beiseitegewischt und seinen Brief abgeschickt, hätte er mit Sicherheit ein Wortgefecht gewonnen, wäre aber aus dem Kampf um Einfluss mit Verlust hervorgegangen.

Das soll nun nicht heißen, dass es nicht angemessen gewesen wäre, General Meade auf seinen Fehler hinzuweisen. Es bedeutet vielmehr, dass es zwei Möglichkeiten gab, ihn auf sein Versagen hinzuweisen: die eine wirksam, die andere nicht. Lincoln äußerte schließlich seine Enttäuschung Meade gegenüber, doch ohne ihn dabei herabzuwürdigen. Mit seiner Entscheidung, Nachsicht zu üben und den schärfer formulierten Brief zurückzuhalten, wahrte und mehrte Lincoln zugleich seinen Einfluss auf Meade, der dann bis zu seinem Tod im Jahr 1872 viel für das Allgemeinwohl seiner Heimatstadt Philadelphia leistete.

Lincoln schien – vermutlich besser als jeder andere amerikanische Präsident – gewusst zu haben, wann man besser den Mund hielt und wann es umgekehrt schlimmer war zu schweigen, statt Position zu beziehen. Hinter dieser Fähigkeit stand das Wissen um einen der grundlegendsten Züge der menschlichen Natur. Wir sind auf Selbsterhalt bedachte Wesen und verteidigen uns instinktiv gegen alles, was unser Wohlergehen (woran unser Stolz nicht den geringsten Anteil hat) bedrohen könnte.

Nehmen wir nur mal den Dopingskandal in der Major League Baseball. Von den 129 von Teamkollegen angezeigten oder positiv auf den Gebrauch von Steroiden und Wachstumshormonen getesteten Spielern, die im Mitchell Report genannt werden, gaben nur 16 zu, gedopt zu haben.[10]

Typische Spitzensportler mit spitzenmäßig entwickeltem Ego?

Nicht so voreilig. Überlegen Sie nur mal, was war, als Ihr Kollege Sie das letzte Mal kritisch auf etwas angesprochen hat, was Sie gesagt oder getan haben. Dürfen wir annehmen, dass Sie ihn für seine Kritik am liebsten umarmt und zum Essen eingeladen hätten? Oder tendierten Sie eher dazu, eine Portion stinkenden Käse in seinem Schreibtisch zu platzieren? Was wahrscheinlich noch die freundlichste Vergeltungsmaßnahme gewesen wäre.

Weder Sie noch ich sind gerne das Objekt von Missbilligung, ob nun berechtigt oder nicht. So sehr wir nach Anerkennung dürsten, so sehr fürchten wir, verurteilt oder abgelehnt zu werden, wie der Biochemiker Hans Selye einmal sagte.

Wenn wir mit Kritik versuchen, in einer Auseinandersetzung recht zu behalten, unseren Standpunkt zu unterfüttern oder Veränderungen anzustoßen, dann gehen wir zwei Schritte rückwärts auf einmal. Man kann den Leuten durchaus bestimmte Dinge unter die Nase reiben, aber wenn Sie andere herabsetzen, werden Sie damit kaum den gewünschten Erfolg erzielen. Und wir reden hier nicht nur von öffentlichen Debatten. Das Gesagte gilt auch für Gespräche im privaten Bereich.

Auch wenn es sehr zeitgeistig ist, in Blogs, Talkshows und den sozialen Medien über andere Menschen verbal herzufallen, wird das Opfer Ihrer Kritik in Verteidigungsstellung gehen. Und wenn der andere erst einmal auf Abwehr eingestellt ist, können Sie nicht mehr viel tun, um die Barrieren zu durchbrechen, die er gegen Sie errichtet hat. Alles, was Sie sagen, wird bei ihm auf Skepsis oder schlimmer noch auf taube Ohren stoßen. So gesehen sind kritische Kommentare unsichtbare Bumerangs. Sie kehren zum Werfer zurück und knallen ihm gegen den Kopf.

Dies geschieht umso schneller in einer Welt, in der globale Bloßstellung nur einen Tastendruck, ein Mikrofon oder eine Handykamera weit entfernt ist. Dies musste der Schauspieler Mel Gibson auf schmerzhafte Weise lernen, als er seiner Ex-Freundin eine beleidigende, rassistisch gefärbte Voicemail hinterließ, die dann weltweit verbreitet wurde. Daraufhin stürzte sein internationales Ansehen ins Bodenlose ab, obwohl seine Stimme einst in Hollywood einiges Gewicht hatte.

Ein weniger explosiver, dem Ansehen aber immer noch schädlicher Vorfall trug sich im Juli 2008 zu. Ein Mikrofon von Fox News war an und zeichnete eine Äußerung auf, von der (einem CNN-Blogpost zufolge) »Reverend Jesse Jackson dachte, sie wäre privat. Mit dieser Äußerung brachte sich der vorgesehene Kandidat der Demokraten in Misskredit, da sie den Anschein einer an die schwarze Community gerichteten Moralpredigt erweckte.«[11] Auch wenn Jackson sich sofort entschuldigte, ließ sein Einfluss in Dingen, die den Mitgliedern der schwarzen Community am Herz liegen, landesweit deutlich nach. Außerdem erhoben sich aufgrund seiner Äußerungen Zweifel an seiner Unterstützung für den Senator von Illinois, Barack Obama, der wenig später der 44. Präsident der Vereinigten Staaten werden sollte.

Wenn auch die meisten Normalsterblichen kaum Gefahr laufen, dass ihre kommunikativen Fehltritte durch alle Medien geistern, sollten wir uns – ehe wir uns genüsslich über diesen oder jenen Fauxpas von Figuren des öffentlichen Lebens auslassen – vielleicht fragen, was wohl andere von uns denken würden, würde unsere schlimmste private Entgleisung bekannt. Noch besser allerdings ist es, wenn wir uns im Umgang mit anderen stets an eine einfache Grundregel halten: Nicht kritisieren, nicht verurteilen, sich nicht über andere beklagen. Wir leben in einer Zeit, da die ganze Welt hören kann, was wir sagen, in der die Wahrscheinlichkeit, dass wir für unsere Äußerungen global zur Rechenschaft gezogen werden, sehr groß ist, in der ein kommunikatives Debakel uns ewig verfolgen kann.

Zwar liegt ein loses Mundwerk weltweit im Trend, doch ist es weder klug noch nötig, andere schlechtzumachen, um Ihre Botschaft wirksamer zu machen und sie wichtiger oder berichtenswerter scheinen zu lassen. Das Ausmaß, in dem Sie sich heute Gehör verschaffen können, betrachten Sie am besten nicht als Segen oder Fluch, sondern als Verantwortung. Und wer dieser Verantwortung mit Bescheidenheit, Mitgefühl und glaubwürdigem Einsatz nachkommt, wird sehr viel schneller Gehör finden, weil die Menschen bereit sind, ihm weiter zuzuhören. In ganzen

Branchen, Firmen, im Familien- und Freundeskreis werden jene Menschen am meisten respektiert, die ihren Standpunkt klar vertreten und dabei jenen gegenüber einfühlsam und verständnisvoll bleiben, deren Denken oder Verhalten sie beeinflussen möchten.

Veränderungen durch verbale Gewalt herbeiführen zu wollen, gilt in bestimmten Zusammenhängen als Nötigung. Und Nötigung ist nicht ohne Grund ein Straftatbestand. Auch wenn wir uns unter Freunden und Kollegen vielleicht nicht gleich strafbar machen, so sollten wir doch alles vermeiden, was andere als Nötigung empfinden könnten.

Der einfachste Weg dahin ist, dass wir uns darauf konzentrieren, an uns selbst zu arbeiten, statt andere korrigieren zu wollen.

- Verwenden Sie die modernen Medien nicht als Mittel zur Bloßstellung und zum Protest. Setzen Sie sie lieber ein, um andere zu ermutigen und zu motivieren. Es ist nichts falsch daran, wenn Sie Ihre Freunde und Follower auf bestimmte Dinge hinweisen, selbst wenn das Dinge sein sollten, vor denen diese lieber die Augen verschließen. Der entscheidende Punkt dabei ist jedoch, aus welcher Haltung heraus Sie das tun. Teilen Sie bestimmte Informationen vielleicht nur, weil Sie noch eine alte Rechnung offen haben? Diese Art von Mitteilung sollten Sie sich besser für ein Gespräch unter vier Augen mit einem vertrauenswürdigen Kollegen aufheben. Selbst wenn die Leute schon auf Ihrer Seite stehen, binden Sie sie weder mit Großspurigkeit noch mit Jammern stärker an sich. Wenn Sie damit überhaupt etwas erreichen, dann nur, dass sie sich fragen, ob es klug ist, Ihnen ihre Missgeschicke und Ideen anzuvertrauen.
- Widerstehen Sie der Versuchung, sich von anderen abzuheben, indem Sie sie schlechtmachen. Auf lange Sicht bringt das deutlich mehr Schaden als Nutzen. In einer globalen Wirtschaft können Sie nie wissen, ob nicht Ihr größter Konkurrent eines Tages Ihr bester Geschäftspartner sein wird. Was wollen Sie tun, wenn der beste Weg zu mehr unternehmerischem Wachstum über jemanden führt, zu dem Sie sämtliche Brücken abgebrochen haben? Wettbewerb ist gesund und sollte respektiert werden. Zusammenarbeit

aber ist das A und O jeder Beziehung und ein durchaus schützenswertes Gut.

- Schreiben Sie Texte, die für andere relevant sind. Verzichten Sie auf Selbstdarstellung. Ob Sie nun Ihrer riesigen Fangemeinde eine sensationelle Neuigkeit twittern oder eine Handvoll Vorstandsmitglieder auf den neuesten Stand bringen: Es ist immer gut, sich daran zu erinnern, dass niemand mit Dingen zugetextet werden will, die nur Sie interessieren. Die Empfänger von jedem Bit und Byte Ihrer Botschaften wollen vor allem eines: knackige Information. Wenn Sie nicht mehr tun, als ihnen die Ohren, Mailboxen und Handys zuzuschwadronieren, werden sie Ihnen nicht lange zuhören. Es zirkulieren genügend positive Botschaften, da müssen wir uns nicht mit dem pessimistischen Credo anderer Leute das Hirn vollstopfen.
- Kommen Sie erst einmal zur Ruhe, ehe Sie mit anderen Menschen kommunizieren. Ist Ihnen eine Laus über die Leber gelaufen, sind die ersten fünf Minuten die kritischsten. Wenn Sie sich angewöhnen, dann nicht sofort reflexhaft zu reagieren, sparen Sie sich später langes und mühevolles Zurückrudern, Anbiedern und Entschuldigen. Nun rutscht uns ja allen einmal etwas heraus, das uns besser nicht herausgerutscht wäre, doch gibt es kaum etwas Schlimmeres, als wenn eine solche private verbale Entgleisung öffentlich bekannt wird. Machen Sie sich die kleine Mühe und ersparen Sie sich so eine unter Umständen enorme Verlegenheit, indem Sie einen Schritt zurücktreten, bevor Sie etwas hervorsprudeln, was Sie später bereuen.

Es gibt immer Gutes über einen anderen Menschen zu sagen, doch sollten wir darüber nicht vergessen, dass dasselbe auch für uns gilt. Oder wie die biblische Weisheit zu sagen weiß: »Denn wie ihr richtet, so werdet ihr gerichtet werden, und nach dem Maß, mit dem ihr messt und zuteilt, wird euch zugeteilt werden.«[12]

Und wenn es uns manchmal schwerfällt, unser Recht auf freie Meinungsäußerung hintanzustellen, dann kann ein kurzer Blick in die

Geschichte uns daran erinnern, dass die einflussreichsten Menschen die waren, die schwiegen und ihren Stolz bezwangen, wenn sich die Wogen der Negativität erhoben. Mit wenigen bescheidenen und klugen Worten sagten sie mehr, als jede Tirade das je gekonnt hätte.

Was das angeht, so liefert uns der sehr produktive britische Schriftsteller G. K. Chesterton das denkwürdigste Beispiel. Als die *Times* ihn einlud, einen Essay mit dem Titel »Was stimmt nicht an dieser Welt?« zu schreiben, schickte er der Zeitung folgenden Text:

Sehr geehrte Herren,
eigentlich nur ich.

Hochachtungsvoll
G. K. Chesterton[13]

Da überrascht es nicht, dass 1943 in einer Besprechung seines Buches *Orthodoxie* in der *Times* zu lesen war, dass Chestertons berühmter Gegenspieler, der irische Dramatiker George Bernard Shaw, den gewichtigen Autor »einen Mann von kolossalem Genie« nannte.[14] In derselben Rezension wurde Shaw außerdem als dessen »freundlicher Feind« bezeichnet. Sogar Chesterton selbst beschrieb die höchst geistreiche Beziehung der beiden als die »von zwei Cowboys in einem Stummfilm, der nie gezeigt wurde«.[15] Die beiden hatten sich wegen nahezu jedes Themas, das die Welt damals beschäftigte, in der Wolle, doch ihrer Freundschaft tat das zu keiner Zeit Abbruch, was zu einem großen Teil an Chestertons Fähigkeit lag, sein Ego zu zügeln und die Ansichten eines Mannes zu respektieren, die gegensätzlicher nicht hätten sein können. Mit einem Ergebnis, das für das Leben dieses Schriftstellers nichts Ungewöhnliches darstellt.

Chestertons Einfluss ging über diese Diskussionen weit hinaus. Er beschäftigte das Denken seiner Zeitgenossen wie Bernard Shaw, Oscar Wilde und H. G. Wells. Sein Buch *Der unsterbliche Mensch* trug dazu bei, dass C. S. Lewis, damals noch Atheist, zum Christentum übertrat. Seine Biografie von Charles Dickens war dafür verantwortlich, dass Dickens' Werk wiederentdeckt und von der Literaturwissenschaft mit neuen Augen gesehen wurde. Aus seinem Roman *Der Mann, der Donnerstag war* bezog einer der Führer des irischen Unabhängigkeitskampfes, Michael Collins, die Idee: »Wo kein Versteck ist, da ist auch keine Jagd.«[16] Und seine Kolumne in *The Illustrated London News* vom 18. September 1909 machte tiefen Eindruck auf Mahatma Gandhi.[17]

Um in der Welt von heute Freunde zu gewinnen und andere zu beeinflussen, braucht es keine rhetorischen Tricks. Es braucht die zurückhaltende Beredsamkeit von Anstand und Zurückhaltung. Wenn ich und Sie das Problem sind, das die Welt hat, dann können wir aufhören, uns zu fragen, wer von uns zwei jetzt recht hat, und stattdessen anfangen, die Welt zu einem besseren Ort zu machen. Begraben Sie das Kriegsbeil, und Ihre Worte werden zu einem Weg, der viel schneller zum Erfolg führt.

Kapitel 2

Sagen Sie, was gut ist

Der mit vier Oscars ausgezeichnete Film *The King's Speech* erzählt die Geschichte eines gewöhnlichen Mannes, der mit seinem ungewöhnlichen Ansatz einem stotternden Prinzen half, ein König zu werden, der eine ganze Nation hinter sich versammeln sollte.

Prinz Albert, Herzog von York, stotterte stark beim Reden, was ihn massiv behinderte, ob er nun seinen Kindern Geschichten erzählte, öffentlich Reden halten musste oder im Radio, der neuesten technischen Errungenschaft seiner Zeit, sprechen sollte. Auf der Suche nach einer Therapie für sein Leiden kam der Prinz schließlich zu dem australischen Sprachtherapeuten Lionel Logue. Logue arbeitete mit unkonventionellen Methoden, was auch viel an seiner Überzeugung lag, dass es sich beim Stottern gleichermaßen um ein psychisches wie physisches Problem handelte.

Im Film wird nachgezeichnet, wie der Prinz, der von seiner Familie »Bertie« genannt wird, zuerst trotz Logues Bemühungen keine Fortschritte macht. Der Rest des Films zeigt, wie das Verhältnis der beiden Männer immer gespannter wird. Gleichzeitig verschärft sich die Situation, denn Prinz Albert, Herzog von York, wird König Georg VI., während die drohenden Schatten des Zweiten Weltkriegs heraufziehen.

Schließlich kommt es zu einem Durchbruch, als die beiden seine Krönungszeremonie vorbereiten und sich beim künftigen König etwas löst. Er spricht all seine Ängste offen aus – nämlich, dass er sein Land ins Unglück führen und als lächerliche Gestalt in die Geschichtsbücher eingehen könnte.

»Bertie«, ruft Logue, »Sie sind der tapferste Mann, den ich kenne.«

Bertie hält inne und lässt diese Worte auf sich wirken. Diese Worte verändern sein Leben.

Wenn stimmt, was Emerson gesagt hat, dass nämlich der Gedanke der Vater jeder Tat ist, so war das, was Logue hier versucht hat, die brillanteste Strategie überhaupt, um einen Menschen zu beeinflussen.[18] Er brachte einen Gedanken ins Spiel, den niemand zuvor je in Betracht gezogen hatte. Bertie, der stotternde Prinz, war kein Schwächling. Er war kein Versager und keine Lachnummer. Der Spott, den er sein Leben lang hatte erdulden müssen, und das Bild, das er von sich selbst hatte, waren nicht die ganze Wahrheit. Er trug in sich etwas, das sehr viel mehr der Wahrheit entsprach, etwas, das gut war ... vielleicht sogar Größe zeigte.

Bertie akzeptierte das und wurde ein anderer Mensch, weil ein einziger Mann so scharfsichtig war, eine bisher nicht wahrgenommene Seite in ihm zu stärken, während andere zugelassen hatten, dass sie hinter seinem Handicap verschwand.[19]

Vergleichen Sie nun Logues Verhalten mit dem von Ron Schiller, dem ehemaligen stellvertretenden Vorstandsvorsitzenden des Radiosenders NPR, der sich, wie auf Video festgehalten wurde, abfällig über eine politische Partei äußert, deren Ansichten er nicht teilt.[20] Welche Methode man wählt, ist letztendlich eine Sache der persönlichen Entscheidung.

Weder Bertie noch irgendeine politische Partei sind frei von Fehl und Tadel. Es ist nicht so, dass Lionel Logue es mit einer rechtschaffeneren Person zu tun gehabt hätte als Ron Schiller. Beide hätten gute Gründe finden können, ihr Gegenüber zu verunglimpfen. Logue entschied sich für den Weg, auf dem er mehr erreichte, den Weg, der die menschliche Würde obenan stellt. Schiller entschied sich für einen Weg, der ihn sich selbst und seine Mitmenschen vergessen ließ. Man muss nicht lange nachdenken, um zu erkennen, welcher Weg der klügere ist.

Im Neuen Testament gibt es ein starkes Gleichnis über einen Schäfer und seine 100 Schafe. Die Schafe sind seinem Schutz anvertraut und er wird sie um keinen Preis im Stich lassen. Doch eines Abends, als er wieder seine Schafe zählt, stellt er fest, dass eines fehlt. Die anderen 99 sind sicher und geborgen. Was tut nun unser Schäfer? Betet er mal schnell und hofft, dass es zurückkommt, bevor ein Wolf es erwischt? Nein, er schließt die 99 in ihren Pferch und macht sich auf die Suche. Dieses eine Schaf bedeutet ihm so viel, dass der Schafhirte den Gedanken nicht ertragen kann, es im Stich zu lassen.[21]

Denken Sie einmal darüber nach, was dieses Verhalten über die Einstellung des Schäfers aussagt, und zwar in Bezug auf das eine verlorene Schaf wie auf die 99 anderen, die darauf vertrauen, dass er sie schützt und versorgt. Und stellen Sie sich dann vor, dass Sie dieselbe Botschaft den Menschen schicken, die Sie beeinflussen möchten. Haben Sie ihnen gezeigt, wie wertvoll sie in Ihren Augen sind? Dieses einfache Prinzip entfaltet große Wirkung, wenn man es täglich praktiziert.

Uns allen ist das unstillbare Bedürfnis angeboren, dass wir wissen wollen, ob wir geschätzt werden, wissen wollen, dass wir jemandem wichtig sind. Doch dies einander zu sagen, ist auch heute eines der schwierigsten Dinge überhaupt.

Wie besessen wir doch von Banalitäten und Bagatellen sein können. Wir vergeuden ganze Wochen unserer Lebenszeit mit spitzen Bemerkungen über das jüngste Outfit irgendeines Promis oder den letzten Skandal, in den sich irgendein Sportler wieder mal verwickelt hat. Wir verbringen ganze Stunden damit, die sozialen Verhältnisse einer lärmenden Studenten-WG zu erkunden. Selbst wenn wir nicht in die manischen Fantastereien der Popkultur verstrickt sind, gibt es in unserem Leben so viele Zeitfresser, dass es schwierig scheint, sich mit irgendeinem Thema intensiver auseinanderzusetzen. Wenn wir von SMS überschwemmt werden, der Posteingang unseres Mailprogramms überquillt, soziale Netze ständig Kontaktvorschläge machen, kann selbst der Partner, den wir so heftig umworben haben, störend werden. Und dann sind da noch die Kinder und die Großeltern und die Nachbarn und so weiter und so fort. Wer hat da noch Zeit, über irgendetwas Unverfängliches wie die neue Küche oder das neue Auto des Nachbarn ein paar lobende Worte zu sagen? Dabei geht das ebenso schnell wie schmerzlos.

Der Pferdefuß dabei ist lediglich, dass »schnell und schmerzlos« auch »banal und platt« bedeuten kann. Gerade deshalb ist es heute so wichtig, diesen Grundsatz immer wieder anzuwenden. Aber Vorsicht: Die positiven Seiten anderer Menschen lobend anzuerkennen ist nicht dasselbe wie Schmeichelei. Der Unterschied zwischen beidem? Echtes Interesse.

Muhammad Ali wurde einmal von einem jungen, langhaarigen Studenten gefragt, was dieser mit seinem Leben anfangen solle. Er war sich nicht schlüssig, ob er sein Studium abschließen sollte oder in die Welt hinausziehen, um sein Glück zu versuchen. Offensichtlich tendierte er zu Letzterem. »Bleib an der Uni und mach dein Studium fertig«, meinte Ali. »Wenn die dort aus schimmligem Brot Penicillin machen können, dann können sie sicher auch aus dir was machen!«[22]

Natürlich hat Ali hier einen guten Witz gemacht. Letztendlich hat er aber gespürt, dass man diesem jungen Mann vermutlich sein Leben lang irgendwelche Gardinenpredigten gehalten hatte, und deswegen wählte er diese etwas flapsigen Worte für seine entscheidende Botschaft: »Gib nicht so schnell auf. Zieh die Sache durch. Egal, was man dir erzählt hat, du bist wichtig und kannst Großes erreichen.«

Bestätigung zu schenken, heißt, dass wir – im Gegensatz zu bloßer Schmeichelei – den anderen sehen und spüren, wo er Bestätigung braucht. Es bedeutet, dass wir ihn gut genug kennen, um zu wissen, was für ihn wirklich zählt. Wenn wir jemandem schmeicheln, geben wir im Grunde zu, dass es uns an Sensibilität fehlt, dass wir das Vertrauen des anderen nicht verdienen. Wir sagen ein paar nette Dinge, weil wir glauben, dass man das von uns erwartet, meinen sie aber nicht wirklich. Welche Botschaft senden wir denn mit unseren Schmeicheleien? »So wichtig bist du mir nicht, dass ich mir Gedanken über dich mache.«

Wir müssen uns von der Versuchung frei machen, unser Leben auf Autopilot laufen zu lassen. Der Bestseller-Autor Rick Warren schreibt:

> *Wir eilen zur Tür hinaus und sagen: »Hallo, wie geht es dir? Schön, dich zu sehen.« Dabei schauen wir den anderen nicht mal an. Wenn Sie das tun, verpassen Sie das ganze Potenzial, das andere Menschen haben ... Menschen sind kein Ton, den man nach Belieben formen*

kann. Das ist auch nicht Ihre Aufgabe. Das ist Manipulation, keine Führungsstärke. Menschen sind nicht zum Formen da. Sie haben ein Leben, das sich entfalten soll. Und genau dabei helfen gute Führungskräfte. Sie entfalten das Leben anderer Menschen und helfen ihnen, ihr gottgegebenes Potenzial zu verwirklichen.[23]

Zu erwarten, dass wir Zeit unseres Lebens immer ein Spitzenspiel abliefern werden, ist nicht sonderlich vernünftig. Mit Sicherheit lassen wir uns alle Gelegenheiten entgehen, die wir hätten ergreifen sollen. Doch wir können jederzeit überprüfen, in welche Richtung die Waage ausschlägt. Sorgen die Botschaften, die Sie mit Ihrem geschriebenen oder gesprochenen Wort, mit Ihrer Präsenz senden, dafür, dass die Waagschale sich Richtung Bestätigung neigt? Je mehr sie in Richtung positives Feedback geht, desto größer wird Ihr Einfluss auf andere Menschen sein.

Emerson schrieb einmal, dass jeder Mensch das Recht habe, nach seinen besten Augenblicken bemessen zu werden.[24] Lassen Sie diesen Satz ein wenig auf sich einwirken. Welches ist im Augenblick Ihre problematischste Beziehung? Was wäre, wenn Sie sich die besten Augenblicke dieses Menschen in Erinnerung rufen und versuchen würden, sie aufrichtig zu würdigen? Damit wird nicht behauptet, dass dieser Mensch frei von Fehlern wäre. Es soll nicht einmal heißen, dass er weniger Fehler als Vorzüge hat. Vielleicht ist die fragliche Person ein gebrochener Mensch mit einer langen Liste von Verfehlungen und vertanen Lebensjahren. Doch eines dürfen Sie mit Sicherheit annehmen: Wenn Sie ihn dazu bringen möchten, sich zu ändern, werden Sie wenig ausrichten, wenn Sie ihm ständig sein Sündenregister vorhalten. Zeigen Sie ihm dagegen auf, wer oder was er sein könnte – nicht mit dem üblichen Geschwafel über sein fantastisches Potenzial als Mensch, sondern indem Sie ihn an seine Gutmütigkeit, seine Erfolge und Einsichten erinnern, und seien es noch so wenige –, dann werden Sie in ihm etwas wachrufen. Er beginnt vielleicht zu sehen, was er immer noch sein könnte, egal, wie die Vergangenheit ausgesehen hat. »Wenn wir einen Menschen so behandeln, wie er ist, dann machen wir ihn schlechter, als er ist. Behandeln wir ihn aber so, wie er sein könnte, machen wir ihn zu dem, der er sein sollte.«[25]

In der Vergangenheit haben nur wenige besser als der 16. Präsident der Vereinigten Staaten verstanden, welche Kraft darin liegt, das Gute in anderen zu würdigen. Mit dieser einen Leitidee gelang es Lincoln, die Nation zusammenzuhalten. Als er im März 1861 seinen Amtseid leistete, war es alles andere als gewiss, dass sich je einem US-Präsidenten noch einmal Gelegenheit bieten würde, eine Antrittsrede zu halten. Am selben Tag, als er vereidigt wurde, wurden zeitgleich und erstmals die »Stars and Bars« gehisst, die Flagge der Konföderierten Staaten von Amerika, die nun über Montgomery, Alabama, flatterte. In den Monaten nach Lincolns Wahl zum Präsidenten spalteten sich sieben Staaten von der Union ab. Jeder, Freund wie Feind, wollte wissen, was dieser Mann zu der Abspaltung zu sagen hatte.

Für die Historiker ist dies eine der größten Reden, die jemals gehalten wurden, weil aus ihr der Geist der Versöhnung spricht. Doch Lincoln sprach nicht aus einer Haltung der Schwäche heraus – er warnte die Konföderierten vor den Konsequenzen, die ein Angriff auf die Union haben würde. Und doch besaß er genug Weitblick, um zu einer Zeit, als außer ihm kaum ein anderer dazu in der Lage war, das Gute dieser schwierigen Situation zu betonen: »Wir sind keine Feinde, sondern Freunde. Wir dürfen keine Feinde sein.«

Wie viel Mut es erforderte, diesen Satz zu sagen! Sieben Staaten hatten sich bereits abgespalten und ihre Unabhängigkeit erklärt. Krieg drohte. Freunde? Wie konnte man in Abtrünnigen Freunde sehen?

Können Sie sich noch erinnern, wie Sie reagiert haben, als ein Kollege Sie hintergangen, ein Kunde Sie angelogen, ein Lieferant nicht zum zugesagten Termin geliefert hat? Haben Sie sich da erst einmal die guten Dinge in Erinnerung gerufen, die dieser Mensch getan hat?

Enttäuscht, im Stich gelassen oder gar verraten zu werden – das ist die Art von Erfahrungen, die uns am meisten verbittern und verärgern. Und doch sind diese Erfahrungen zugleich seltene Gelegenheiten, bei denen wir andere mit unserem Verhalten zutiefst beeindrucken können.

Können Sie sich noch an eine Gelegenheit erinnern, bei der Sie völlig überrascht reagiert haben, weil ein anderer Mensch Ihnen mit unverdienter Nachsicht begegnet ist und Ihnen ohne Wenn und Aber verziehen hat? Vielleicht ist so etwas vor langer Zeit passiert, möglicherweise in der Kindheit. Aber dieser Mensch hat sich Ihrem Gedächtnis dauerhaft eingeprägt, und dieses Gefühl ist in Ihnen immer noch lebendig.

Letztlich ist der Weg zu größerem Einfluss der, dass Sie sich durch Ihr Verhalten abheben, sodass Sie im Denken und Fühlen anderer Menschen auf einer höheren Stufe stehen. Wenn Sie so reagieren und sich so benehmen, wie alle anderen das auch tun würden, werden Sie sich niemals vom Rest unterscheiden. Aus ganz einfachen Gründen.

Es herrscht heutzutage ein beständiger Kampf um Aufmerksamkeit. Was kommuniziert wird, bleibt dabei oft im Unklaren. Bei der heute allenthalben herrschenden Hast und Hetze ist es schwierig genug, Einfluss zu erlangen. Sie brauchen Zeit und Gelegenheit, um sich als ein am anderen interessierter, vertrauenswürdiger Mensch zu erweisen, aber typischerweise sind ein paar Sekunden alles, was man Ihnen zugesteht. Wären wir alle vollkommen, und Sie möchten an Einfluss gewinnen, indem Sie sich positiv von anderen unterscheiden, so kommt letztlich alles darauf an, ob Sie sich vertrauenswürdiger zeigen können als jene, die sich neben Ihnen in der Einflusssphäre einer bestimmten Person »tummeln«. Das wäre tatsächlich ein hartes Stück Arbeit, wären alle Ihre Mitbewerber Menschen ohne Fehl und Tadel. Dann hätte der Kampf um Einfluss mehr von einem Schönheitswettbewerb (und manche betrachten ihn auch so).

Die Realität ist aber eine andere. Wir alle sind unvollkommene Wesen mit allerhand Defiziten. Das aber beschert uns ebenso viele Gelegenheiten, um Auseinandersetzungen und Enttäuschungen durch Verweis auf das Positive in unserem Gegenüber beizulegen. Der entscheidende Punkt ist, dass Sie das nicht aus fadenscheinigen Gründen unterlassen – formulieren Sie, wann immer Sie dazu Gelegenheit haben, Ihre Meinung über andere im Geist der positiven Bestärkung.

Machen Sie aber nicht den Denkfehler, dem die Leute manchmal aufsitzen. Einen anderen trotz seiner Fehler positiv zu bestärken, ist kein Zeichen von Schwäche. Es heißt auch nicht, dass Gerechtigkeit nicht zählt, denn ohne Gerechtigkeit wäre die Idee der Gnade bedeutungslos. Lincoln sah über das Offensichtliche hinaus und erkannte, was geschehen könnte. Dementsprechend handelte er.

Mögen die Spannungen auch stark sein, so dürfen sie doch nicht die Bande unserer Zuneigung zerreißen. Die geheimnisvollen Akkorde der Erinnerung, die sich von jedem Schlachtfeld und jedem patriotischen Grab zu jedem lebenden Herzen und jedem Herd in diesem weiten Land hin ziehen, werden den Chor der Union umso machtvoller erklingen lassen.

Das Gute in anderen zu würdigen, heißt manchmal, dass wir uns selbst daran erinnern, dass dieses Gute im anderen vorhanden ist. Ja, sagte Lincoln, die Lage ist angespannt, aber die Bande der Freundschaft sind stärker. Es gab eine gemeinsame amerikanische Geschichte, die der Norden und der Süden miteinander teilten. Sie hatten gemeinsam ihre Unabhängigkeit erklärt, hatten miteinander eine Nation begründet, gemeinsam einen Krieg ausgefochten, und sie mussten an jene Gemeinsamkeit erinnert werden, an jenen Moment, »wenn diese Akkorde wieder angeschlagen werden, und das werden sie mit Gewissheit, von den besseren Engeln unser selbst.«

Dieser Schlusssatz seiner Rede fasst zusammen, was bestärkt und betont werden musste. Es gab etwas Stärkeres tief im Inneren als die verborgene Zwietracht, eine bessere und wahrere Wirklichkeit, der man erlauben musste, sich zu entfalten.

Von einem britischen Monarchen hin zu einer jungen, gespaltenen Nation: Weil da ein Mensch den Blick auf das Gute im anderen richtete, wurde aus einer angespannten Situation ein mitreißender Appell. Nun ist vielleicht der ein oder andere jetzt versucht zu glauben, dass man auf diese Weise doch nur die Augen vor den Problemen verschließt. Aber das stimmt nicht. Vielmehr spricht man so Probleme direkt an, aber auf eine respektvolle Weise, welche die Würde des anderen wahrt. So ist der andere weit eher bereit, einen Fehler zuzugeben und zu bedauern, sich auszusöhnen oder sich zu bessern.

Ed Fuller, Präsident und Geschäftsführer der Hotelkette Marriott International, versichert uns in seinem Buch *You Can't Lead with Your Feet on the Desk*: »Ohne gegenseitigen Respekt gibt es auf Dauer keine gedeihliche Geschäftsbeziehung, sei es mit Ihren Mitarbeitern oder mit

Kunden und Partnern. Aus eigener Erfahrung weiß ich, dass sich selbst die schärfsten Konflikte lösen lassen, wenn Sie Bewunderung für Ihren Kontrahenten zeigen.«[26]

Fuller erzählt dazu die Geschichte, wie sich ein Anwalt der Marriott-Kette und ein Hotelbesitzer in Südamerika in die Haare kriegten. Die Neuverhandlung der Managementvereinbarung artete aus zum lautstarken verbalen Clinch, und schließlich lieferten sich die beiden ausgewachsenen Männer in einem Konferenzsaal des Hotels einen veritablen Ringkampf. Die übrigen Anwesenden verfolgten untätig das Gerangel und gingen erst dazwischen, als der Revolver des Hotelbesitzers aus dem Holster fiel und polternd über den Boden schlitterte. Da erst wurden die beiden Streithähne getrennt – ergebnislos und mit angeschlagenem Ego.

Einige Monate verstrichen, ohne dass sich in dieser Angelegenheit etwas bewegt hätte, bis schließlich ein Anwalt und zwei Leute aus der Geschäftsführung den Vorschlag machten, der Präsident der Marriott-Hotelkette solle dem Hotelbesitzer persönlich einen Besuch abstatten. Fuller erzählt, wie es dann weiterging:

> *Ich flog also in seine Heimatstadt und reiste zwei Tage mit ihm herum. Ich sah mir seine Betriebe an, aß in seinem Club und lernte seine Freunde kennen. Und während wir uns so abseits unserer geschäftlichen Beziehungen näher kennenlernten, wuchs auch der gegenseitige Respekt. Ich sah ihn in einem anderen Licht und verstand, wie sehr er sich seinen Angestellten, seiner Familie und dem Gemeinwesen verpflichtet fühlte. Unsere grundlegenden Differenzen waren damit nicht gelöst, aber mir wurde klar, dass dieser Mann meinen Respekt verdiente für das, was er war und was er erreicht hatte. Als ich eine Woche später wieder abreiste, hatten wir mit dem Eigentümer eine Einigung erzielt.*[27]

Das Gute in anderen zu würdigen, ist keine Verhaltensregel (was, nebenbei bemerkt, für jedes der Prinzipien in diesem Buch gilt), die nur Leute mit klangvollem Titel betrifft, die gerade an einem Wendepunkt der Menschheitsgeschichte stehen. Sie ist in unserer heutigen Zeit ebenso wichtig, in der die Leute oft recht despektierlich miteinander umgehen. Ob auf der politischen Bühne, in den digitalen Medien oder am Konferenztisch – wer das Positive im anderen respektvoll und ohne Übertreibung hervorhebt, wird stets mehr Freunde gewinnen und mehr Menschen zum Besseren beeinflussen als jemand, der andere nur kritisiert, verurteilt oder herabsetzt.

Das Schöne an diesem Prinzip ist in der heutigen Zeit, dass wir nicht mehr auf die klassischen, physischen Kommunikationswege beschränkt sind, um andere zu bestärken. »Wenn auch das persönliche Gespräch durch nichts zu ersetzen ist«, wie Blake Mycoskie, Gründer der Schuhmarke TOMS, unlängst in einem Interview sagte, »so darf man doch nicht vergessen, dass die digitalen Medien uns das Aufbauen von Beziehungen erleichtern.«[28] Jeden Tag und zu jeder Stunde können wir Freunde, Fans und Follower auf vielfache Weise via Twitter, SMS oder Blogposts positiv bestärken. Machen Sie aber nicht den Fehler, den Inhalt einer Botschaft von der Größe des Empfängerkreises abhängig zu machen. Beides ist untrennbar verknüpft. Denn so groß ein Unternehmen auch sein mag, so enorm die Anzahl Ihrer Follower sein mag, der Inhalt richtet sich letztlich immer von einem Menschen an den anderen.

Ob zwischen einem König und seinem Sprachtherapeuten, zwischen Unternehmen und Kunden, Manager und Untergebenem, Vater und Kind – es ist immer dasselbe Prinzip, das eine Brücke schlägt und uns Einfluss verleiht. Uns alle verbindet dieser eine Wunsch: dass wir vom anderen geschätzt und gewürdigt werden. Ob diese Botschaft tatsächlich rüberkommt, wird nicht von der Masse entschieden. Diese Wahl trifft jeder Einzelne allein und für sich – ob er uns nun allein an einem Tisch oder in einer dreitausendköpfigen Menge gegenübersitzt.

In der Originalfassung von Carnegies Buch ist eine Geschichte abgedruckt, die – vielleicht mehr als alle anderen Geschichten im Buch – in Millionen von Lesern in aller Welt eine Saite angeschlagen hat. Diese Geschichte mit dem Titel »Vater vergisst« stammt nicht von Carnegie selbst, sondern von W. Livingstone Larned.

Carnegie hat sie in sein Buch aufgenommen als Appell an uns alle, die wir so schnell die Geduld verlieren und unsere Zeit damit verbringen, an anderen herumzunörgeln und herumzukritisieren. In die Neubearbeitung wurde die Geschichte aufgenommen, um eine andere Perspektive aufzuzeigen – nicht die des Vaters, der schließlich seine Fehler einsieht und bedauert, sondern die des Sohnes, der seinen Vater trotz all seinem Geschimpfe liebt. Sein bedingungsloses Ja wird zur Kraft, die den Vater für immer verändert.

Hör zu, mein Sohn: Ich sage dir dies, während du schläfst, mit einer kleinen Hand unter deiner Wange vergraben und blonden Locken, die nass auf deiner feuchten Stirn kleben. Ich habe mich allein in dein Zimmer geschlichen. Vor wenigen Minuten, als ich in der Bibliothek saß und meine Zeitung las, überkam mich eine erdrückende Welle von Gewissensbissen. Voller Schuldgefühle kam ich an dein Bett.

Woran ich denken musste, mein Sohn, ist, dass ich böse mit dir war. Ich habe dich gescholten, als du dich für die Schule angezogen hast, weil du dein Gesicht nur mit einem Waschlappen abgetupft hattest. Ich habe dich zur Rede gestellt, weil du deine Schuhe nicht geputzt hattest. Ich habe dich wütend angeschrien, als du deine Sachen auf den Boden hast fallen lassen.

Auch beim Frühstück fielen mir einige Unzulänglichkeiten auf. Du verschüttetest dein Getränk. Du schlangst dein Essen hinunter. Du stütztest dich mit den Ellbogen auf den Tisch. Du strichst die Butter zu dick auf dein Brot. Und als du spielen gehen wolltest und ich mich auf den Weg zu meinem Zug machte, hast du dich umgedreht, mir zugewinkt und gerufen: »Auf Wiedersehen, Daddy!«, woraufhin ich nur die Stirn gerunzelt und geantwortet habe: »Nimm die Schultern zurück und halte dich gerade!«

Am späten Nachmittag ging es dann von vorn los. Als ich die Straße heraufkam, sah ich dich auf dem Boden knien und mit Murmeln spielen. Deine Strümpfe hatten schon Löcher. Ich habe dich vor deinen Freunden gedemütigt, indem ich dich vor mir her zum Haus marschieren ließ. Strümpfe seien teuer, sagte ich, und wenn du sie kaufen müsstest, würdest du dich mehr in Acht nehmen! Stell dir vor, mein Sohn, so sprach ein Vater!

Weißt du noch, wie du später, als ich in der Bibliothek las, schüchtern hereinkamst, mit verletztem Blick? Als ich, von der Störung genervt, von meiner Zeitung aufblickte, zögertest du an der Tür. »Was willst du?«, schnauzte ich dich an.

Du antwortetest nicht, sondern ranntest wie ein Wirbelwind durchs Zimmer, warfst mir die Arme um den Hals und küsstest mich, und deine kleinen Arme drückten mich mit einer Zuneigung, die Gott in deinem Herzen zum Blühen gebracht hatte und die selbst bei Vernachlässigung nicht welkte. Und dann warst du schon wieder weg und trappeltest die Treppe hinauf.

Nun, mein Sohn, kurz darauf glitt mir die Zeitung aus den Händen, und eine schreckliche Angst überfiel mich. Was hatte die Gewohnheit nur aus mir werden lassen? Die Gewohnheit, nach Fehlern Ausschau zu halten, zu tadeln – so vergalt ich dir, dass du ein Kind bist. Nicht, dass ich dich nicht liebe; ich erwartete einfach zu viel von dir in deinem jungen Alter. Ich habe dich am Maßstab meiner eigenen Jahre gemessen.

Dabei ist doch so viel Gutes und Schönes und Echtes in deinem Charakter zu finden. Dein kleines Herz ist so groß wie die Morgendämmerung über den weitläufigen Hügeln. Das zeigte sich in deinem spontanen Entschluss, zu mir zu stürmen und mir einen Gutenachtkuss zu geben. Nichts anderes ist heute Abend wichtig, mein Sohn. Ich bin in der Dunkelheit an dein Bett gekommen und habe mich danebengekniet, voller Scham!

Es ist eine schwache Buße, die ich hier leiste; ich weiß, du würdest das, was ich dir gerade sage, nicht verstehen, wenn ich es dir erzählte, während du wach bist. Aber ab morgen werde ich dir ein richtiger Daddy sein! Wir werden uns miteinander anfreunden, ich werde leiden, wenn du leidest, und lachen, wenn du lachst. Ich werde mir auf die Zunge beißen, wenn wieder vorwurfsvolle Worte hervorbrechen wollen. Ich werde mir immer wieder sagen: »Er ist doch noch ein Junge – ein kleiner Junge!«

Ich fürchte, ich habe mir dich als Mann vorgestellt. Doch wenn ich dich jetzt anblicke, mein Sohn, zusammengerollt und müde in deinem

Bettchen, dann sehe ich, dass du noch ein kleines Kind bist. Erst gestern lagst du noch in den Armen deiner Mutter, mit dem Kopf an ihrer Schulter. Ich habe zu viel von dir verlangt, viel zu viel.[29]

Ist es nicht erstaunlich, welch tiefgreifenden Einfluss wir – und selbst die Kleinsten unter uns – entfalten können, wenn wir das Gute im anderen mit klaren, von Herzen kommenden Worten bejahen? Sobald nur eine Seite bereit ist, anzuerkennen, was an Gutem schon da ist, können sich bis dato problematische Beziehungen bedeutend verbessern und bestehende Probleme gelöst werden. Von diesem Punkt aus ist es sehr viel leichter, einen Einstieg zu finden und den Austausch zu einem für beide Seiten befriedigenden Abschluss zu führen.

Kapitel 3

Gehen Sie auf die Wünsche Ihrer Mitmenschen ein

Im Jahr 2002 zierte ein merkwürdig aussehender Computer das Titelblatt von *Time*. Sein Fuß war eine weiße Halbkugel, aus der ein verchromter Arm herausragte, der wiederum einen Flachbildschirm trug. Diesen konnte man mit dem Finger kippen, drehen oder nach oben beziehungsweise unten verschieben. Das Ding hieß iMac und das Unternehmen, das ihn präsentierte, Apple Computer Inc. Das gute Stück musste sich verkaufen, wenn das Unternehmen im Geschäft bleiben wollte.[30]

Apple war seit jeher die Lieblingsmarke einer bestimmten Nutzergruppe – meist Kreative, die mit dem Establishment nichts am Hut hatten. In dem *Time*-Artikel, in dem das neue Produkt vorgestellt wurde, entwarf der CEO der Firma, Steve Jobs, eine ganz neue Vision für Computernutzer. Er vertrat die Ansicht, die Zukunft des Personal Computers läge darin, als »digitale Zentrale« für Camcorder, Digitalkameras, MP3-Player, Handheld-Computer, Handys und DVD-Player zu dienen. Jobs setzte auf eine Vision, die das gesamte digitale Leben der Nutzer in einem Gerät zusammenfasste, und riskierte damit den Fortbestand seines Unternehmens. Darüber hinaus bekam der iMac eine Reihe von Softwareprodukten spendiert, die heute gleichnishaft für das digitale Zeitalter stehen: iTunes, iPhoto und iMovie.

Kritiker und Konkurrenten mokierten sich über Jobs Idee. Die langjährigen Rivalen des Apple Computers bezeichneten das neue Produkt als »clownesk« und »dümmlich« und Jobs Vision als »reichlich weit hergeholt«. Und die Kunden? Sie nahmen die Vision und den Lebensstil, den sie entwarf, mit Begeisterung an. Die Aktien von Apple Computer – heute schlicht Apple Inc. – legten um 4856 Prozent zu. Der größte Konkurrent kam in derselben Zeit gerade mal auf 14 Prozent.

Doch woran lag das? Vielleicht lag es daran, dass die anderen Computerhersteller ihre Produkte nicht an den Mann bringen wollten? Wohl kaum. Alle streben nach Erfolg. Alle wollen geschätzt werden. Sie wollen mehr Einfluss in Form von Menschen, die ihre Produkte kaufen.

Der Unterschied ist, dass Steve Job etwas erkannte, was Dale Carnegie stets wiederholte: Möchten Sie, dass andere sich auf eine bestimmte Weise verhalten, müssen Sie deren Wünsche kennen und darauf eingehen.

Das ist eine universelle Wahrheit, die auf Kinder, Kunden und Kälbchen gleichermaßen zutrifft. Der berühmte Philosoph Ralph Waldo Emerson und sein Sohn versuchten eines Tages, ein Kälbchen in den Stall zu locken. Was nicht so recht gelingen wollte. Sie schoben und das Kalb widersetzte sich. Sie zogen und das Kalb stemmte sich mit aller Kraft dagegen. Mittlerweile war die Hausgehilfin auf das vergebliche Bemühen von Vater und Sohn aufmerksam geworden. Sie konnte zwar keine brillanten Essays verfassen oder Bücher schreiben, aber sie glaubte intuitiv, den beiden helfen zu können. Sie trat auf das Kälbchen zu und steckte ihm den Finger ins Maul. Sofort begann es daran zu saugen, und so konnte sie das Tier in den Stall locken. Was wusste das Hausmädchen, was dem klugen Philosophen entgangen war? Sie wusste, dass Milch zu den wichtigsten Bedürfnissen des Tieres gehörte. Sobald sie dieses Bedürfnis ansprechen konnte, folgte das Kalb ihr bereitwillig nach. Emerson und sein Sohn dagegen hatten nur im Sinn, was für sie wichtig war – das Kalb in den Stall zu bringen, damit sie ihr Mittagessen einnehmen konnten. Aber das Kälbchen, das glücklich auf der Wiese graste, hatte kein Interesse daran, in den dunklen, engen Stall gesperrt zu werden, wo es nichts Schmackhaftes zu verspeisen gab. Bis das Hausmädchen kam, ihm den Finger hinhielt und das Kalb daran erinnerte, dass es warme Milch bekommen könnte.

Diese Geschichte versinnbildlicht perfekt zwei Punkte, die ganz entscheidend sind, wenn Sie auf andere Einfluss nehmen wollen.

1. Einfluss erfordert eher Intuition als Intellekt. Der Unterschied zwischen dem klugen Emerson und seiner bescheidenen Hausgehilfin hat nichts mit den jeweiligen intellektuellen Fähigkeiten zu tun. Emerson war sicher gebildeter als sein Hausmädchen, doch in Bezug auf das Kalb mangelte es ihm an intuitiver Einsicht. Das Hausmädchen hingegen hatte, was Emerson fehlte.

Die Öffentlichkeit schreibt meist jenen Menschen Einfluss zu, die eine hohe Stellung bekleiden, die Fachwissen und Geschick verlangt – dem CEO, dem Fachbereichsleiter, dem Arzt, dem Millionär. Wir gehen davon aus, dass solche Menschen andere mit einem Fingerschnippen überzeugen können. Aber wie Guy Kawasaki, der frühere *Technology Evangelist* von Apple, meint: »Wenn solch ein Mensch keine tiefgehende Beziehung zu den Leuten aufbauen kann, wird er keinen Einfluss auf sie haben.«[31]

Die Wahrheit ist, dass diese beeindruckenden Gestalten in puncto Einfluss gerade mal Durchschnitt sind. Denn der Weg zu mehr Einfluss verläuft für sie nicht anders als für jeden Normalsterblichen. Einfluss hat weder mit Bildung noch mit Erfahrung zu tun. Einflussreich ist nur, wer seinen – wie auch immer gearteten – Status vergessen und sich in jemand anderen hineinversetzen kann. Dafür braucht es die Gaben von Klugheit und Spontaneität, die hinter die Oberfläche der Beziehung schauen. »Das Wesentliche ist für die Augen unsichtbar«, schreibt Antoine de Saint-Exupéry in *Der kleine Prinz*.[32] Dieses Prinzip sollten wir im Gedächtnis behalten, wenn es darum geht, Menschen für uns zu gewinnen. Andere zu beeinflussen heißt ja nicht, dass wir sie über den Tisch ziehen wollen. Es geht vielmehr darum, dass wir herausfinden, was sie wirklich wollen, und ihnen das dann anzubieten, sodass beide Parteien profitieren.

»Er weiß so wenig und schafft doch so viel«, schrieb Robert McFarlane, der dritte von Präsident Reagans nationalen Sicherheitsberatern, über seinen Chef. Als Reagan »Washington um einiges berühmter verließ, als er zu Beginn seiner Präsidentschaft gewesen war«, schrieb Richard Norton

Smith, hatte er etwas erreicht, was seit Präsident Eisenhower niemandem mehr gelungen war.[33] Wie? Präsident Obama erklärte dies so: »Reagan erkannte den Hunger des amerikanischen Volkes nach Verantwortlichkeit und Wandel ... Er sprach das an, was das Volk tatsächlich empfand.«[34]

2. Einfluss erfordert eine sanfte Hand. Emerson und sein Sohn versuchten mit aller Kraft, das störrische Kalb vom Fleck zu bewegen, das jedoch schlicht Widerstand leistete. Sie können andere Menschen nicht mit Gewalt auf Ihre Seite ziehen. Das Hausmädchen musste einfach nur den Finger ausstrecken, ohne zu schieben oder zu ziehen, und siehe da: Das Kalb folgte ihm bereitwillig nach.

Wir sollten immer daran denken, dass wir nicht Kraft und Anstrengung aufbieten müssen, um andere Menschen zu bewegen. Um sich selbst an dieses Prinzip zu erinnern, hatte der frühere US-Präsident Dwight D. Eisenhower einen Briefbeschwerer auf seinem Schreibtisch im Oval Office liegen, auf dem in lateinischer Sprache stand: »Sanft in der Art, stark in der Tat.«[35] Und Eisenhowers weltweiter Einfluss lässt sich wohl kaum bestreiten.

»Was wir tun, hängt letztlich davon ab, was wir uns zutiefst wünschen«, schreibt Harry Overstreet. »Und der beste Rat, den man Leuten geben kann, die andere überzeugen müssen – ob nun im Geschäftsleben, zu Hause, in der Schule oder in der Politik – ist: Wecken Sie in Ihrem Gegenüber ein leidenschaftliches Bedürfnis. Wer das vermag, dem liegt die Welt zu Füßen. Wer dies hingegen nicht kann, wird allein bleiben.«[36]

Die Methode, die grundlegenden Wünsche anderer Menschen anzusprechen, lässt sich in jedem Lebensbereich und jedem Land anwenden. Sie ist für den Energielieferanten aus Holland genauso wichtig wie für den Produzenten in Hollywood. Die zwischenmenschlichen Kontakte hinter einer Erfolgsgeschichte beruhen darauf, dass der Sender aufhört zu diktieren, was er will, und darauf hört, was der Empfänger sich wünscht. Zwischenmenschliche Kontakte, die mit Sicherheit schiefgehen, ob nun im Geschäftsleben, in der privaten Kommunikation oder im künstlerischen Bereich, sind unweigerlich solche, bei denen der Sender dem Empfänger seine Vorstellungen aufzwingen will. Am deutlichsten zeigt sich das im Verkauf, einem Bereich, in dem jeder von uns gelegentlich unterwegs ist.

Der Bestsellerautor Todd Duncan schildert in seinem Buch *Killing the Sale* die schlimmsten Fehler, die das Verkaufspersonal gewöhnlich macht. Einer davon ist das »Argumentieren«. Wenn wir es nicht schaffen, auf die Bedürfnisse unseres Gegenübers einzugehen, dann begehen wir genau diesen Fehler, ob wir nun zu den »Verkäufern« gehören oder nicht.

> *Wenn Sie mit Argumenten überzeugen wollen, dann setzen Sie darauf, dass Sie Ihr Anliegen überzeugend vortragen können. Sie halten also einen Monolog und erwarten, dass die Jury – Ihre potenziellen Kunden – sich überzeugen lässt. Schaffen Sie hingegen zuerst eine Ebene des Vertrauens, dann bringt das mehr als jeder noch so eloquente Monolog. Denn dazu ist ein Dialog nötig. Ein echtes Gespräch. Anders werden Sie nie erfahren, ob Ihr Produkt oder Ihre Dienstleistung die Bedürfnisse Ihres Gesprächspartners erfüllt.*[37]

Und Duncan ergänzt seine Aussagen noch mit einem Zitat von Theodore Zeldin, der schreibt, dass echte Gespräche Funken schlagen.[38]

Es ist verrückt, dass trotz der Millionen Dollar, die Jahr für Jahr ins Marketing fließen, der Großteil dieses Geldes dafür aufgewendet wird, die Botschaft des Verkäufers zu vermitteln, statt zu erforschen, was der Käufer tatsächlich will oder braucht. Wir haben eine fixe Vorstellung davon, wer wir sein wollen oder wie andere Menschen unser Angebot wahrnehmen sollen. Und wir verwenden mehr Zeit darauf, dieses Bild auszuarbeiten und auf Hochglanz zu polieren, als darauf, herauszufinden, ob dieses Bild der anvisierten Zielgruppe etwas sagt. Die meisten Menschen und Unternehmen investieren mehr in ihre Werbekampagnen als in den Aufbau einer echten Beziehung. Es sollte aber genau andersherum sein.

Duncan vergleicht in seinem Buch zwei Formen der zwischenmenschlichen Kommunikation und zeigt auf, was sie über den Menschen aussagen, der sie einsetzt:[39]

Dialog	Monolog
rücksichtsvoll	arrogant
authentisch	falsch
transparent	manipulativ
selbstsicher	bedürftig
an der Befriedigung von Bedürfnissen interessiert	am Geldverdienen interessiert
baut Vertrauen auf	baut Spannungen auf

Natürlich bringt es Sie nicht automatisch auf die Erfolgsstraße, wenn Sie auf die Bedürfnisse anderer eingehen. Doch tun Sie es nicht, werden sich Ihre Gesprächspartner recht zugeknöpft zeigen. Sie werden Ihnen nicht zuhören und sich anderweitig nach den Dingen umsehen, die ihnen wichtig sind. Und in der Welt, die Steve Jobs schon 2002 vorhergesehen hat, stehen ihnen dafür grenzenlose Möglichkeiten zur Verfügung.

Glücklicherweise drehen sich die meisten geschäftlichen E-Mails, Marketing-Blogs und Werbekampagnen darum, was das Unternehmen über seine Marken aussagen will und welches Bild es von sich und seinen Produkten vermitteln möchte. Aus ebendiesem Grund hat jemand, der sich um einen aufrichtigen Dialog bemüht, darum, dem anderen zu helfen, einen entscheidenden Wettbewerbsvorteil.

Wie aber finden Sie heraus, ob Sie zu diesen Menschen gehören? Dafür genügt gewöhnlich eine ehrliche Bestandsaufnahme. Können Ihre Mitarbeiter dieses Ziel umsetzen oder haben sie damit noch Schwierigkeiten? Sind Sie sicher, dass Ihre Ehe gut läuft? Haben Sie schon mal Ihren Partner gefragt? Sie sind der Ansicht, der Kunde würde Ihr neues Produkt zu schätzen wissen? Was sagen die Verkaufszahlen dazu? Sie sagen, dass Ihre Marke landesweit bekannt ist? Woran messen Sie den Wiedererkennungsfaktor?

Der Autor David Shaner erklärt in seinem Buch *The Seven Arts of Change* den Unterschied zwischen Menschen, die die Bedürfnisse anderer wirklich kennen, und jenen, die »einflussreich« spielen, so wie Kinder Doktor spielen.

Fast jede Studie aus den letzten 20 Jahren zum Thema »organisatorischer Wandel« zeigt, dass etwa 70 Prozent der Unternehmen die gewünschte Veränderung nicht schaffen ... Bevor ein solcher organisatorischer Wandel möglich ist, muss er zuerst im Kopf der Menschen ankommen, die ihn umsetzen sollen ... Jede dauerhafte Veränderung beginnt dort, denn Ihr Kopf oder meiner ist die eigentliche Triebkraft hinter unserem Verhalten ...[40]

Echter Wandel stellt sich nur ein, wenn Sie die Menschen in der Tiefe erreichen. Shaner liegt da völlig richtig, und er sollte es wirklich wissen. Sein Unternehmen CONNECT Consulting unterstützt seit mehr als 30 Jahren große Firmen wie Duracell, Ryobi, MARC USA und SVP Worldwide dabei, Umstrukturierungen erfolgreich durchzuführen. Sein Wort erinnert uns daran, dass keine Werbekampagne und keine individuelle Kommunikation je Einfluss haben werden, wenn sie die Menschen nicht im Innersten ansprechen. Dies ist ein grundlegendes Prinzip, das bei all Ihren Bemühungen, andere zu beeinflussen, gilt, ob Sie es nun mit einem Fünfjährigen zu tun haben oder mit 5000 Mitarbeitern.

Ein früherer US-Minister für Bildung und Erziehung erzählt, dass er dieses Prinzip, das bei jedem Unterfangen der entscheidende Faktor ist, erst nach dem ersten Dienstjahr vollkommen verstanden hatte. Dabei hatte er ein ganz gutes Gefühl, was seine Fortschritte anging. Er war viel unterwegs, hielt seine Reden und die Leute applaudierten ihm lächelnd. Er war zu Dinnerpartys geladen und besuchte eine ganze Reihe von Empfängen. Alles schien gut zu laufen. Aber zu welchem Ziel und Zweck?

Als er die Weihnachtsferien zu Hause verbrachte und er Zeit zum Nachdenken hatte, wurde ihm bewusst, dass er zwar sichtbar war und allerlei Versprechungen abgegeben hatte, dass sich an der Arbeit im Ministerium aber nichts verändert hatte. 5000 Mitarbeiter, die stets pünktlich waren. Sie erledigten, was man ihnen auftrug. Dann gingen sie nach Hause. Es bewegte sich zwar etwas, aber nicht die Menschen, ob nun im Ministerium oder außerhalb.

Der Minister wollte verstehen, woran das lag. In den nächsten Monaten verbrachte er viel Zeit mit den Leuten, die das Ministerium führten – die hohen Beamten, die die Arbeit machten, ganz egal, welche Partei das Weiße Haus innehatte. Und dem Minister kam die ernüchternde Erkenntnis, dass er zwar auf der Brücke am Steuerrad stehen mochte, doch dieses Steuerrad hatte keinerlei Verbindung nach unten. Und da er die Beamten in seinem Ministerium weder einstellen noch feuern konnte, war seine einzige Chance, etwas zu verändern, die, diese Leute für sich zu gewinnen. Das Problem war: Sie sahen die Politiker kommen und gehen. Sie waren zermürbt und zynisch geworden. Inspiration von oben erwarteten sie gar nicht mehr.

Die Frau des Ministers schlug ihm vor, den Mitarbeitern klarzumachen, wie wichtig ihm Bildung und Erziehung waren, und zwar nicht nur mit Worten, sondern mit Taten. »Geh in die Schulen. Beschäftige dich mit den Kindern. Mach den Kleinkram. Das wird jeder mitbekommen, weil es dabei um jene Dinge geht, die ihnen wirklich wichtig sind.«

»Aber ich bin der Minister. Ich bin nicht für den Kleinkram da. Ich bin zuständig für die große Linie.«

Seine Frau war Tochter eines Vertreters. Sie lächelte nur. »Liebling, wenn du den Kleinkram nicht beherrschst, wirst du die große Linie nie schaffen.«

Sie hatte recht, und der Minister wusste das auch.

Also reiste er ein Jahr lang durchs Land. Er krempelte die Ärmel hoch, las Geschichten vor, hörte den Lehrern zu und erkannte allmählich, dass eben der Kleinkram in puncto Bildung seine Leidenschaft war. Das war ein ganz persönlicher Sieg für ihn. Noch wichtiger aber war, wie sich sein Verhalten auf seine Mitarbeiter auswirkte. Ihre Leidenschaft flammte wieder auf – für ihre täglichen Aufgaben, für eine bessere Erziehung, und damit mehr Familien mehr Chancen hatten. Dieses neue Inspiriertsein hatte seinen Ursprung darin, dass das Tun des Ministers mehr sagte als tausend Worte. Es hatte ein grundlegendes Bedürfnis der unermüdlichen Beamten im Ministerium für Bildung und Erziehung erfüllt: Sinnhaftigkeit. Die Menschen wollten etwas, woran sie glauben konnten. Sie mussten daran erinnert werden, dass ihre Arbeit von entscheidender Bedeutung für das Land war. Der Minister machte dieses Anliegen zu seinem eigenen und riss so das Steuer herum.[41]

In unserer hektischen Welt ist es nur allzu leicht, diese Art zu denken aus den Augen zu verlieren. Unsere digitale Kommunikation ist so einseitig, dass wir nicht mehr daran glauben, den Blickwinkel des anderen verstehen zu können. Wir kommunizieren zwar Tag für Tag mit immer noch mehr Menschen, aber trotzdem sind wir immer mehr auf uns selbst konzentriert. Wir kümmern uns mehr darum, wie wir unsere Sicht der Dinge am besten, schnellsten und umfassendsten rüberbringen. Sehen wir das nicht überall in unserem Umfeld?

Es ist so leicht, sich dieser Tendenz zu überlassen, dass wir beinahe vergessen, worum es eigentlich geht: zwischenmenschliche Bande, Einfluss, Übereinstimmung, Zusammenarbeit. Möglicherweise glauben wir, dass die Schlacht geschlagen ist, wenn wir nur sichtbar sind und hin und wieder sogar originell. Das sind im richtigen Kontext sicher wichtige Strategien, aber wenn wir Einfluss gewinnen wollen, reicht das nicht aus.

Doch dieses Sperrfeuer einseitiger Kommunikation, vom Markenmanagement bis hin zum Celebrity-Posting, hat auch sein Gutes. Mit einigen wenigen Klicks erfahren wir, wie andere Menschen ticken und welche Ziele sie haben.

Wir haben schon darüber gesprochen, wie gefährlich es ist, den digitalen Raum nur zum Jammern über die eigenen Befindlichkeiten zu nutzen. Die meisten Menschen sind mittlerweile achtsamer, was ihre Postings im Internet angeht. Wir offenbaren, was uns wichtig ist, worüber wir häufig nachdenken, was uns gefällt und was wir uns wünschen würden. Diese Informationshäppchen ergeben letztlich ein klares Bild dessen, was wir wirklich wollen. Dieses Wissen ist unschätzbar wertvoll, wenn es um Einfluss geht, denn wie das Kälbchen, das nur süße Milch haben wollte, bewegen wir uns nur, wenn uns etwas bewegt.

Teil II

Sechs Methoden, wie Sie einen bleibenden Eindruck hinterlassen

Kapitel 1

Interessieren Sie sich für die Interessen anderer

Auf wen sollten wir unseren Blick richten, um herauszufinden, wie wir am schnellsten Freunde gewinnen? Auf denjenigen, der die meisten Follower auf Twitter hat? Auf den Blogger mit den meisten Abonnenten? Auf den cleversten Verkäufer? Den mächtigsten Politiker?

Nun, jeder der Genannten kann sich über eine breite Followergemeinde freuen. Auch sinnvolle Tipps kann uns vermutlich jeder von ihnen geben, aber als Vorbilder taugen sie eher weniger. Vermutlich sind unsere besten Vorbilder nicht einmal unter uns Menschen zu suchen. Besser sehen wir uns bei der Spezies Hund um. Ob wir nur zwei Minuten fort oder zwei Monate auf Weltreise waren, unsere Hunde begrüßen uns immer, als wären wir die Größten. Sie setzen uns nicht herab, machen sich nicht über uns lustig und lassen uns beim Date nicht sitzen. Sie sind auf der Welt, um unsere Freunde zu werden. Wir sind der Mittelpunkt ihres Daseins. Und sind stets unverfälscht fröhlich, wenn sie mit uns zusammen sind.

Der Hund gilt als der beste Freund des Menschen, und das nicht ohne Grund. Die Geschichten über die unverbrüchliche Treue der Hunde sind der Stoff, aus dem man Legenden webt. Der große Dichter George Byron schrieb über seinen Hund Boatswain: »Er besitzt alle Tugenden des Menschen und kein einziges seiner Laster.«[1] Aber auch die Moderne hat ihre

Hundegeschichten: Jon Katz' *A Dog Year* und John Grogans *Marley & Ich* sind Liebesgeschichten, die Menschen schreiben, weil sie um ihren verstorbenen Hund trauern.

Ein göttlicher Instinkt sagt Hunden, dass man in wenigen Minuten mehr Freunde gewinnt, wenn man sich wirklich für andere interessiert, als nach vielen Monaten, wenn man versucht, andere für sich zu interessieren. Und das ist mehr als eine Fellnasen-Plattitüde auf vier Pfoten. Es ist ein grundlegendes Prinzip, ohne das kein Mensch echte Bindungen aufbauen kann. Es ist blanke Ironie des Schicksals (vor allem aus der Hundeperspektive), dass unsere Sehnsucht, anderen etwas zu bedeuten, im Grunde so leicht zu erfüllen ist, aber von uns unglaublich verkompliziert wird. Unser größter Gegner ist die Selbstsucht. Sie ist es, die uns keine Freundschaft finden lässt.

Dass wir uns in erster Linie für uns selbst interessieren, ist nicht erst seit der Zeit von Facebook oder Twitter der Fall. Das hat lange vor den sozialen Medien begonnen. Lange vor Smartphones und E-Mails und dem Internet. In den 1930er-Jahren, als Dale Carnegie die Ursprungsfassung dieses Buches schrieb, stellte die New York Telephone Company eine Studie an, die herausfinden sollte, welches Wort in Telefongesprächen am häufigsten verwendet wird. In 500 untersuchten Gesprächen fiel das Wort »ich« 3900-mal.

Unsere Selbstsucht – oder höflicher: unser Interesse an uns selbst – liefert Stoff für zahlreiche Fabeln. Allen Mahnungen und Bitten seines Vaters zum Trotz fliegt Ikarus zu nah an die Sonne heran, sodass das Wachs, mit dem die Federn seiner Flügel verklebt sind, schmilzt und er in den Ozean stürzt. Peter Hase zieht den Zorn von Mr. McGregor auf sich, weil er nicht auf die Ermahnungen seiner Mutter hört, den Garten jenes Herrn zufrieden zu lassen. Und warum missachteten Adam und Eva im Paradies Gottes Anweisungen? Weil sie nur an sich selbst dachten.

An unserem Selbstinteresse wird sich vermutlich nicht so schnell etwas ändern. Es ist eine Realität wie die Schwerkraft. Wir kommen mit einem angeborenen Kampf-Flucht-Impuls zur Welt. Unsere Worte und Taten sind darauf ausgerichtet, unser Überleben zu sichern. Und doch vergessen wir oft, gegen wen wir wirklich kämpfen und wohin wir fliehen können. Doch wenn wir nicht achtgeben, wird die Selbstverteidigung zum Gefängnis für unser Selbst, das erfüllende Kontakte zu anderen Menschen, ja in manchen Fällen sämtliche zwischenmenschliche Beziehungen, verhindert. Wenn wir nicht aufpassen, fliehen wir auf eine einsame Insel, auf der wir isoliert dahinvegetieren.

Wie die Stadt Troja, deren Verteidigungswälle zur Falle wurden, können auch wir uns so sehr isolieren, dass wir keine sinnvollen zwischenmenschlichen Beziehungen mehr aufbauen können. Der berühmte österreichische Psychotherapeut Alfred Adler meinte, dass Menschen, die sich nicht für ihre Mitmenschen interessieren, im Leben die größten Schwierigkeiten haben und andere am tiefsten verletzen. Alles menschliche Versagen, so Adler, gehe auf das Konto solcher Menschen.

Diese Aussage an sich scheint gewagt. Aber sie lässt sich belegen. Die größten Katastrophen der Menschheit, ob nun die Killing Fields in Kambodscha oder der Zusammenbruch von Lehman Brothers, wurden verursacht von Menschen, die nur an sich selbst dachten und sich um mögliche Kollateralschäden nicht kümmerten.

Und es geht hier nicht nur um solche Extremfälle. Dieser Mechanismus macht sich auch im Alltag bemerkbar und ist genauso verstörend. Ein Wirtschaftsprüfer nimmt Schmiergelder an und denkt nicht an die Menschen, die die Aktie des von ihm zu positiv dargestellten Unternehmens gekauft haben, um ihre Rente aufzubessern. Der Sportler, der sich dopt, macht sich keine Gedanken darüber, was das für seine Mannschaft, seine Teamkollegen oder den Sport bedeutet, den er angeblich liebt. Dem Ehemann und Vater, der bei einer Lüge ertappt wird, liegt mehr daran, sein Doppelleben fortzusetzen, als seine Familie zu beschützen.

Doch die problematische Seite des Impulses, erst einmal die eigene Haut zu retten, zeigt sich nicht nur im Katastrophenfall. Rufen wir uns noch einmal Alfred Adlers Worte ins Gedächtnis. Er erklärt, dass ein selbstbezogenes Leben das problematischste ist, das ein Mensch führen kann. Ein Leben voller zwischenmenschlicher Schwierigkeiten, mit wenigen echten Freunden. Und flachem, kurzlebigem Einfluss.

Dabei scheint dies in einem Zeitalter, in dem wir dafür belohnt werden, ständig über unseren Eigeninteressen zu brüten, ein gutes Prinzip zu sein. Aber heute wie damals gilt: »Denn wer sich selbst erhöht, wird erniedrigt, und wer sich selbst erniedrigt, wird erhöht werden.«[2] Ob wir gut mit anderen Menschen umgehen können, liegt letztlich daran, welche Motive wir haben und was wir zu geben haben. Warum kommunizieren Sie eigentlich? Was wollen Sie damit erreichen? Die meisten Menschen sind heute gut informiert und haben auch eine gesunde Intuition. Die Leute, die nur mit uns kommunizieren, weil sie sich einen persönlichen Vorteil davon ausrechnen, durchschauen wir meist schnell. Tricks und Schliche riechen wir zehn Meter gegen den Wind, ebenso wie jede Hinterlist. Wir fühlen uns von Dingen angezogen, die sich real und beständig anfühlen. Wir nehmen jene Botschaften auf, die beiden Seiten etwas bringen.[3]

Andrew Sullivan gehört zu den bekannten Polit-Bloggern der USA. Er macht sich schon seit Jahrzehnten über dieses Thema Gedanken. Früher war er Chefredakteur der altehrwürdigen Zeitschrift *New Republic*. In den frühen 1990er-Jahren stellte man bei ihm eine HIV-Infektion fest, was damals noch einem Todesurteil gleichkam. Nachdem er sich von der Zeitschrift zurückgezogen hatte, wurde Sullivan einer der ersten politischen Blogger im Internet. Seine Seite hatte schon 2003 mehr als 300 000 Besucher im Monat. Was Sullivan von seinen Zeitgenossen unterschied, war seine Interaktion mit den Lesern. In seinem Blog *The Daily Dish* sollte es um mehr gehen als um Politik. Er wollte treue Leser, und er wollte mehr über die Menschen wissen, die ihm folgten.

Zu diesem Zweck lancierte er »View from Your Window«. Darin bat er die Leser seines Blogs, doch einen Schnappschuss zu posten, der die Aussicht aus ihrem Fenster zeigte. Wie das meist bei neuen Ideen im Internet der Fall ist, wusste er nicht, ob die Leute darauf einsteigen würden. »Ich wollte einfach sehen, wie sie leben«, erklärte er. »Schließlich habe ich all diesen Menschen Zugang zu meinem Leben gegeben, und einseitige Kommunikation ist nun einmal tödlich langweilig.«[4] Und die Aktion wurde ein Erfolg. Zum einen stärkte sie Sullivans Beziehung zu seinen Lesern, zum anderen wurde sie zum Herzstück des Onlineauftritts von *Atlantic Monthly*. Der Traffic auf der Website stieg um 30 Prozent. Aber seine Leser folgten Sullivan auch, als er mit seinem Blog zuerst zu *Newsweek* und dann zu *The Daily Beast* umzog. Menschen, die sich für andere interessieren, ziehen unweigerlich andere Menschen an.

Ironischerweise funktioniert dieses Prinzip – sich für die Interessen anderer zu interessieren – deshalb so gut, weil die anderen eben hauptsächlich an sich selbst denken. Dazu ist Folgendes zu sagen: Erstens ist Selbstinteresse in seiner reinsten Form ein Teil der menschlichen Natur – der Kampf-oder-Flucht-Impuls ist uns angeboren. Bei diesem Prinzip geht es ja nicht darum, dass wir unser Selbstinteresse vergessen sollen. Es macht nur darauf aufmerksam, dass die meisten Menschen die andere Seite der Gleichung gewöhnlich außer Acht lassen – womit der ganze Rest der Menschheit gemeint ist. Bei den meisten wird aus Selbstinteresse letztlich Selbstbezogenheit. Dass unser Prinzip Erfolg verspricht, liegt eben daran, dass der Großteil der Menschen im Regelfall nicht an andere denkt. Wer hingegen täglich Interesse an seinen Mitmenschen zeigt, sticht aus der Menge heraus. Wir erinnern uns an solche Leute, schließen Freundschaft mit ihnen und vertrauen ihnen mehr als anderen. Und die Wurzel von Einfluss ist Vertrauen – je größer das Vertrauen, desto größer der Einfluss.

Zweitens geht es bei unserem Prinzip keineswegs um Selbstverleugnung. Es heißt ja nicht: »Opfern Sie Ihre Interessen denen der anderen.« Nein, es lautet vielmehr: »Interessieren Sie sich für das, was Ihre Mitmenschen interessiert.« Das ist das Geheimnis seiner praktischen Anwendung. Wenn Sie die Interessen anderer mit den Ihren verbinden – und zwar nicht nur, um Ihren Marktwert oder Ihren Adressatenkreis zu taxieren –, werden Sie feststellen, dass Ihre eigenen Bedürfnisse erfüllt werden, sobald Sie anderen helfen.

Nehmen wir nur mal die Bestsellerautorin Anne Rice, die im Laufe ihres Lebens mehr als 110 Millionen Bücher verkauft hat. Ihre Karriere begann mit den berühmten *Vampire Chronicles*, zu denen auch *Interview mit einem Vampir* gehört, eine Geschichte, die auch als Film enormen Erfolg hatte. Rice war eine äußerst begabte Schriftstellerin, aber ein Großteil ihres Erfolges geht auch auf ihr Interesse an ihren Lesern zurück. So beantwortete sie jede E-Mail der Leser. Manchmal beschäftigte sie dafür drei Angestellte.

Ihr Interesse war keineswegs nur gespielt. Es ging ihr nicht um die Steigerung ihrer Verkaufszahlen. »Wenn Menschen so nett und großzügig sind, um Interesse an mir zu zeigen«, erklärte sie, »dann ist doch das Mindeste, dass ich darauf reagiere. Sie sollen wissen, dass ich mich über ihre Briefe und Mails freue.«[5] In den letzten Jahren war Rice auch auf Facebook und Twitter präsent, was ihr einen noch direkteren Kontakt zu ihren Fans ermöglichte. »Es ist einfach umwerfend«, schrieb sie. »Wir können uns über so vieles austauschen.«[6] Sie nannte ihre Online-Community »People of the Page« und schrieb dazu: »Wir sollten uns ins Gedächtnis rufen, dass Facebook und das Internet letztlich das sind, was wir daraus machen. Diese Seite hat etwas Außergewöhnliches, ja Einzigartiges vollbracht. Wir sind wirklich eine Gemeinschaft, die tatsächlich mehr ist als die Summe ihrer Teile. Ich danke euch, denn ihr habt diese Community zu dem gemacht, was sie ist: der Mittelpunkt lebendiger und inspirierender Diskussionen.«[7]

Eben um dieses Ergebnis geht es, ganz gleich, ob Sie nun Unternehmer, Autor oder Blogger sind. In seinem berühmt gewordenen Essay *Bass-Ackward Business: The Power of Helping Without Hustling* schreibt der Unternehmer Steve Beecham:

> *Ich habe mich nie für einen brillanten Geschäftsmann gehalten ... Das Land erlebte gerade einen der größten Refinanzierungsbooms aller Zeiten, und ich machte begeistert mit. Unglücklicherweise trocknete die Refinanzierungsquelle aus, bevor ich auch nur nasse Sohlen hatte. Ich machte sechs Monate lang kein Geschäft, und als ich endlich einen Abschluss tätigte, ging es um das Haus meines Bruders ... Doch statt ganz neu anzufangen, suchte ich nach einem Weg, wie ich mein Geschäft zum Laufen bringen konnte. An diesem Punkt wendete sich mein Schicksal.*[8]

Bevor er sich im Hypothekenbusiness versuchte, war Beecham mit zwei Geschäftsideen pleitegegangen – einmal im Einzelhandel, einmal in der Recyclingbranche. Für manche wäre das Grund genug gewesen, aufzugeben oder das Steuerruder jemand anderem zu überlassen. Doch Beecham hielt lange genug durch, um zu begreifen, dass sein Ansatz von Anfang an falsch gewesen war. Er wollte Geschäfte machen, statt sich für die Beziehung zu seinen Kunden zu interessieren.

In seinem Buch schildert Beecham eine Begegnung auf einem Parkplatz. Eine offensichtlich selbstlose Berühmtheit zeigte ihm, welch entscheidenden Wert es hat, sich für andere zu interessieren:

> *Bevor ich noch ein Wort sagen konnte, stellte der Mann mir Fragen: Wo sind Sie aufgewachsen? Womit verdienen Sie Ihr Geld? Auf welcher Highschool waren Sie? Wie heißen Ihre Kinder? Nach diesem Gespräch war ich mindestens zehn Zentimeter größer. Auf eine unprätentiöse und subtile Weise hatte dieser Mann mein Selbstbewusstsein gesteigert.*

Diese Begegnung war für Beecham eine wertvolle Lektion. Ab dem Tag machte er es sich zur Aufgabe, jedem Menschen, den er kennenlernte oder noch nicht so gut kannte, wohlüberlegte Fragen zu stellen. »Insbesondere«, erklärt er, »beschloss ich, zum Problemlöser zu werden – ohne etwas dafür zu verlangen. Und an diesem Punkt erlebte mein Geschäft nicht nur einen Turnaround. Es hob überhaupt erst ab.«

In wenigen Monaten warf Beechams Job viel Geld ab. Bald war er so erfolgreich, dass er ein eigenes Hypothekenunternehmen führte, das seit seiner Gründung zu den Marktführern gehört. Noch wichtiger ist vielleicht die Tatsache, dass er sein Geschäft hundertprozentig aufgrund von Empfehlungen betrieb. Er schätzt, dass gut ein Viertel der täglichen Anrufe in seinem Büro nichts mit Hypotheken zu tun haben – worauf er sehr stolz ist. Tatsächlich rufen dort Leute an, die wissen wollen, wo sie ihr Auto zur Reparatur geben sollen, wohin sie ihre Schwiegereltern zum Essen einladen können oder wo sie ihre Lebensversicherung abschließen sollen.

Und Beecham erklärt, dass die Leute ihn anrufen, weil er bekannt dafür ist, dass er gute Ratschläge gibt und ein Netzwerk vertrauenswürdiger Freunde hat. »Und das bin ich nicht geworden, weil ich kostenlose Seminare über Hypotheken angeboten habe oder mein vertrauenerweckendes Konterfei auf jeder Plakatwand prangt«, witzelt Beecham. »Das liegt einzig daran, dass ich Menschen geholfen habe, ohne sie zu einem Abschluss zu drängen. Hat Thoreau nicht geschrieben: ›Güte ist das einzige Investment, das immer Gewinn abwirft‹?«[9]

Dieses Interesse an Beziehungen ist keine Eigenschaft, die man hat oder nicht. Es ist nicht schwer, andere Menschen besser kennenzulernen und ein Problem oder ein Vorhaben zu finden, bei dessen Lösung beziehungsweise Realisierung Sie helfen können. Das ist das ganze Geheimnis von Beechams Erfolg. Leider führen die meisten Unternehmer ihr Geschäft anders. »Eine Hand wäscht die andere«, heißt es. Aber das ist keine gegenseitige Hilfe, sondern schlicht ein Kuhhandel, der die zwischenmenschliche Begegnung aller Magie beraubt. Aber es ist eben diese unverfälschte Magie, die Begegnungen einzigartig macht. Das ist es, was uns anzieht. Dass da Vertrauen ist und ein ehrliches Gefühl der Zusammengehörigkeit.

Gerade heute gibt es keinerlei Entschuldigung dafür, wenn wir uns nicht für die Interessen anderer erwärmen können. Selbst wenn Sie nicht Mitglied in einem Verein sind oder sich in einer lokalen Initiative engagieren, wo Sie mit vielen Menschen in Kontakt kommen, gibt es doch immer noch zahlreiche Möglichkeiten, wie Sie von den Wünschen und Sorgen anderer erfahren können. Was würde denn passieren, wenn Sie täglich fünf Minuten damit zubringen, die Facebook-Seite von drei Freunden zu lesen, die Biografie von drei Kunden oder den Blog von drei Angestellten, die Sie nicht besonders gut kennen? Nun, zum einen würden Sie über diese Menschen etwas erfahren, was Sie vorher nicht wussten. Und vermutlich würden Sie sie mehr zu schätzen wissen. Vielleicht entdecken Sie gemeinsame Interessen, Stoff für künftige Gespräche, vielleicht sogar für eine Zusammenarbeit. Möglicherweise macht einer dieser Menschen gerade eine schwere Zeit durch, dann können Sie ihn ermutigen und ihm Ihr Mitgefühl zeigen. Unter Umständen haben Sie auch gemeinsame Freunde. Würde das nicht die Beziehung fördern, da Sie doch offensichtlich beide Ihr Vertrauen in dieselbe Person setzen beziehungsweise Ihre Zeit in ähnliche Unternehmungen investieren? Die Bedeutung solcher Wahlverwandtschaften sollte man niemals unterschätzen.

»Normalerweise lehnen wir ab, was wir nicht kennen«, so die Bloggerin Amy Martin, die das erfolgreiche Social-Media-Unternehmen Digital Royalty gegründet hat und laut *Forbes* zu den »20 Best-Branded Women on Twitter« gehört. Diesen Satz schrieb sie nach ihrem »Erstkontakt« mit NASCAR, dem amerikanischen Verband für Stockcar-Rennen:[10] »Viele Menschen verstehen nicht oder besser gesagt ›sehen nicht ein‹ ..., was man an den ewigen Linkskurven und den Vokuhila der Fans finden kann.« Zu diesen Leuten hatte auch sie gehört, bevor sie 2011 das Daytona 500 sah. Bald darauf sang sie in ihrem Blog das Loblied der NASCAR-Fahrer, die ihrer Ansicht nach einen guten Draht zur Fangemeinde hatten, wie er im Profisport nur selten anzutreffen ist.

»Das habe ich persönlich miterlebt«, schreibt Martin. »Die Fahrer geben regelmäßige Autogrammstunden und beantworten Fragen im Internet. Das Daytona-500-Rennen ist das größte Event im Jahr. Ich glaube nicht, dass Brett Favre am Tag des Superbowl mit Tausenden Fans gechattet hat. Ich hatte einen ›Hot Pass‹ und durfte damit überall hin. Es war unglaublich aufregend, zu allem Zutritt zu haben. Manchmal war ich mir nicht sicher, ob ich den Crews nicht im Weg stand. Ich war hautnah dabei und ich war keineswegs die Einzige. Fazit: Die Fans haben vollen Zugang zu allem.«

Martin nennt auch die Gründe, weshalb sie die Politik, die bei den NASCAR-Rennen verfolgt wird, auch für andere Sportarten empfehlen würde:

- Uneingeschränkter Zugang sorgt für mehr Fanbindung. (Die Fans dürfen sogar mit ihrer Unterschrift bestätigen, dass sie diese Rennstrecke besucht haben.)
- Bindung führt zu Beziehungen. (In jeder Altersgruppe.)
- Beziehungen führen zu Wahlverwandtschaften. (Das lässt sich nicht vortäuschen.)
- Wahlverwandtschaften führen zu Einfluss. (Es hat seinen Grund, dass so viele Marken auf den NASCAR-Events werben.)
- Einfluss führt zu Überzeugung. (Diese Fans würden vermutlich alles kaufen, was »ihr« Fahrer anbietet.)

Martin schreibt weiterhin, dass sich die gute Bindung, die NASCAR mit seiner Fangemeinde aufgebaut hat – zu der 150 000 Fans vor Ort und 30 Millionen Fernsehzuschauer gehören –, im digitalen Zeitalter noch ausbauen ließe. »Es böte ein enormes Potenzial, zusätzlich einen Zugang über die sozialen Medien anzubieten. Wie wäre es denn, wenn der Zugang zu den Boxen und der Rennstrecke nicht nur den Fans vor Ort offenstünde, sondern auch den Millionen Fans [auf Facebook, Twitter und YouTube], die das Rennen nicht im Fernsehen verfolgen können?«[11]

Martins Blogpost bringt zwei wesentliche Punkte zusammen, die mit dem Interesse an anderen Menschen zu tun haben:

1. Zwischenmenschliche Beziehungen lassen sich leichter knüpfen, wenn sie von ähnlichen Interessen ausgehen.
2. Das Potenzial für eine entsprechende Konnektivität ist astronomisch hoch.

Im Endeffekt läuft es darauf hinaus, dass Sie sich aufrichtig für andere interessieren müssen, bevor Sie erwarten können, dass die Menschen sich für Sie interessieren. »Unter ansonsten gleichen Umständen«, sagte der Coach John Maxwell in einem kürzlich erfolgten Interview, »machen Menschen Geschäfte mit Leuten, die sie mögen. Und selbst wenn sich die Umstände verändern, tun sie das immer noch.« Wir mögen Menschen, die uns mögen. Wenn Sie also geschätzt werden wollen, müssen Sie Ihre Wertschätzung für das ausdrücken, was Ihr Gegenüber tut und sagt.

Heute kann man häufig hören, die Leute würden sich nicht mehr füreinander interessieren. Dass die Konzentration auf das »Ich« unser Denken, Handeln und Kommunizieren bestimmt. Dabei haben Sie grenzenlose Möglichkeiten, sich mit anderen zu verbinden, mehr in Erfahrung zu bringen und Ihr Interesse zu zeigen. Wenn Sie täglich nur einen Bruchteil Ihrer Zeit darauf verwenden, werden andere Menschen Ihr Interesse an ihnen wahrnehmen. Und wenn Sie sich um Ihre Kunden wirklich kümmern, kann dies die Art, wie Ihr Unternehmen am Markt wahrgenommen wird, massiv verändern.

Statt jeden Tag an Ihrem Internetauftritt zu feilen, sollten Sie mehr Zeit damit verbringen, zu Freunden, Kollegen und Kunden eine gute Beziehung aufzubauen. Posten Sie kurze Nachrichten, in denen Sie Ihre Wertschätzung ausdrücken. Gehen Sie auf die anderen ein, finden Sie heraus, bei welchen Problemen und Vorhaben Sie ihnen helfen können. Uns alle treibt die Vermeidung von Leid und die Suche nach Glück. Ausnahmslos. Wenn Sie ernsthaft daran arbeiten, Ihre Beziehungen zu anderen Menschen zu verbessern, dann wird es vermutlich zu einem erfüllenden Austausch kommen. Und damit zu einer wechselseitig sinnvollen Zusammenarbeit. Und echte Beziehungen sowie echte Zusammenarbeit übertragen sich auf alle möglichen Lebensbereiche.

Kapitel 2

Lächeln Sie

Dass alle Menschen sich auf einen Punkt einigen können, ist praktisch unmöglich. Nehmen Sie nur mal Neil Armstrongs Mondspaziergang von 1969. In Großbritannien glauben lediglich 75 Prozent der Menschen, dass dieses Ereignis überhaupt stattgefunden hat.[12] In den USA sind 94 Prozent davon überzeugt.[13] In Ländern wie Mexiko, China und Indonesien glauben nur ein Drittel der Befragten, dass al-Qaida für die Anschläge vom 11. September 2001 verantwortlich ist. Selbst in den USA gehen 16 Prozent der Bevölkerung davon aus, dass nicht die Flugzeuge für den Einsturz der Zwillingstürme des World Trade Centers verantwortlich waren, sondern Bomben, die man dort vorher platziert hatte.[14] Etwa die Hälfte aller Europäer glaubt an Gott.[15]

Eines allerdings vereint uns alle. Der American Academy of Cosmetic Dentistry zufolge glauben 99,7 Prozent der Menschen, unser Lächeln sei ein wichtiges Gut.[16] Diese Tatsache lässt sich kaum widerlegen, selbst wenn man nicht zu den Machern eines strahlend weißen Lächelns gehört.

Kichern und ein einladendes Lächeln wirken auf uns unwiderstehlich. Dazu muss man nur mal die meistgesehenen Videos auf YouTube studieren. Die beiden Spitzenreiter zeigen nämlich lächelnde Gesichter. Das in Großbritannien am häufigsten aufgerufene Video zeigt Harry, einen Dreijährigen, mit seinem einjährigen Bruder Charlie. Während die beiden miteinander spielen, ergreift Charlie einen von Harrys Fingern und steckt ihn in den Mund. Einen Augenblick später beißt er zu. Harry jammert und zieht seinen Finger zurück, während Charlie glücklich strahlt. Und das Lächeln gewinnt, denn Harry fängt gleich wieder an zu lächeln und zu kichern.[17] Das andere Video stammt aus Schweden und zeigt ein Baby, das lächelt, gluckst und lacht, während seine Eltern lustige Laute von sich geben. Zwei Minuten zauberhaftes Lächeln.[18] Eine halbe Milliarde Klicks sprechen eine klare Sprache. Lächeln ist eine Botschaft, die wir gerne empfangen.

Überhaupt ist uns das Lächeln angeboren. Das sagt zumindest Daniel McNeill, der Autor von *Das Gesicht: Eine Kulturgeschichte*. Das erste Lächeln, so heißt es dort, zeigt sich schon zwei bis zwölf Stunden nach der Geburt auf unserem Gesicht. Niemand weiß, ob dieses Lächeln einen Grund hat. McNeill nimmt an, dass dies nicht der Fall ist. Studien aber zeigen, dass dieses Lächeln für die erste Bindung entscheidend ist. Keinerlei Zweifel besteht hingegen daran, dass ein Lächeln eine enorme Anziehungskraft entfaltet, ganz egal, was der Grund dafür ist. McNeill merkt an, dass der Richter im Gerichtssaal lächelnde wie nicht lächelnde Angeklagte gleichermaßen schuldig spricht. Allerdings erhalten die Lächler mildere Strafen. Wissenschaftlich wird dies als »Smile-Leniency-Effekt« bezeichnet.[19]

Darüber hinaus wirkt Lächeln ansteckend. Nicholas Christakis, Arzt und Soziologe an der Universität Harvard, und James H. Fowler, Politikwissenschaftler an der University of California in San Diego, untersuchen soziale Netzwerke. 2008 haben sie im *British Medical Journal* einen Aufsatz veröffentlicht: »Dynamic Spread of Happiness in a Large Social Network«. Sie wussten, dass Emotionen sich durch die sogenannte emotionale Ansteckung schnell von einer Person auf eine andere übertragen. Und sie wollten herausfinden, wie weit und wie nachhaltig sich dieser Effekt auch in sozialen Netzwerken beobachten lässt. Sie führten daher eine Langzeitstudie mit 4739 Teilnehmern durch, die von 1983 bis 2003 lief. Die Probanden waren in ein Netzwerk von 12 067 Menschen eingebunden. Jeder einzelne hatte im Durchschnitt elf Kontakte zu anderen Leuten (Freunde, Familie, Kollegen und Nachbarn). Ihr Glücksempfinden wurde alle paar Jahre mit einem standardisierten Fragebogen gemessen.

Die Ergebnisse der Forscher bestätigten den Einfluss einer glücklichen Person auf andere, wenn dies mit einem Lächeln direkt erfolgte. In sozialen Netzwerken, so schlossen sie,

> *finden sich Gruppen von glücklichen und unglücklichen Menschen zusammen, in denen sich drei verschiedene Grade von Nähe finden. Das Glück eines jeden Menschen hängt nämlich vom Glück seiner unmittelbaren Freunde ebenso ab wie vom Glück der Freunde seiner Freunde und sogar vom Glück der Menschen, die mit den Freunden seiner Freunde bekannt sind – also von Menschen, die weit jenseits ihres sozialen Horizonts angesiedelt sind. Wir haben herausgefunden, dass glückliche Menschen meist das Zentrum ihres sozialen Netzwerks bilden und zu großen Clustern anderer glücklicher Menschen gehören. Des Weiteren haben wir entdeckt, dass jeder zusätzliche glückliche Freund die Glückswahrscheinlichkeit bei den Probanden um etwa 9 Prozent steigerte. Zum Vergleich: Eine Gehaltserhöhung von 5000 Dollar pro Jahr (in Kaufkraft von 1984) brachte nur einen Anstieg der Wahrscheinlichkeit von 2 Prozent. Glück ist also nicht nur eine Sache der persönlichen Erfahrung, sondern auch eine Eigenschaft von ganzen Gruppen.*[20]

Und was gilt nun für die Zeit nach 2003? Lassen die bekannten digitalen Mauern unsere Emotionen vielleicht eher verschwinden, statt sie zu verstärken? Kann sich in der Welt aus Bits und Bytes Glück ebenso schnell ausbreiten? Die Antwort ist ein klares Ja – wenn wir Menschen lächeln sehen.

Christakis und Fowler führten noch eine weitere Studie durch, in der sie 1700 Collegestudenten befragten, die via Facebook miteinander in Verbindung standen. Sie analysierten ihre Onlineprofile, ihre engsten Freunde und die Fotos der Beteiligten. Insbesondere achteten sie darauf, ob die Leute auf den Fotos lachten oder nicht. Dann teilten sie die Bilder ein in die der »Lächler« und die der »Nichtlächler«. Jeder Student war ein Knotenpunkt, und die Linien zwischen den Knotenpunkten zeigten, dass die Probanden gemeinsam auf einem Foto zu sehen waren. Studenten, die lächelten (und auf ihren Fotos von lächelnden Menschen umgeben waren), wurden gelb markiert. Solche, die nicht lächelten (und von Nichtlächlern umgeben waren), erhielten eine blaue Markierung. Grüne Knotenpunkte verweisen auf eine Mischung aus lächelnden und nicht lächelnden Freunden.

Die Karte zeigte klar und deutlich, wie stark sich die gelben (lächelnden) und blauen (nicht lächelnden) Knotenpunkte zusammenfanden. Die gelben Cluster waren umfangreicher und dichter bevölkert als die blauen. Außerdem standen die Nichtlächler in ihrem Netzwerk eher am Rande.

Für Christakis und Fowler war das weiter keine Überraschung. Sie schrieben:

> *Die statistische Analyse des Netzwerks macht deutlich, dass Menschen, die lächeln, mehr Freunde haben. (Im Durchschnitt hat jeder Lächler einen Freund mehr, was schon gut ist, da die meisten Menschen nur etwa sechs enge Freunde haben.) Und nicht nur das. Des Weiteren bestätigt die statistische Analyse, dass Menschen, die lächeln, in ihrem Netzwerk eine zentralere Stellung einnehmen als die, die nicht lächeln. Wenn Sie zu den lächelnden Menschen gehören, stehen Sie also eher nicht am Rand der Onlinewelt.*

Zu guter Letzt stellen die beiden Wissenschaftler, die die dichten Cluster um lächelnde Menschen und die randständige Lokalisierung der nicht lächelnden belegt haben, fest: »Ob Sie nun online oder offline sind: Wenn Sie lächeln, lächelt die Welt mit Ihnen.«[21]

Für dieses Phänomen gibt es eine einfache Erklärung: Wenn wir lächeln, zeigen wir den Menschen in unserem Umfeld, dass wir uns freuen, mit ihnen zusammen zu sein, sie kennengelernt zu haben oder mit ihnen in Kontakt zu sein. Und schon freuen die anderen sich, dass sie mit uns in Beziehung treten können. Für einen Menschen, der Dutzende Leute die Stirn runzeln sieht oder das Gesicht abwenden, ist Ihr Lächeln wie der Sonnenstrahl, der durch die Gewitterwolke dringt. Ihr Lächeln ist häufig der erste Bote Ihres guten Willens.

Natürlich ist uns nicht immer nach einem Lächeln zumute, aber wenn wir uns bemühen, machen wir nicht nur unsere Mitmenschen glücklich, sondern auch uns selbst. Vielleicht gehören Sie nicht zu den überschwänglichen, kontaktfreudigen Menschen, aber ein einfaches Lächeln verlangt uns nicht viel ab – und der Lohn dafür kann überwältigend ausfallen.

In den letzten zehn Jahren haben E-Mails und SMS einen Großteil der mündlichen Kommunikation ersetzt. Und wir leben mit der falschen Vorstellung, dass wir in einer emotionalen Wüste gefangen sind. Unternehmer, Geschäftsleute und viele Kreative machen ihren Job mit einem Minimum an realer Interaktion. Die Zweidimensionalität moderner Medien lässt uns mitunter gar vergessen, wie wichtig ein Lächeln sein kann.

In gewisser Weise erinnern die SMS und E-Mails von heute an die Telegramme früherer Zeiten. Ein Journalist schickte einmal ein Telegramm an Cary Grant, weil er wissen wollte, wie alt dieser war. Darin stand: »HOW OLD CARY GRANT?«

Und der Schauspieler antwortete: »OLD CARY GRANT FINE. HOW YOU?«

Die menschliche Tendenz, Dinge falsch zu verstehen, ist hoch. Wenn dann noch die Technik mit ins Spiel kommt, sind Missverständnisse unvermeidlich. Waren schon zu jener Zeit Telegramme allgegenwärtig, so können Sie sich der heutigen Kommunikationstechnik kaum noch entziehen. Im Jahr 1929, zur Hochzeit des Telegramms, wurden 200 Millionen solcher Depeschen versandt. Im April 2010 wurden täglich fast 300 Milliarden E-Mails verschickt.[22] Dazu kommen noch die SMS, die Instant Messages und die Posts auf Facebook. Ein Wunder, dass die Welt noch nicht im Chaos versunken ist.

Glücklicherweise gibt es da ja noch das Lächeln, das eine klarere Botschaft vermittelt als alle anderen Signale – selbst, wenn sie die Form eines Emoticons annehmen: stilisierte kleine Gesichter aus Zeichenkombinationen, die unsere Botschaften emotional in den richtigen Kontext rücken.

Da die Aussagekraft dieser Symbole begrenzt ist, haben die drei größten japanischen Mobilfunkanbieter – NTT, DoCoMo und Soft-Bank Mobile – Emojis kreiert, die es erlauben, ein weit größeres Spektrum an Emotionen auszudrücken. Sie machen die emotionale Erfahrung des Gegenübers sichtbar. Mittlerweile sind sie auch auf der E-Mail-Plattform von Google und auf iPhones verfügbar. Diese klugen, kleinen Symbole sind zauberhaft, aber vermutlich werden Sie sie nicht für Ihre nächste digitale Botschaft an ein Vorstandsmitglied, einen problematischen Angestellten oder einen möglichen Kunden verwenden. Emoticons und Emojis eignen sich für informelle Mitteilungen, und in diesem Kontext funktionieren sie gut. Wie aber können wir über alle Medien hinweg lächeln und trotzdem ein gewisses Maß an Professionalität beibehalten?

Natürlich ist es das Wirkungsvollste, wenn Sie einen Menschen direkt anlächeln können. Aber da so viele unserer Kontakte heute nicht mehr von Angesicht zu Angesicht stattfinden, müssen Sie Ihre inneren Widerstände überwinden, um auch im digitalen Bereich Freundlichkeit signalisieren zu können. Und das ist einfacher, als sie denken.

Abgesehen von Emoticons und Emojis gibt es nur ein Medium, mit dem Sie Ihr digitales Lächeln richtig rüberbringen – Ihre Stimme, ob Sie nun sprechen oder schreiben. Wie Sie eine E-Mail schreiben, welchen Ton Sie darin anschlagen, welche Worte Sie benutzen – all dies sind Ihre Instrumente der Freundlichkeit und sie steigern Ihren Einfluss. Das geschriebene Wort entspricht sozusagen Ihren Mundwinkeln: Sie heben sich, bleiben unbewegt oder verziehen sich nach unten. Und der Effekt – ob Ihre Worte Ihnen also Freundschaft und Einfluss eintragen – hängt von der Emotion ab, die Sie damit vermitteln.

Lächeln Sie durch das geschriebene Wort, so signalisieren Sie Ihrem Gegenüber, dass sein Wohlbefinden Ihnen wichtig ist. Dann kommen Sie an, ebenso wie Ihre Botschaft. Runzeln Sie verbal die Stirn, wird Ihr Umfeld mit Stirnrunzeln auf Ihre Worte reagieren. Dies gilt natürlich nicht für Gelegenheiten, die einen förmlicheren Ton erfordern. Eine gute Faustregel ist es, dass jede Botschaft positive Signale vermitteln sollte, vor allem zu Beginn und am Ende. Es gibt immer einen Grund, dass zwei Menschen sich verbal zulächeln. Wenn Sie diesen Grund nicht erkennen, dann sollten Sie warten, bevor Sie schreiben, oder sich am besten gar nicht zu Wort melden. Viele Beziehungen nehmen auch durch wenig sensible, reflexhafte Reaktionen Schaden, nicht nur durch unverhüllte Tiraden oder Beleidigungen. Das hat einen ganz simplen Grund: Das geschriebene Wort bleibt, und mit ihm bleibt auch die Wirkung, die es ausgelöst hat. Sie können einen negativen oder taktlosen Tonfall vielleicht wegargumentieren, aber der emotionale Nachhall dieser Worte beim Empfänger wird bleiben. Heutzutage kann sich so etwas schnell verbreiten und die Beziehung zwischen Mitarbeitern, Abteilungen und ganzen Wertschöpfungsketten beschädigen.

In einer jüngeren Ausgabe der Zeitschrift *Fast Company* war zu lesen: »Neuere Forschungsarbeiten zeigen, dass das alte Sprichwort ›Gleich und Gleich gesellt sich gern‹ auch auf das Twitter-Zeitalter zutrifft, denn glückliche Twitternutzer finden immer zusammen.« Der Artikel erklärt auch, warum das so ist: »Neben vielen anderen Faktoren, die Menschen zusammenbringen, lässt sich sagen, dass glückliche beziehungsweise traurige Menschen auf Twitter mit anderen Menschen kommunizieren, die so glücklich oder traurig sind wie sie selbst.«

Das Forscherteam, das diesen Artikel verfasst hat und zu dem auch Professor Johan Bollen von der Universität Indiana gehört, hat sechs Monate lang die Tweets von 102 000 Twitternutzern analysiert, insgesamt 129 Millionen solcher Kurzmitteilungen.

> *Zur Analyse wurden Standard-Algorithmen eingesetzt, die aus der psychologischen Forschung stammen. Damit schätzten wir das »subjektive Wohlbefinden« der User ein, indem wir nach der Verwendung von Worten suchten, die positive oder negative Gefühle signalisierten. Dann sahen wir uns die trendmäßige Aggregation der Nutzer an und fanden heraus, dass glückliche Menschen häufiger Botschaften von anderen glücklichen Nutzern retweeteten. Das Gleiche gilt für unglückliche Menschen.*

Die Resultate verdeutlichen laut Bollen, dass ein Tweet ansteckender ist, als wir dachten. Darüber hinaus »kommuniziert er auf sehr effektive Weise Freude oder Trauer. Glückliche Menschen folgen (im Normalfall) eher ebenso glücklichen Tweetern, weil sie dabei ihre eigene emotionale Befindlichkeit wiederfinden.«[23]

Tatsache ist: Wenn Sie einer schriftlichen Nachricht nicht die nötige positive Note geben können, sollten Sie sie lieber ungeschrieben lassen oder notfalls ein Emoji (und damit Ihren hochprofessionellen Ruf) riskieren. Es gibt Schlimmeres, als für ein bisschen unprofessionell gehalten zu werden. Das Ziel ist natürlich, dass Ihre Worte keine negativen Gefühle auslösen. Und das ist möglich. Vielleicht ist es an der Zeit, dass Sie über Ihre Ausdrucksfähigkeit im Schriftlichen, die Ihnen Ihre Lehrer so sehr ans Herz legten, noch einmal nachdenken. Die Herren und Damen aus Ihrer Schulzeit hatten nämlich durchaus recht.

Auch die andere Möglichkeit, Ihre digitale Stimme ertönen zu lassen, das gesprochene Wort nämlich, sollten Sie sich möglichst genau überlegen. Wie Sie sprechen, der Ton Ihrer Stimme und die Worte, die Sie wählen – das sagt oft mehr als die lexikalische Bedeutung Ihrer Worte. Vermutlich kennen Sie diesen Spruch: »Ihr Tonfall spricht eine so laute Sprache, dass ich Ihre Worte fast nicht mehr hören kann.«

Wenn Sie jemandem am Telefon versichern, Sie würden sich freuen, ihn kennenzulernen, wird dies wirkungslos verpuffen, wenn Sie dabei keine Miene verziehen und Ihr Tonfall keine positiven Signale sendet. Das wirkt dann einfach so, als würden Sie sich langweilen oder hätten Wichtigeres zu tun. Oder noch schlimmer: Sie signalisieren damit genau das Gegenteil – dass es für Sie unangenehm ist, mit dieser Person zu sprechen. Das sollten Sie vermeiden, und zwar auf die gleiche Art, wie Sie das bei einer realen Begegnung machen würden.

Zahlreiche wissenschaftliche Studien zeigen, dass ein Lächeln, selbst am Telefon, den Tonfall des Sprechers aufhellt. Es ist kein Zufall, dass alle Sprech-, Sing- oder Schauspiellehrer ihren Klienten zuallererst beibringen, dass ihre Worte anziehender klingen, wenn sie beim Reden lächeln. Ein Lächeln geht auch übers Telefon, selbst wenn Ihr Gesprächspartner am anderen Ende der Leitung Sie nicht sieht.

Wenn Sie sich Einfluss wünschen, um positive Veränderungen zu bewirken, dann führt kein Weg an gesunden zwischenmenschlichen Beziehungen vorbei. Ein Lächeln öffnet Ihnen Türen, ob Ihr Gegenüber Sie nun sehen kann oder ob Sie schriftlich oder »fernmündlich« miteinander kommunizieren.

Rosalind Picard ist Professorin am MIT Media Lab und international bekannt für ihr Buch *Affective Computing*, in dem sie zeigt, wie man mit technischen Mitteln eine emotionale Wirkung erzeugt, die Menschen effektiver miteinander kommunizieren lässt. Die Möglichkeiten, die sie aufzeigt, sind umwerfend – Maschinen, die »Gesichter« haben, die entsprechend auf Tadel, Lob, Ermutigung oder Zurechtweisung reagieren können.[24]

Natürlich reagieren die Maschinen nur auf zuvor programmierte Befehle, so wie ein Computerbildschirm reagiert, wenn Sie etwas auf Ihrer Tastatur eintippen. Diese Maschinen ahmen mimische Reaktionen ebenso nach wie Worte oder den Tonfall. Sie haben deshalb noch keine Gefühle. Aber es ist schon bemerkenswert, dass Menschen solch eine Technik programmieren können. Allein diese Tatsache zeigt doch, wie gut wir wissen, welche Bedeutung Mimik, Wort und Tonfall in sprachlichen Botschaften haben. Wir sind genauso programmiert, wie wir unsere Technik programmieren, nur dass wir echte Gefühle haben.

»Es gibt zwei Arten von Menschen«, schreibt der Medienexperte Chris Brogan.

> *Diejenigen, die glauben, dass hinter Computer, Internet und all den Buttons menschliche, fühlende Wesen stehen. Und die, die denken, das spiele sich doch alles nur online ab und habe keine Verbindung zur wirklichen Welt. So als sei das Telefon nur ein Sprechapparat und das, was aus ihm herauskommt, frei von Emotionen. Aber es wirkt sich eben nicht nur auf die Onlinewelt aus. Menschen haben Gefühle und diese bringen sie auch »auf Distanz« zum Ausdruck.*
>
> *Ja, Menschen können überreagieren. Da sind wir uns einig. Aber auf Emotionen nicht zu reagieren, weil sie über ein bestimmtes Medium ausgedrückt werden, hieße, dass wir auch Briefe, Telefongespräche und Fotos als Trägermedium ablehnen müssen. Viele Dinge passieren auf Distanz und haben trotzdem Konsequenzen.*
>
> *Meiner Ansicht nach haben wir es hier mit zwei unterschiedlichen Sichtweisen zu tun. Wenn wir uns das zuvor Gesagte klarmachen, dann haben wir eine gute Erklärung für jene Situationen, in denen die eine oder die andere Seite sich missverstanden fühlt. Wenn Sie das im Gedächtnis behalten und sich bewusst machen, mit welchem Typ Sie es zu tun haben [und für welchen Ihr Gegenüber Sie hält], dann läuft sicher vieles besser.*[25]

Emotionen sind ein wunderbares Geschenk des Menschen (aber auch eine Bürde). Sie können uns er- oder entmutigen. Ihre Lippen zeigen, wofür Sie sich entschieden haben.

Jemand sagte einmal:

Ein Lächeln kostet nichts und schenkt doch so viel. Es bereichert jene, für die es bestimmt ist, ohne den Gebenden ärmer zu machen. Es dauert nur einen winzigen Augenblick, aber die Erinnerung daran kann bis in alle Ewigkeiten Bestand haben. Niemand ist so reich und mächtig, dass er ohne Lächeln auskommt. Und niemand so arm, dass er sich keines leisten könnte. Man kann ein Lächeln nicht kaufen, erbetteln, borgen oder stehlen, denn es hat keinen Wert, solange es nicht freiwillig geschenkt wird. Manche Menschen sind zu müde, um Ihnen ein Lächeln zu schenken. Geben Sie ihnen das Ihre, denn niemand braucht ein Lächeln so sehr wie der Mensch, der nichts mehr zu geben hat.[26]

Lächeln Sie. Lächeln veredelt jedes Gesicht.

Kapitel 3

Was Namen nicht sind: Schall und Rauch

Am 10. März 2010 gab die Anwaltskanzlei Quinn Emanuel Urquhart Oliver & Hedges, eine der hundert besten Kanzleien der USA, eine Pressemitteilung heraus. John Quinn und Eric Emanuel, die die Kanzlei vor 25 Jahren gegründet hatten, gaben bekannt, dass sie eine neue Teilhaberin in die Kanzlei aufgenommen hatten: Kathleen M. Sullivan.

Sullivan gehörte zu den besten Prozessanwälten des Landes. Die einstige Dekanin der Stanford Law School hatte an der Cornell University, in Harvard und in Oxford gelehrt. In Harvard war sie die Dozentin der First Lady Michelle Obama gewesen. Alle waren sich einig, dass sie über juristischen Scharfsinn, einen wendigen Geist und viel Talent verfügte. Ihre Kontrahenten kannten sie als erbarmungslose Gegnerin. Ihre Ernennung war mehr als verdient.

In Anwaltskanzleien wechseln die Mitarbeiter wie in allen anderen Unternehmen auch. Anwälte kommen und gehen, ebenso wie Ermittler und Assistenten. Teilhaber wechseln schon deutlich seltener, aber auch das kommt vor. Was machte daher diese spezielle Ernennung zu so etwas Besonderem?

Kathleen Sullivan wurde nicht nur zur Teilhaberin ernannt. Ihretwegen änderte man die Firmierung der Kanzlei in: Quinn Emanuel Urquhart & Sullivan. Als Teilhaber einer Anwaltskanzlei genannt zu werden, ist schon etwas, vor allem bei einem so prestigeträchtigen Unternehmen. Was Sullivans Ernennung aber noch außergewöhnlicher machte, war die Tatsache, dass sie damit die erste Frau war, die in einer der Top-100-Kanzleien namentlich genannte Teilhaberin war.

Von 1870, als Ada H. Kepley als erste Frau in den USA ein Jurastudium abschloss, bis 2010 hatte keine andere renommierte Anwaltskanzlei je den Namen einer Frau auf dem Türschild getragen. Damit war nun Schluss. Da stand lesbar ihr Name und die Glasdecke war durchstoßen.

Quinn schrieb in der Pressemitteilung: »Dass ihr Name in die Firmierung der Kanzlei aufgenommen wurde, spiegelt die Integrität wider, die wir auch unserer rechtlichen Praxis angedeihen lassen, und damit eine der Stärken unserer Kanzlei.« Dem Namen eines Menschen wohnt eine besondere Kraft inne. Er ist mehr als ein Wort, denn er steht als Zeichen für etwas viel Tiefgründigeres und Bedeutsameres. Und das gilt nicht nur für Pionierinnen wie Kathleen Sullivan.

Auch in der Literatur ist der Name nicht nur eine Bezeichnung. Er offenbart vielmehr den Charakter einer Figur, ihre Persönlichkeit und ihr Schicksal: Apollon, Abraham und Atticus. Eva, Scarlett, Elektra, Aschenputtel. In römischer Zeit wurde der Name so eng mit der Person verbunden, dass jemand, dessen Name aus den Archiven gelöscht wurde, alle Bürgerrechte verlor. Einige Stämme in Afrika glauben bis heute, dass die Fähigkeiten, Entscheidungen und das Schicksal eines Menschen ganz wesentlich von seinem Namen bestimmt werden.

Haben wir Grund zu der Annahme, dass der Name eines Menschen heutzutage weniger wichtig ist? Ganz im Gegenteil, vor allem wenn es um das Wirtschaftsleben geht. Das bringt ebenso viele Chancen wie Probleme.

Im digitalen Zeitalter hat der Name den gleichen Stellenwert wie ein Unternehmenslogo. Er identifiziert nicht nur die Person, sondern auch das, wofür sie steht – Likes und Dislikes, Ja und Nein. Die Abermillionen Blogger, Tweeter und Facebooker wollen gehört werden, aber sie wollen auch, dass man ihren Namen kennt. Twitter und Facebook haben nicht nur die Informationsgesellschaft um ein neues Geschäftsmodell bereichert. Sie haben auch einen neuen namenbasierten Wirtschaftszweig geschaffen, in dem unser Name zu unserer Marke wird, für die wir Werbung treiben. Dieser Wiedererkennungswert kann in klingende Münze umgesetzt werden.

Auf Twitter und auf Blogs entspricht Ihr Marktwert der Anzahl Ihrer Follower. Je stärker deren Zahl anwächst, desto eher bekommen Sie Verlagsverträge, Werbeaufträge und Sponsoren-Angebote, die ebenfalls umso mehr einbringen, je mehr Follower Sie erreichen. Ree Drummond, eine der Top-100-Blogger bei Technorati, ist dafür ein gutes Beispiel.

Drummond hatte an der University of California in Los Angeles Jura studiert und wollte eine Kanzlei in einer großen Stadt eröffnen, als sie, wie sie erzählt, bei einem »Boxenstopp« in Oklahoma ihren »Marlboro Man« kennenlernte. Schon war Schluss mit den Plänen für die Kanzlei in Chicago. Drummond zog auf die Rinderranch ihres Mannes, die seine Familie in vierter Generation betrieb, und gab sich einen neuen Namen: *Pioneer Woman.*[27] 2006 fing sie an, ihren Blog zu schreiben. Eigentlich wollte sie nur ihren Freunden und Angehörigen von ihrem unerwarteten neuen Leben auf dem Land erzählen. 2009 hatte sie schon zwei Millionen Leser, und der monatliche Traffic auf ihrer Seite lag im achtstelligen Bereich. 2010 hatte sie zwei lukrative Buchverträge an Land gezogen und ihre Bücher landeten auf der Bestsellerliste der *New York Times.* Allein der Verkauf von Werbeanzeigen auf ihrem Blog brachte ihr jährlich 1 Million Dollar ein.[28]

Unser Name hat also auch heute einen besonderen Wert. Aber wir sollten nicht vergessen, dass auch die Namen unserer Mitmenschen von Bedeutung sind. Dave Munson, der die Saddleback Leather Company gegründet hat, weiß dies nur zu gut. Er war als ehrenamtlicher Englischlehrer in Mexiko, als er dort eine selbst entworfene Tasche von Hand fertigen ließ. Als er wieder zu Hause in Portland, Oregon, war, erregte seine Tasche so viel Aufmerksamkeit, dass er sogleich nach Mexiko zurückkehrte und mehr anfertigen ließ. Einen Monat später kehrte Munson nach Portland zurück – mit acht Taschenmodellen im Gepäck. Diese verkaufte er von der Ladefläche seines alten Land Rovers innerhalb von drei Stunden. Damit war die Saddleback Leather Company geboren. Ihr Ziel: »Menschen auf der ganzen Welt Liebe zu schenken, indem wir praktische und unverwüstliche Taschen von höchster Qualität herstellen«.[29]

Sein Geheimnis? Munson nimmt Anrufe von Kunden mitunter sogar auf seinem Handy entgegen. Fragen beantwortet er übers Festnetz oder per E-Mail. Und er reist Jahr für Jahr mehrere Male nach Mexiko, um den Kontakt mit den Handwerkern zu halten, die immer noch seine Ledertaschen herstellen. Und das tut er nicht um der Show willen. »Ich umarme die Arbeiter. Ich frage sie, wie ich für sie beten kann«, erklärte er kürzlich in einem Interview. »Als ich mit den Besuchen anfing, waren die Arbeiter regelrecht perplex, dass ich ihre Namen kannte und mit ihnen über ihr Leben redete. Einer hatte gar Tränen in den Augen. Und ich dann auch.«[30]

Und Munson teilt diese Geschichten keineswegs auf seinem Blog oder in den verschiedenen Werbeinstrumenten. Denn das Versprechen, das er gibt, geht über das reine Produkt hinaus. Saddleback, so Munson, ist stolz darauf, immer noch ein Familienbetrieb zu sein, obwohl das Unternehmen Millionenumsätze macht. »Ich kenne Horrorgeschichten von großen und kleinen Unternehmen, die am Ende scheiterten, weil sie zu gierig waren, weil sie unbedingt zu den Schwergewichten gehören wollten und dann pleitegingen«, schreibt Munson in seinem Blog. »Wir sind nicht so. Wir sind eine Familie von Lederwarenherstellern und behandeln unsere Kunden mit Liebe. Ich liege fast jeden Tag mit meiner Frau im Bett und wir reden über die Leute, die unsere Waren kaufen. Wir wollen ihre Namen wissen.«[31]

Dieser persönliche Touch ist es, der den Namen der Menschen vor das Produkt stellt, der vermuten lässt, dass Saddleback Leather sich als ebenso dauerhaft erweisen wird wie die von der Firma hergestellten Ledertaschen, von denen es in der Werbung heißt: »Die Leute werden sich nach Ihrem Tod noch darum prügeln.«

Anderen von sich zu erzählen und etwas von anderen zu erfahren, sind letztlich zwei Seiten einer Medaille. Da ist zum einen das Branding, der Aufbau der Marke: Wir machen uns bekannt. Und dann folgt der Beziehungsaufbau: die Interaktion zwischen Ihnen und Ihren Mitmenschen. Interessanterweise können Sie Punkt eins überspringen und trotzdem erfolgreich sein. Wenn Sie gut darin sind, diese Beziehung herzustellen, dann wird die Interaktion mit Ihrer Umwelt Ihre Marke prägen und etablieren. Umgekehrt wird die Arbeit an Ihrer Marke allein Ihnen noch keinen Erfolg bringen. Es hat keinen Sinn, Ihre Marke zu etablieren, wenn Sie dann keine Beziehung zu Ihren Kunden aufbauen. Denn worum geht es beim Geschäft am Ende? Um einen Menschen, der mit einem anderen in Kontakt tritt. Ein gewisser Mr. Bates aus Watkinsville in Georgia hat dies am eigenen Leib erfahren.

Bates ist Unternehmer und er führt seine wichtigsten Zulieferer stets ins »Bone's« aus, ein ausgezeichnetes Restaurant in Atlanta, das 100 Kilometer von seinem Standort entfernt liegt. Doch Bates' Treue zu dem Restaurant hat weniger mit der hoch gerühmten Speisekarte zu tun. Sie begann eigentlich mit einem Kellner namens James.

Als Bates an jenem Abend mit seinem Gast am bestellten Tisch Platz nahm, trat James auf die beiden zu: »Guten Abend, Mr. Bates«, sagte er. »Danke, dass Sie sich für das Bone's entschieden haben. Schön, dass Sie wieder hier sind.«

Für Bates war dies offensichtlich ein entscheidender Moment: »Es hat die ganze Erfahrung jenes Abends verändert. Von da an hatte ich das Restaurant immer im Gedächtnis. Ich hatte dort erst einmal gegessen – und das war sechs Monate her gewesen. James wusste nicht nur meinen Namen, er hatte sich die Mühe gemacht nachzusehen, ob ich schon einmal dagewesen war. Ich speiste dort keineswegs regelmäßig, aber diese kleine Geste gab mir das Gefühl, ein geschätzter Kunde zu sein. Es erinnerte mich an das alte Sprichwort, dass man sein Gegenüber immer so behandeln sollte, wie man selbst auch behandelt werden möchte.«

Die kleine Geste machte sich für das Restaurant bezahlt. »Heute gehe ich mit all meinen Zulieferern dorthin zum Essen«, meint Bates. Und da das Bone's wirklich sehr beliebt ist, kann man annehmen, dass auch einige andere Gäste des Restaurants diesen Service zu schätzen wissen.

Wenn Sie sich an die Namen der Menschen erinnern, erinnern diese sich an Sie. Und das Gegenteil will doch definitiv niemand.

Eine der ersten Lektionen, die ein Politiker lernt, ist: »Sich an die Namen seiner Wähler zu erinnern, ist Staatskunst. Sie zu vergessen heißt, vergessen zu werden.« Die großen Führungsgestalten der Geschichte wussten dies natürlich. Lincoln, Churchill und Napoleon Bonaparte fanden Möglichkeiten, sich die Namen der Menschen zu merken, mit denen sie zu tun hatten. Sie gehorchten so einem geflügelten Wort, das von Ralph Waldo Emerson geprägt wurde: »Gute Manieren bestehen letztlich aus lauter kleinen Opfern.«[32]

Und sich Namen einzuprägen, erfordert tatsächlich Opfer. Napoleon III., Kaiser von Frankreich und Neffe des großen Bonaparte, behauptete von sich, er könne sich an den Namen jedes Menschen erinnern, den er je kennengelernt hatte, trotz seiner kaiserlichen Pflichten. Sein Geheimnis? Wenn er den Namen nicht genau verstanden hatte, sagte er: »Tut mir leid, aber ich habe Ihren Namen nicht genau verstanden.« Und wenn es ein unüblicher Name war, fragte er nach: »Und wie schreibt sich das?« Während des Gespräches machte er sich die Mühe, den Namen mehrmals zu wiederholen und Assoziationen herzustellen zum Aussehen der Person, ihrem Gesichtsausdruck und ihrer Ausstrahlung. Wenn diese Person für ihn von Bedeutung war, notierte er sich den Namen auf einem Blatt Papier, konzentrierte sich ganz darauf und prägte ihn sich ein. Dann zerriss er das Papier. Auf diese Weise erzeugte er einen visuellen und einen auditiven Eindruck des Namens.[33]

Natürlich ist die Herausforderung für uns heute unendlich viel größer, als sie es für Napoleon III. war. Zahlreiche Studien belegen, dass das Internet unsere Aufmerksamkeitsspanne aufweicht. Ein Brei aus Twitter-Nachrichten, Facebook-Feeds, E-Mails und Webseiten ergießt sich täglich in unser Gehirn und verschaltet es neu. Im Mai 2010 schrieb der Autor Nicholas Carr im *Wired*, ein Professor der University of California in Los Angeles habe entdeckt, dass täglich fünf Stunden im Internet genügen, um die neuronalen Schaltkreise im Gehirn zu verändern. Carr schreibt:

> *Unzählige psychologische, neurowissenschaftliche und pädagogische Studien lassen nur einen Schluss zu: Wenn wir online gehen, tauchen wir in ein Umfeld ein, das flüchtiges Lesen, überstürztes und unkonzentriertes Denken und oberflächliches Lesen fördert. Obwohl das Internet uns Zugang zu Unmengen von Information bietet, macht es uns gleichzeitig zu intellektuellen Tieffliegern und verändert dabei die Struktur unseres Gehirns.*[34]

Der berühmte Filmkritiker Roger Ebert stieß 2010 ins gleiche Horn: »Unsere Gesellschaft leidet heute unter nervöser Ungeduld.«[35] Und damit hat er recht. Aber das ist keine Rechtfertigung für das Vergessen von Namen. Es stellt vielmehr eine Herausforderung dar. Da es mehr und mehr Menschen schwierig finden, sich Namen zu merken, hebt sich der Mensch, der sich diese Mühe macht, von anderen ab.

Aber wie merkt man sich Namen? Da gibt es ein paar ganz einfache Tricks. Verzichten Sie auf bedeutungslose Begrüßungsfloskeln wie »Hallo« oder »Hi«. Verwenden Sie in jedem Fall den Namen der Person: »Liebe Eva« oder »Guten Morgen, Robert«. Greifen Sie auf die Technik Napoleons III. zurück: Stellen Sie sich das Gesicht dieser Person vor. Wenn Sie den Rat aus früheren Kapiteln, auf die Interessen Ihres Gegenübers einzugehen, beherzigt haben, dann speichern Sie diese noch zusätzlich ab. »Robert ist verheiratet und hat drei Töchter. Er liebt Ernest Hemingway.« Das ist eine simple Übung, die Ihnen nicht nur hilft, Robert beim nächsten Mal mit Namen anzusprechen. Sie nehmen ihn auch viel eher als Menschen wahr und nicht nur als Geschäftskontakt.

Noch ein Tipp: Bevor Sie jemanden namentlich ansprechen, machen Sie sich klar, in welchem Kontext der Name dieser Person steht. Heutzutage werden viele Leute unterschiedlich angesprochen. Der bekannte Unternehmer Richard Branson ist für seine Freunde »Richard«, für seine Bekannten »Mr. Branson« und für andere Briten schlicht »Sir Richard«. Wir sind zwar längst nicht mehr so förmlich wie früher, aber den Namen einer Person nicht im richtigen Kontext zu verwenden, ist für eine Beziehung ein denkbar schlechter Anfang. Susan oder Susie? Ben oder Benjamin? Jacqueline oder Jackie? Am besten lassen Sie sich hier nicht auf Ratespiele ein.

Nennen Sie Richard in Ihrer E-Mail nicht »Richie«, »Rich« oder »Dick«, wenn er Ihnen nicht so vorgestellt wurde, er Sie nicht gebeten hat, ihn so zu nennen, oder sich in Voicemail, E-Mail oder SMS nicht mit diesem Namen gemeldet hat. Wenn Sie dieser Person nicht vorgestellt wurden oder es noch keinen Briefwechsel gibt, stellen Sie ein paar Recherchen an, um herauszufinden, wie Menschen in Ihrer Position diese Person gewöhnlich ansprechen. Dabei sollten Sie sich nicht nach

Facebook oder Twitter richten. Im Moment gehören Sie noch nicht zu den Freunden dieser Person und haben sich das Recht auf eine informelle Anrede noch nicht erworben. Versuchen Sie herauszufinden, wie die Person sich auf ihrer Website oder in ihrem Blog präsentiert. Finden Sie gar einen Zeitschriftenartikel, in dem diese Person vorgestellt oder zitiert wird, dann verwenden Sie den dort genannten Namen.

Jeder Mensch interessiert sich für seinen Namen mehr als für alle anderen auf Gottes weiter Erde. Behalten Sie ihn im Gedächtnis und verwenden Sie ihn häufig; so machen Sie Ihrem Gegenüber ein subtiles und sehr wirksames Kompliment. Vergessen Sie ihn jedoch oder schreiben ihn gar falsch, ist das für Sie von Nachteil.

Viele Menschen gehen auf Nummer sicher und verwenden Anreden wie: »Mein sehr geehrter Herr« oder »Meine sehr geehrte Dame« oder schlicht »Hallo« oder »Guten Tag«. Aber Sie werden auf Ihren Gesprächspartner einen wesentlich besseren Eindruck machen, wenn Sie sich seines Namens nicht nur erinnern, sondern diesen auch so häufig wie möglich benutzen. Die vielen Fallstricke der persönlichen Anrede lassen sich vermeiden, wenn wir nur ein paar Recherchen anstellen. Sind die paar Minuten nicht der Mühe wert, wenn Sie sich dadurch von der Masse der Menschen abheben und einen bleibenden Eindruck hinterlassen?

Wenn Sie möchten, dass andere Menschen sich Ihren Namen merken und ihn auch gebrauchen, ist ein kleines Investment vonnöten. Denn die Menschen stolpern Tag für Tag über unzählige Namen – von Personen, Firmen, Marken, Straßen und Läden. Wie können Sie sich hier bemerkbar machen? Im Großen und Ganzen durch die Gefühle, die die Leute mit Ihrem Namen verbinden. Wenn Sie nur irgendein Kellner in einem Restaurant in einer Großstadt sind, dann werden die Leute sich an Sie genauso wenig erinnern, wie sie sich ein Nummernschild merken können oder die Farbe Ihres Hemdes. Dann triggert Ihr Name keinerlei Emotion, die die Leute mit Ihnen verbinden. Es ist kein Zufall, dass Mr. Bates sich nach nur einer Begegnung an den Namen des Kellners erinnern kann. Er schätzt, dass er etwa zwölfmal im Monat auswärts isst. Auf die Frage, ob er auch die Namen anderer Kellner wisse, antwortet er: »Ich kann mich manchmal kaum an meinen eigenen erinnern.«

Wir sollten uns immer klarmachen, dass der Name eines Menschen einen Zauber beinhaltet, denn diese Lautfolge ist ganz und gar mit der Person verbunden, mit der wir es zu tun haben. Er ist sozusagen das Markenzeichen dieser Person. Nach dem Geschenk des Lebens ist der Name das zweite Geschenk, das wir Menschen erhalten. Wenn dieser Name im Gespräch fällt, können wir uns darauf verlassen, dass die Information, die wir geben, oder die Beziehung, die wir aufbauen wollen, für den anderen bedeutsamer wird.

Das beste Beispiel dafür sind Arztpraxen in den USA. In den USA debattieren die Ärzte immer, ob und ab wann man den Patienten mit dem Vornamen ansprechen sollte. Lässt dies den Kontakt zu persönlich und zu wenig professionell werden? Oder würde der Vorname vielleicht sogar helfen, die Menschen eher gesunden lassen, vor allem wenn ihre Prognose schlecht ist?

Die meisten Ärzte halten das Fähnlein der Professionalität hoch und verzichten auf Vornamen. Doch beim Arzt fühlen sich ohnehin viele Menschen auf ihre Chipkarte und ihre Krankheiten reduziert. Sie sind für den Arzt kein Mensch mit Gefühlen. Der Name wird häufig falsch ausgesprochen oder gleich ganz vergessen, was deutlich macht, dass hier eine potenziell gefährliche Distanz besteht. Ein höchst renommierter Arzt hingegen beschloss, gegen den Strom zu schwimmen.[36] Dr. Howard Fine leitet das neuro-onkologische Programm der National Institutes of Health (NIH) in Amerika. Er ist verantwortlich für die Grundlagenforschung, für die Verteilung und Kontrolle des Budgets, und gleichzeitig nimmt er alle Patienten mit Gehirntumor an, die ihn sehen wollen – kostenlos, denn das Programm wird vom Staat finanziert. Wenn die Patienten zu ihm kommen, sind sie meist ohne Hoffnung. Sie kennen die Statistik. Sie haben die Horrorstorys gehört. In Dr. Fines Augen gehört es zu seinen Aufgaben, ihnen die Hoffnung zurückzugeben – auf verantwortungsbewusste Weise. Wie er dabei mit Namen umgeht, ist ein zentraler Punkt.

Er schätzt, dass er über die Jahre mehr als 20000 Patienten hatte. Er stellt sich ihnen als »Howard Fine« vor, ohne seinen Doktortitel zu nennen. Und er bittet die Patienten, ihn mit Vornamen anzusprechen. Das hebt die Beziehung auf eine andere Ebene. Howard ist nicht mehr länger der distanzierte Arzt, der versucht, ihren Tod hinauszuzögern. Er ist ein hoch gebildeter Freund, ein weiser Vertrauter und ein Mensch, der sich voller Leidenschaft für ihre Gesundung einsetzt. Dabei macht er den Leuten nichts vor. Er weiß, dass der Aufbau einer Beziehung für das Wohl seiner Patienten wichtig ist, eben weil sie schwierige und schmerzliche Tatsachen erfahren werden. Menschen mit Gehirntumor brauchen nicht nur einen Mediziner. Sie brauchen einen Ratgeber und Begleiter, dem sie vertrauen und der sie versteht. Das funktioniert viel besser, wenn der Arzt sich mit dem Patienten auf eine Stufe stellt: die des Mitmenschen, der leben will.

Natürlich wäre es einfach für so einen bekannten Arzt, sich hinter seinem Doktortitel zu verstecken. Doch was Fines Programm laut Aussage eines NIH-Direktors zum Kronjuwel der Behörde macht, ist eben die Tatsache, dass er Vornamen für wichtiger und sinnvoller hält als Rang und Titel. Aus eben diesem Grund sagte Carnegie, dass Namen »in jeder Sprache den süßesten und bedeutungsvollsten Klang haben«.

Kapitel 4

Hören Sie aufmerksam zu

Wie ergattern Sie den heißbegehrten Job, ziehen den Kunden an Land, steigern Ihren Einfluss oder verlieren nicht 180 Millionen Dollar an Marktkapitalisierung an der Börse? Ganz einfach: Sie müssen nur zuhören.

Im März 2008 waren die Mitglieder einer kaum bekannten kanadischen Indieband auf dem Weg nach Nebraska, wo sie eine Woche lang auf Tour gehen sollten. Der erste Abstecher führte sie nach Chicago. Als die Jungs aus dem Flugzeug steigen wollten, hörten sie eine Frau rufen: »Da draußen werfen sie mit Gitarren herum.« Sie stürzten ans Fenster und sahen hinaus. Die Frau hatte recht. Man schmiss ihre Gitarren auf den Gepäckwagen, sie rutschten herunter und wurden wieder hinaufgeworfen. Eine dieser Gitarren – eine Taylor für 3500 Dollar – gehörte dem Leadsänger der Band, Dave Carroll. Er wandte sich an eine der Stewardessen und erzählte ihr, was da mit ihren Gitarren passierte. Auf der Website der Band schildert Caroll ihre Reaktion: »Bei mir sind Sie an der falschen Adresse. Sie müssen sich da an den Chef des Bodenpersonals wenden.«

Caroll stieg aus der Maschine und versuchte, jemanden anzusprechen. Einmal mehr schenkte man ihm kein Gehör. Eine dritte Mitarbeiterin sagte ihm: »Junger Mann, genau deshalb lassen wir Sie doch die Haftungsverzichtserklärung unterschreiben.« Caroll meinte, er hätte so etwas nicht unterschrieben. Außerdem würde eine solche Erklärung ja nicht die Fahrlässigkeit entschuldigen, die so viele Fluggäste mitangesehen hatten. Daraufhin meinte die Dame, er könne seine Beschwerde vorbringen, wenn sie Omaha erreichten.[37]

Als Caroll seinen Gitarrenkoffer öffnete, stellte er fest, dass die Gitarre schwer beschädigt war. Damit begann eine einjährige Odyssee, in deren Verlauf Dave Caroll versuchte, irgendeinen Mitarbeiter von United Airlines so weit zu bringen, dass er ihm zuhörte. In den folgenden zwölf Monaten hatte er es nur mit United-Angestellten zu tun, die ihm sagten, was er tun solle. Ein offenes Ohr hatte keiner für ihn. Einer meinte, er solle die Gitarre zur Inspektion nach Chicago bringen. Da war er schon längst wieder in Kanada, fast 2000 Kilometer entfernt.

In der Zwischenzeit hatte Caroll die Gitarre reparieren lassen, was ihn 1200 Dollar gekostet hatte. Er war professioneller Musiker und brauchte sein Instrument. Aber der Klang war definitiv ein anderer. Er teilte United Airlines mit, dass er zufrieden wäre, wenn man die Reparaturkosten übernähme. Niemand reagierte darauf.

Aber ein viel gereister Songwriter hat immer zwei Eisen im Feuer: eine Botschaft und die Mittel und Wege, diese zu verbreiten. Wenn schon United Airlines nicht zuhörte, so würde es vielleicht sein Publikum tun.[38]

Caroll setzte sich also hin und schrieb einen Song: »United Breaks Guitars«. Am 6. Juli 2009 lud er das Video dazu auf YouTube hoch. Er hoffte auf vielleicht eine Million Klicks jährlich. Doch die Menschen hörten Dave Caroll zu, und zwar mehr, als er sich vorgestellt hatte. Zwei Wochen nach der Veröffentlichung war das Video schon vier Millionen Mal angesehen worden. Innerhalb weniger Tage griff *The Times* in London die Geschichte auf: »Über United Airlines brauen sich die Gewitterwolken schlechter PR zusammen. Der Aktienkurs des Unternehmens stürzte um 10 Prozent ab, was die Anteilseigner 180 Millionen Dollar kostete. Dafür hätte das Unternehmen Caroll mehr als 51000 Ersatzgitarren kaufen können.«[39]

Die Fähigkeit des Zuhörens ist die Fähigkeit, Herz und Geist anderer Menschen zu erreichen. Genauer gesagt ist es die Fähigkeit, den Menschen zu geben, was für sie am wichtigsten ist – gehört und verstanden zu werden.

Loïc Le Meur hat Seesmic entwickelt, ein Programmpaket, mit dem die Nutzer mehrere Konten in den sozialen Medien gleichzeitig verwalten konnten. Er geht davon aus, dass die Zeit der Onlinewerbeanzeigen ein für alle Mal vorbei ist. In seinen Augen ist der Schlüssel für ein erfolgreiches Unternehmen ein »langfristiges Programm zur Kundenbindung«, das darauf gründet, dem Nutzer Gehör zu schenken.[40]

Andererseits scheinen Onlinewerbeanzeigen immer noch vielversprechend. Denn es lässt sich daraus ein demografisches Profil erstellen, das der Printwerbung fehlt. Ihr Unternehmen will die 23-jährige Programmiererin ansprechen, die sich fürs Töpfern interessiert? Sicher gibt es eine Website, auf der diese Menschen unterwegs sind. Mit dieser Art von Profiling werden Jahrhunderte alte Träume von Werbeprofis wahr. Wieso sollte dies also nicht funktionieren?

Es klappt deswegen nicht, so Le Meur, weil es heutzutage nicht mehr reicht, dem Kunden ein Produkt zu zeigen und ihm davon einen Eindruck zu vermitteln.[41] Es geht vielmehr ums Zuhören und darum, Vertrauen aufzubauen. Das ist ein langwieriger Prozess, aber einer, der Früchte trägt.

Während der dunkelsten Stunden des amerikanischen Bürgerkriegs schrieb Präsident Lincoln an einen guten Freund und bat ihn, aus Springfield in Illinois nach Washington zu kommen. Lincoln meinte, er hätte Probleme und wolle dies mit ihm besprechen. Sein alter Nachbar reiste, so schnell er nur konnte, nach Washington. Und Lincoln unterhielt sich stundenlang mit ihm. Es ging darum, ob er eine Proklamation erlassen sollte, die alle Sklaven befreite. Er ging das Pro und Kontra durch, las Briefe und Zeitungsartikel zum Thema. Die einen warfen ihm vor, die Sklaven nicht schon befreit zu haben, die anderen schilderten ihre Ängste, falls er das täte. Nach diesem sehr langen Gespräch schüttelte Lincoln seinem Freund die Hand, verabschiedete sich und schickte ihn zurück nach Illinois, ohne auch nur nach seiner Meinung zu fragen. Es war hauptsächlich Lincoln, der geredet hatte. Und das Gespräch hatte ihm geholfen, seine Gedanken zu klären.

»Nach dem Gespräch schien es ihm besser zu gehen«, sagte der alte Freund. Lincoln brauchte keinen Rat. Was er brauchte, war ein aufmerksamer Zuhörer, dem er vertrauen konnte, damit er sich alles von der Seele reden konnte. Letztlich brauchen wir das alle an dem einen oder anderen Punkt unseres Lebens. Die Frage ist, ob Sie anderen helfen können, ihre Bürde abzuwerfen.

Als Präsident Coolidge noch Vizepräsident war, folgte ihm Channing H. Cox als Gouverneur von Massachusetts nach. Eines Tages kam Cox nach Washington, weil er mit seinem Vorgänger sprechen wollte. Beeindruckt bemerkte er, dass Coolidge jeden Tag mit einer ganzen Reihe von Besuchern sprach und trotzdem um 17 Uhr Feierabend machte. Cox musste häufig bis 21 Uhr im Büro bleiben. »Wie kommt das?«, fragte er Coolidge. »Nun, Sie rechtfertigen sich, statt einfach nur zuzuhören«, lautete die Antwort.[42]

Zuhören ist wie Lächeln eine starke Kraft. Wenn Sie richtig zuhören, dann machen Sie nicht nur Eindruck. Sie legen auch ein solides Fundament für eine dauerhafte Beziehung. Wer kann schon einer Person widerstehen, die ihre Ansichten zurückstellt, um sich ganz mit Ihren Gedanken zu beschäftigen?

Wenige Menschen in der Moderne waren so gute Zuhörer wie Sigmund Freud. Ein Mann, der ihn persönlich kennenlernte, beschreibt diese Begegnung:

> *Ich war davon so nachhaltig beeindruckt, dass ich ihn nie vergessen werde. Er besaß Gaben, die ich nie zuvor an einem Menschen beobachtet hatte. Ich hatte auch nie eine so konzentrierte Aufmerksamkeit gesehen. Sein Blick hatte nichts »Seelendurchbohrendes«. Seine Augen waren sanft und klug, die Stimme leise und freundlich. Er bewegte sich kaum. Aber die Aufmerksamkeit, die er mir widmete, und das Verständnis für alles, was ich sagte, selbst wenn ich mich ungeschickt ausdrückte, waren erstaunlich. Es ist ein unvorstellbares Erlebnis, wenn einem so zugehört wird.*[43]

Natürlich könnte man jetzt einwenden, dass Freud, Lincoln und viele andere Persönlichkeiten früherer Tage es da leichter hatten. Ihre Welt war kleiner und leichter zu kalkulieren. Das ist schon richtig, aber keine Rechtfertigung. Ja, unsere Zeit ist komplexer und weniger überschaubar, aber schließlich sind es wir, die dafür die Verantwortung tragen. Nur dass die meisten Menschen das noch nicht begriffen haben.

Unser Einflussbereich erstreckt sich heute weit über Nachbarn und Kollegen hinaus, nicht zuletzt durch Facebook. Unsere Beziehungen umfassen heute Hunderte, ja Tausende Kontakte, und das ist für die meisten Menschen schlicht zu viel. Die Anzahl der Menschen, denen wir zuhören können, ist also massiv gewachsen. Doch die Zahl derjenigen, denen wir tatsächlich zuhören, hat eher abgenommen.

Eine jüngere Studie, die in der *American Sociological Review* veröffentlicht wurde, belegt, dass die Menschen sozial isolierter sind, als sie es vor noch nicht mal 20 Jahren waren:

> *Insgesamt ist die Zahl der Menschen, die die Amerikaner zu ihren engsten Freunden zählen, von drei auf etwa zwei gesunken ... Während 1985 noch beinahe drei Viertel der Befragten angaben, sie hätten einen Freund, dem sie hundertprozentig vertrauen könnten, war das im Jahr 2004 nur noch die Hälfte der Probanden. Die Anzahl jener Menschen, die davon ausgingen, dass sie einem Nachbarn vertrauen könnten, ist um mehr als die Hälfte gesunken, von 19 Prozent auf etwa 8 Prozent.*[44]

»Das soll nun nicht heißen, dass die Leute vollkommen isoliert sind«, meint Lynn Smith-Lovin, Soziologin an der Duke University, die an der Studie mitgearbeitet hatte. »Sie haben vielleicht gut 600 Freunde auf Facebook ... und schreiben pro Tag ungefähr 25 E-Mails. Aber sie sprechen dabei nichts an, was ihnen persönlich wichtig ist.«[45]

Heute brauchen wir Menschen, die zuhören können, ebenso wie 1936, als dieses Buch erstmals veröffentlicht wurde. Menschen, die der »nervösen Ungeduld« widerstehen, die in unserer Zeit so verbreitet ist, und denen Menschen wichtiger sind als der Fortschritt. Natürlich ist es unsinnig zu glauben, dass wir ohne unsere Mitmenschen erfolgreich sein können. Nur erkennen wir das meist erst, wenn es uns von unserem Umfeld signalisiert wird – durch abgewandte Blicke, Schweigen und eine Brieftasche, die unwiderruflich zu bleibt. Es gibt kaum neue Tipps, wie Sie lernen können, im privaten oder geschäftlichen Rahmen ein besserer

Zuhörer zu werden. Wenn Sie aber folgendes Prinzip täglich anwenden, dann werden Sie zu anderen Menschen dauerhafte Beziehungen aufbauen können. Das Schlüsselwort heißt Präsenz. Ein Missionar, der zum Märtyrer wurde, formulierte das so: »Wo immer du bist, sei ganz da.«[46]

John, seines Zeichens Politikjournalist, hatte dieses Prinzip wohl früher verstanden als seine Altersgenossen. Er meint, er hätte noch nie ein schlechtes Vorstellungsgespräch gehabt, denn er habe nach jedem einzelnen ein Jobangebot erhalten. Noch interessanter aber ist, dass er sagt, seine Bewerbungsunterlagen hätten ihn keineswegs als den idealen Kandidaten erscheinen lassen. »Auf dem Papier war ich höchstens Durchschnitt«, schreibt er. Worauf führt er also seinen ungewöhnlichen Erfolg zurück? Auf ein kontraintuitives Verständnis von Vorstellungsgesprächen:

Jedes Gespräch bietet die Chance, etwas Neues über Menschen zu erfahren, die ich bis dato nicht kannte. Überlegen Sie nur: Das Umfeld könnte nicht besser sein. Da ist ein ganz selbstverständliches Geben und Nehmen. In diesen Gesprächen erfuhr ich alles Mögliche, von den kulinarischen Vorlieben meines Gesprächspartners über seine vereitelten Pläne bis hin zu seinen wildesten Hoffnungen. Jeder will, dass man ihm zuhört, und mag Menschen, die das tun. Also höre ich zu. Und das Zuhören trug mir viel Respekt ein – mehr jedenfalls als jede vorher ausgetüftelte Vorstellungsrede zu meiner Person.[47]

Zuhören verschafft uns also Respekt. Und Johns ungewöhnliche Präsenz beim Vorstellungsgespräch hat ihm außergewöhnliche Chancen eröffnet – er war sowohl CIA-Agent als auch Redenschreiber für das Weiße Haus.

Fragt man ihn nach Tipps, wie man diese Art Präsenz entwickeln könne, dann sagt er, dass man sich vornehmen sollte, jeden Tag 15 Fragen zu stellen. Die wichtigsten fünf richten sich an die Familie oder an Menschen, die einem nahestehen. Natürlich wollen Sie wissen, wie ihr Tag verlaufen ist. Aber gehen Sie ruhig tiefer. Fragen Sie, worüber Ihr Gegenüber heute gelacht hat. Oder geweint. Fragen Sie, ob diese Person ihrer

Ansicht nach heute etwas gelernt oder vielleicht eine nette Bekanntschaft gemacht hat.

Die nächsten fünf Fragen richten sich an Menschen, mit denen Sie regelmäßig zusammenarbeiten. »Die alte Redensart, dass es keine schlechten Fragen gibt, kann bei einem Brainstorming stimmen oder auch nicht. Auf jeden Fall trifft sie zu, wenn sie mit einem anderen Menschen ein aufrichtiges Gespräch führen. Wenn Sie mit Respekt und Interesse fragen, können Sie gar nicht danebenliegen.«

Bei den letzten fünf Fragen geht es um den digitalen Raum – Facebook, E-Mails, Twitter und Blogs. »Lesen Sie die Posts anderer Menschen genau durch. Schreiben Sie einen Kommentar dazu oder stellen Sie Fragen. Und das zumindest bei fünf verschiedenen Leuten täglich. Nutzen Sie die eigenen Posts und Updates, um Ihren Freunden und Followern Fragen zu stellen. Sie werden erstaunt sein, wie viele Menschen antworten.«

Bob Taylor von Taylor Guitars hat diesen Ratschlag beherzigt. Als er hörte, dass Dave Carrolls Taylor-Gitarre beschädigt worden war, rief er ihn einfach an und bot ihm an, sich zwei Gitarren seiner Wahl auszusuchen. Stellen Sie sich vor, was passiert wäre, wenn jemand bei United Airlines Dave Carroll zugehört hätte und auf seine Wünsche eingegangen wäre. Dann hätte das Unternehmen wohl kaum folgende Pressemitteilung veröffentlichen müssen:

> *Dieser Vorfall hat bei uns einen Nerv getroffen. Wir sind im Gespräch, um das Ganze ungeschehen zu machen. Wir sind uns einig, dass dies schon viel früher hätte passieren müssen. Dave Carrolls exzellentes Video gibt United die Möglichkeit, etwas zu lernen. Wir würden es gerne künftig zu Trainingszwecken einsetzen, damit von nun an all unsere Kunden einen besseren Service erhalten.*[48]

Es heißt ja oft, dass das Leben unser bester Lehrmeister ist. Eine ebenso wichtige Lektion ist: Wenn Sie zuhören können und dabei etwas lernen, verläuft Ihr Leben auch harmonischer.

Kapitel 5

Sprechen Sie über Dinge, für die Ihr Gegenüber sich interessiert

Bei einer Dinnerparty saß George Bernard Shaw neben einem jungen Mann, der sich als epochaler Langweiler entpuppte. Während der Jüngling sich in einem schier endlosen Monolog erging, warf Shaw plötzlich ein, dass sie beide doch sicher alles wüssten, was es auf der Welt zu wissen gab.

»Wieso das?«, fragte sein Gesprächspartner.

»Nun«, meinte Shaw, »Sie scheinen alles zu wissen, nur nicht, dass Sie absolut langweilig sind. Und das wiederum weiß ich.«[49]

Das war sicher nicht der Eindruck, den der junge Mann zu erwecken erhoffte. Aber diese Geschichte lehrt: Möchten Sie andere beeindrucken, müssen Sie über Dinge reden, die Ihr Gegenüber interessieren. Denn alles andere wird auf taube oder gelangweilte Ohren stoßen.

Angesichts der Art und Weise, wie der Großteil der Menschen heute kommuniziert, ist dies ein spannendes Prinzip. Die meisten unserer Botschaften sollen andere über unser Leben oder unsere Produkte informieren. Wir geben ihnen faszinierende Einblicke, von denen wir glauben, dass sie ihr Interesse wecken müssten. Das scheint uns eine proaktive Strategie, in Wirklichkeit aber ist sie passiv, denn sie verlangt vom Gegenüber, auf uns einzugehen. Wie eine Bannerwerbung auf einer Webseite, die darauf wartet, angeklickt zu werden, offerieren wir digitale Werbung für unser bestes Selbst in der Hoffnung, dass der andere dies überzeugend finden mag. Das Problem ist: Das ist ein klassischer Marketingmonolog, kein Dialog, der Beziehungen einleitet. Wir operieren mit Hypothesen, statt uns auf die Situation einzustellen. Wenn wir unsere Bemühungen, die Freundschaft anderer Menschen zu gewinnen oder die anderen anderweitig zu beeinflussen, auf Vermutungen gründen, dann wird das Ergebnis wenig beeindruckend ausfallen.

1810 verhandelte der US-General William Henry Harrison, zu jener Zeit Gouverneur über das Indiana-Territorium, mit dem Shawnee-Führer Tecumseh, um offene Feindseligkeiten zu verhindern. Er ließ für den Häuptling einen Stuhl bringen. Der Mann, der ihn vor Tecumseh hinstellte, sagte: »Ihr Vater, General Harrison, bietet Ihnen Platz an.«

»Mein Vater!«, rief Tecumseh aus. »Die Sonne ist mein Vater und die Erde meine Mutter. Ich werde an ihrer Brust ruhen.« Er ignorierte den Stuhl und setzte sich auf den Boden.[50]

Ob im privaten oder im geschäftlichen Bereich, der größte Feind eines bleibenden Einflusses sind Ideen, die sich einzig auf subjektive, nie bestätigte Eindrücke stützen. Das ist nicht nur anmaßend, sondern auch schlechtes Geschäftsgebaren.

Was die Welt braucht – und was Carnegie bereits vor über 75 Jahren begriffen hat – sind Menschen, die im Dialog Brücken bauen. Und das beginnt dort, wo Sie alle gängigen Marketing- und Social-Media-Strategien auf den Kopf stellen und Ihr Handeln auf das ausrichten, was für Ihr Gegenüber wichtig ist.

Der erste Schritt ist Zuhören. Sobald Sie dann wissen, was dem anderen wichtig ist, können Sie seine Wünsche und Anliegen zum Leitmotiv Ihres Handelns machen. Wo es ums Geschäftliche geht, heißt das, dass Sie das Customer-Relationship-Management wieder auf Ihre Kunden fokussieren – denn gerade hier hat man oft eher das Management als den Kunden im Auge, wie der Blogger Doc Searls schreibt.[51]

»Was Einfluss angeht«, so meint die Bloggerin und Businessstrategin Valeria Maltoni, »hat niemand recht außer Ihren Kunden.«

Denken Sie an diesen Punkt, bevor Sie Ärger bekommen, weil Sie keine Resultate bringen ... Echter Einfluss entsteht, wenn Sie Menschen zusammenbringen, die die gleichen Interessen teilen. Bei diesem Prozess geht es darum, dass Sie zunächst erforschen, was Ihren Kunden wichtig ist. Dann bauen Sie eine Community auf und überlassen es anderen, Ihren Einfluss zu vergrößern, während Sie ihre Wünsche erfüllen ... Wenn Sie denken, beim Thema Einfluss ginge es um Sie, dann werden Sie den angesagten Kids so lange hinterlaufen wie der Bauer den Kühen, die er in den Stall treiben will ... Einfluss hat nichts mit Ihnen zu tun. Und Sie brauchen nicht die Followergemeinde eines Prominenten, um etwas Bedeutsames aufzubauen.[52]

Sie fangen an, sich eine Community aufzubauen, wenn Ihr Handeln dort ansetzt, wo es den Interessen anderer dient. Und eine Community brauchen Sie, egal, ob Sie nun im Baugewerbe tätig sind, eine neue Marke etablieren wollen oder eine wichtige Konferenz planen. Natürlich müssen Sie zuerst eine Verbindung herstellen. Aber der Großteil der heutigen Marketing- und Social-Media-Bestrebungen ist eben nur darauf aus gerichtet – noch einen Follower gewinnen, noch einen Fan, noch einen Kunden. Die langfristige Beziehung gerät dabei ins Hintertreffen. Man nennt dies auch »Kundenbindung«. Aber letztlich geht es dabei um einen lebendigen, sinnvollen Dialog innerhalb einer Community von Freunden.

Wenn das Fundament bleibenden Erfolgs der Aufbau einer vertrauensvollen Beziehung ist, dann sollte es das Ziel Ihres Handelns sein, so bald und so oft wie möglich einen nützlichen Beitrag zu leisten. Aber dazu müssen Sie zuerst einige Hürden überwinden.

Jason bereist mehrmals im Jahr die abgelegeneren Regionen des Senegals. Anfangs war er dabei für eine gemeinnützige Organisation unterwegs. Heute kehrt er dorthin zurück, weil er immer noch etwas lernen kann. Erst kürzlich nahm ihn einer der Dorfältesten an einem heißen Nachmittag beiseite und stellte ihm eine Frage, die ihn brennend zu interessieren schien: Wie lebten die Menschen in Nordamerika?

Jason erklärte, dass viele in eigenen Häusern lebten, so ähnlich wie in den Hütten des Dorfes. Andere wiederum seien in Wohnungen zu Hause, die übereinander liegen und größere Häuser bilden.

»Und all diese Unterkünfte«, fragte der Älteste, »sind von Mauern umgeben?«

»Ja«, antwortete Jason.

»Aber warum?«

»Um sich vor schlechtem Wetter zu schützen, manchmal auch vor schlechten Menschen. Und um sich die Dinge zu bewahren, die man hat. Und natürlich, um ein wenig für sich zu sein.«

»Ach nein, nein, nein!«, entgegnete der alte Mann. »Das ist ja total rückständig.« Hier im Dorf, erklärte er, habe man die Mauern eingerissen, um mehr Sicherheit zu haben. »Denn die meisten Dinge werden hinter Mauern verborgen. Wenn wir die Mauern einreißen, damit alle einander sehen können, sind wir letztlich alle sicherer.«

Wir leben in einer modernen Welt, und in der modernen Welt errichten wir Mauern. Es gibt die Firewalls für den Computer, die Umfriedungsmauer ums Grundstück und Holz- oder Drahtzäune um unsere Bauernhöfe und Hinterhöfe. Und dann ist da noch die hohe Mauer, die unterschiedliche soziale Kontakte trennt. Diese Abschottung kann einen gewissen Einfluss sichern, auch wenn der sich außerhalb von Beziehungen entwickelt – einen Einfluss, der sich auf Follower, nicht auf Freunde erstreckt.

Die Medienexpertin und Buchautorin Charlene Li (aus ihrer Feder stammt das Werk *Open Leadership*) warnt vor den Gefahren dieses künstlich verstärkten digitalen Einflusses. In einem Interview aus jüngerer Zeit schildert sie das diesbezüglich größte Problem: das falsche Gefühl der Sicherheit. »Zwischen Freunden und Fans besteht ein Unterschied. Fans fühlen sich weniger verpflichtet, sie sind weniger interessiert. Wenn wir uns ein Kontinuum der Loyalität vorstellen, dann steht der Fan am einen Ende und der Freund am anderen. Einfluss entsteht nun auf der gesamten Länge, aber zum Freund hin ist er gesicherter und dauerhafter.«[53]

Der simpelste Weg, Lis These zu belegen, ist der Versuch, auf Facebook einen Freund zu kaufen. Das funktioniert einfach nicht. Es gibt jede Menge Unternehmen, die Ihnen Facebook-Fans und Twitter-Follower anbieten, aber gerade die sozialen Medien zeigen deutlich, dass sich wahre Freundschaft nicht kaufen lässt. »Wann werden wir endlich begreifen, dass Millionen Follower zu haben nicht heißt, dass wir einflussreich sind?«, bloggte vor Kurzem der Kanadier Mitch Joel, der Kopf hinter *Six Pixels of Separation* und einer der iMedia25, der innovativsten Marketingköpfe im Internet.

> *Es ist ein Spiel (ähm, Geschäft), das so lange funktionierte, bis man richtige Analysen machte und entsprechende Plattformen schuf ... Kleine, starke Gruppen sind es, die am einflussreichsten sind ... Die Marken, die »echten Einfluss« erlangen ... sind Gewinner (und nicht #gewinner), weil sie Menschen hinter sich haben, die mit anderen Menschen echte Beziehungen aufbauen (und diese Beziehung sind bedeutungsvoll) ... Es ist viel praktischer/realistischer für die einzelnen Unternehmen, die Chance auf eine echte Beziehung zu nutzen und sich wirklich zu engagieren, statt nur zu versuchen, immer noch mehr Kunden an Land zu ziehen.*[54]

Newton Minow war der einflussreiche Kopf der Federal Communications Commission unter Präsident John F. Kennedy. Später diente er in anderen prestigeträchtigen Positionen im öffentlichen und privaten Sektor. Als man ihn fragte, was sein Geheimnis sei, meinte er, das habe alles mit seinem Hauptfach an der Uni zu tun. Er hatte nämlich Semantik studiert – die Lehre von den Bedeutungen. Bei der Semantik geht es nicht nur um Worte, sondern um den Kontext, in dem sie gebraucht werden. Letztlich hat das mit Verstehen zu tun.

Minow meinte einmal, 99 Prozent aller Konflikte gingen darauf zurück, dass dieselben Worte je nach Kontext, in dem sie gebraucht werden, zu Missverständnissen führen können. Sein Erfolg beruhe einzig darauf, dass er wirklich immer zu verstehen versuche, was sein Gegenüber tatsächlich meine.[55] Das ist deshalb so wichtig, weil Mark Zuckerberg, als er alle Menschen auf Facebook als »Freunde« bezeichnete, eine semantische Wahl traf, die leicht zu Missverständnissen führen kann. Das menschliche Gehirn – vom Herzen mal ganz abgesehen – kann Hunderte von Freunden nicht verarbeiten. Robin Dunbar ist Professor für evolutionäre Anthropologie an der Universität Oxford. Er meint, ganz egal, wie ausgeprägt unsere sozialen Fähigkeiten seien, die Größe unseres Gehirns sorge dafür, dass wir innerhalb unseres sozialen Netzwerks höchstens mit circa 150 Freunden umgehen können.

Dunbar hat seine Untersuchungen auf Facebook ausgeweitet und fand seine These dort bestätigt. »Das Interessante ist, dass Sie zwar auf Facebook 1500 Freunde haben können, aber wenn Sie sich anschauen, wo es wirklich zur Interaktion kommt, dann behalten die User diesen Kreis von etwa 150 Freunden auch online bei.«[56]

An dieser Stelle aber müssen wir Dunbar mit Minow bekannt machen. Dunbar definiert einen Freund nämlich als jemanden, der einem wichtig ist und den man mindestens einmal im Jahr kontaktiert. Dieser Unterschied ist wichtig, denn wir können keineswegs 150 enge Freunde haben. Nichtsdestotrotz können wir 150 wichtige Beziehungen pflegen.

Enge Freundschaften beruhen auf einem tiefgehenden Engagement. Sie bergen aber auch eine große Gefahr in sich – zunächst einmal das Risiko zu glauben, dass wir als Menschen anderen Menschen so wichtig sind, dass wir ihr Leben beeinflussen können. Wenn wir nicht verstehen, welche Bedeutung unsere Präsenz hat, können wir anderen unser Leben auch nicht zum Geschenk machen. Ein weiteres enormes Risiko ist es, dass wir von Freunden zutiefst verletzt werden können. Viele Menschen schützen sich davor, indem sie erst gar keine engen Freundschaften eingehen. Oder indem sie so viele oberflächliche Freundschaften pflegen, dass die Masse die Verletzung durch eine einzelne Person wieder ausgleicht.

Fazit: Jede Beziehung stellt ein Risiko dar. Wenn wir Einfluss auf das Leben anderer Menschen nehmen wollen, müssen wir dieses Risiko akzeptieren. Was wir anderen geben, hängt davon ab, inwieweit wir in einer Beziehung nach Nähe streben. Wenn wir jedoch einen Menschen vom neugierigen Follower zum Freund machen und auf ihn einen Einfluss ausüben wollen, der über die schlichte Profitmaximierung hinausgeht, dann ist das ein Risiko. Sobald Sie durch aufmerksames Zuhören herausgefunden haben, was diesen Menschen wichtig ist, sollten Sie Ihre Bedürfnisse hintanstellen, um ihnen zu geben, was sie brauchen. Doch wie bei allen enormen Risiken wartet auch hier hoher Lohn. Denn der so begründete Einfluss wird bleiben, und dann kommt irgendwann der Zeitpunkt, da das, was Ihnen wichtig ist, auch für Ihr Gegenüber zählt.

Jamie Tworkowski hat das verstanden. 2002 benutzte Renee, eine Freundin, die gleiche Rasierklinge, um ihre Kokain-Lines gerade auszurichten und sich die Arme aufzuschlitzen. Deprimiert, allein und von »Freunden« umgeben, die mit ihr Richtung Abgrund trieben, würde Renee wohl nicht mehr allzu lange auf dieser Welt verweilen. Da trat Jamie, ein bescheidener Surfbrett-Verkäufer, in Renees Welt und intervenierte mit einigen anderen Freunden. Sie gingen ein emotionales Risiko ein und machten ihr das Geschenk ihrer Präsenz. Sie kauften für sie Kaffee und Zigaretten, hörten mit ihr Musik, umgaben sie mit ihrer Liebe. Sie fragten sich, wie Renees Leben sich wohl entwickeln würde, wenn sie sich nicht mehr selbstverachtende Worte in die Haut ritzte, sondern vielmehr Worte der Liebe. Jamies Freundschaft mit Renee ging so weit, dass er einige T-Shirts entwarf, die er im Internet verkaufte, um Renees Entziehungskur zu bezahlen. Er kannte den Leadsänger einer berühmten Rockband und bat ihn, eines der Shirts bei seinem Auftritt zu tragen. Der Sänger machte mit.

Gut ein Jahrzehnt später ist Renee clean und Jamies Organisation »To Write Love on Her Arms« verkauft T-Shirts im Wert von 3 Millionen Dollar pro Jahr. Das Geld dient der Unterstützung von mittellosen Drogenabhängigen, die einen Entzug machen wollen. Auf Twitter und Facebook hat Jamie mittlerweile 200 000 Follower. Aber er weiß, dass dies nur neugierige Fans sind. Seine Freunde sind weniger zahlreich, aber Renee gehört definitiv dazu. Er hat Einfluss auf jene Menschen, die ihm folgen, aber dieser Einfluss ist weniger tiefgehend als der, den er auf seine Freunde hat. Jamie weiß das, aber er freut sich immer wieder, dass es auch noch andere Menschen auf dieser Welt gibt, die Gutes tun wollen. Auf seine Freunde allerdings hat Jamie wirklich Einfluss. Dies ist das Umfeld, in dem er leben will. Und diesen Punkt – der für jeden Menschen anders aussieht – müssen wir uns erobern, ob wir nun als multinationaler Konzern handeln oder einfach nur als Mensch, der sich für den Wandel einsetzt.

Den Unterschied zwischen Freunden und Followern zu kennen, ist wichtig. Wir sollten ihn im Hinterkopf behalten, wenn wir bei anderen Menschen einen bleibenden Eindruck hinterlassen wollen. Es gibt Menschen auf dieser Welt, auf die Sie einen bedeutenden Einfluss ausüben. Sie sind Geschenk und Verantwortung zugleich. Sie sollten nicht nur wissen, wer diese Leute sind, sondern auch, was für sie am meisten zählt. Das Geschenk ist das, was diese Menschen Ihnen geben. Sie sollten es wertschätzen. Ihre Verantwortung ist es, diese Beziehung so zu führen, dass sie für beide gleichermaßen gut ist – auf jeden Fall aber für Ihre Freunde.

»Ob eine Marke fähig ist, Millionen Menschen ihre Botschaft zu vermitteln, steht und fällt mit diesem Eindruck«, meint Mitch Joel in dem schon zitierten Blogpost.

> *Wir (die Öffentlichkeit) scheinen zu glauben, dass Einfluss aus dem schieren Volumen von Seitenaufrufen und Kontakten besteht, die wir auf dem Markt haben ... Das stimmt aber nicht. Wahrer Einfluss entsteht aus der Bindung an die Menschen, aus der Pflege dieser Beziehungen, aus dem realen Wert, den wir für das Leben der Menschen entstehen lassen. Und daraus, dass wir alles tun, um ihnen zu dienen, damit wir, wenn die Zeit kommt, in der wir etwas brauchen, jemanden finden, der uns die Hand reicht. Also machen Sie sich keine Gedanken darüber, mit wie vielen Menschen sie »connected« sind. Denken Sie lieber darüber nach, wer diese Menschen sind und was Sie tun können, um ihnen Ihre Wertschätzung zu bezeigen und ihnen nützlich zu sein.*[57]

Vielleicht ist es Ihnen am Ende doch am wichtigsten, anderen Menschen wichtig zu sein. Eines aber ist sicher: In einem Zeitalter, in dem sich die Nachrichten Tag für Tag vervielfachen, ist klar, dass nur einige wenige davon wirklich zählen. Wenn Sie Einfluss auf andere gewinnen wollen, stellen Sie sicher, dass Ihre Botschaften dazugehören.

KAPITEL 6

SORGEN SIE DAFÜR, DASS ES IHREM GEGENÜBER EIN KLEINES BISSCHEN BESSER GEHT

»Er nannte sich Mike«, begann Steve Scanlon, Blogger und Coach bei Building Champions, diese Geschichte, die er sehr gerne erzählt. »Meine Frau Raffa und ich standen ein paar Blocks südlich vom Central Park und winkten sein Taxi heran, weil wir zu einem jährlichen Abendessen in Little Italy wollten. Unser Timing war mies. Es war Halloween, und die ohnehin stets überfüllten Straßen waren noch voller. Während Mike sich durch Manhattan pflügte, wurde immer offensichtlicher, dass wir unsere Pläne ändern mussten. Er schlug Greenwich Village vor, und wir stimmten zu. Ein paar Minuten später setzte er uns an einer Kreuzung ab, empfahl uns drei Restaurants und schon hatte die Masse der dahinrollenden Autos ihn wieder verschluckt. Ich dachte, wir würden ihn nie wiedersehen.«[58]

Mike war da anderer Meinung, wie Scanlon lächelnd berichtet.

Als die beiden zu Ende gegessen hatten, griff Scanlon in seine Hosentasche. Er tastete alle Taschen ab und stellte fest, dass er sein Handy verloren hatte. Als ihm aufging, wo es sein musste, wurde er nahezu panisch.

Er ließ den Kopf hängen. Nun würde er sein Telefon sperren lassen müssen und wichtige Kontaktinformationen verlieren. Vom Preis des neuen Geräts einmal ganz abgesehen. Vom Handy seiner Frau aus rief er seine Nummer an und erwartete, auf die Voicemail umgeleitet zu werden. Stattdessen antwortete ein Mann mit indischem Akzent.

»Haalllooo?«

»Wer spricht dort?«, fauchte Mike, wütender als beabsichtigt.

»Hier ist Mike«, sagte die Stimme.

Scanlon atmete tief durch, dann begann er seine Erklärung, die damit endete, dass er und seine Frau bald nach Hause fliegen mussten.

»Meine Güte«, sagte Mike. »Ihr Telefon ist ja sehr wichtig. Ich komme gleich vorbei.« Sie sollten sich an der Kreuzung treffen und er versprach, sich zu beeilen.

Erleichtert erzählte Scanlon seiner Frau, was passieren sollte. Als Mike 20 Minuten später an der Kreuzung hielt und das Telefon ablieferte, drückte Scanlon ihm 80 Dollar in die Hand, seine gesamte Barschaft.

»Er genierte sich«, erklärte Scanlon, »aber ich wollte ihm zeigen, wie unfassbar toll ich fand, was er gemacht hatte. Er kam überhaupt nicht auf die Idee, etwa Geld zu verlangen. Er hatte den Taxameter abgestellt und sich die größte Mühe gegeben, diesem gedankenlosen Kunden zu helfen. Ich hätte ihm das Doppelte gegeben, hätte ich so viel Bargeld dabei gehabt.«

Diese kleine gute Tat des Taxifahrers machte großen Eindruck, denn sie verwandelte einen Albtraum in eine bemerkenswerte Erfahrung. Scanlon nennt das, was Mike tat, »auf die Kleinigkeiten achten«. Das ist die Grundlage, auf der sich jeder Mensch ein bisschen besser fühlen kann.

Man sagt uns immer, wir sollten im großen Maßstab denken, uns große Ziele setzen, große Geschäfte machen und wichtige Verbindungen knüpfen. Heute ist der Maßstab wahrscheinlich, sich eine große Gemeinde an Followern zu sichern. Natürlich hat auch das große Ganze seinen Wert, aber wenn wir uns nur auf die großen Dinge konzentrieren, übersehen wir die vielen kleinen Chancen, die letztlich den Unterschied machen. Wir verpassen die Chance, ein wenig tiefer zu gehen, eine engere Bindung aufzubauen, sodass andere mit ihrer Beziehung zu uns sehr viel zufriedener sind. »Der Punkt ist nicht«, so Scanlon, »dass in großen Maßstäben zu denken etwa falsch wäre. Es ist sogar ganz wichtig, um Fortschritte zu erzielen, vor allem wenn es um Menschen geht. Aber das allein genügt nicht, damit wir große Ziele erreichen.«

Zwischen der Saat und der Ernte liegen unendlich viele Zwischenschritte. Und meist geht es dabei um kleine Samen, die unser Alltagsgeschäft ausmachen. Nehmen wir nur mal den Verkaufsleiter beim Kaufhaus Macy's. Er verkündete seine große Vision: Im Juni solle sich der Verkauf von Damenschuhen verdoppeln. Es würde einen großen Sommerrabatt geben, was zu großen Umsatzsteigerungen führen sollte. Alles in allem erwartete er ein großartiges Ergebnis. Was dabei herauskam, war dann allerdings so gar nicht großartig.

Der 1. Juni kam und die Verkäuferinnen hörten auf, den Kundinnen zuzuhören. Sie interessierten sich nicht mehr dafür, was die Kundin ausgeben wollte und wie viel Zeit sie hatte. Stattdessen versuchten sie ständig, die teureren Modelle an die Frau zu bringen oder ein passendes Accessoire oder ein zweites Paar für den halben Preis. Am Monatsende war der Umsatz um gerade mal 8 Prozent gestiegen. Was war da schiefgelaufen?

Ein klassischer Verkaufsleiter würde wohl den Verkäufern die Schuld geben. Unser Mann jedoch nahm sich selbst unter die Lupe. Was hätte er anders machen können? Ihm wurde klar, dass er mit seiner »großen« Vision die Aufmerksamkeit seines Teams von all den kleinen Dingen abgelenkt hatte, die diese hätten Wirklichkeit werden lassen. Das ist ein sehr häufiger Fehler. Glücklicherweise bekam der Verkaufsleiter eine zweite Chance.

Einige Monate später führte Macy's einen Sonderverkauf zum Labor Day durch. Dieses Mal aber ging der Verkaufsleiter die Sache anders an. Er setzte sich das gleiche Ziel – die Verdopplung der Zahlen vom Vormonat. Dieses Mal aber beschrieb er all die Kleinigkeiten, die zum großen Ganzen gehörten. Er bat sein Team, den Kunden in jeder Hinsicht behilflich zu sein: ihnen den Weg zur Toilette zu zeigen, die Babys in den Arm zu nehmen, den Kinderwagen abzustellen und auf ihr Budget und ihren Zeitrahmen zu achten. Statt sich darauf zu konzentrieren, was sie verkaufen wollten, sollten die Verkäuferinnen den Tag für die Kunden ein kleines bisschen besser machen, ob diese nun Schuhe kauften oder nicht.

Und was glauben Sie, ist dann passiert? Die Verkaufszahlen für diesen Monat waren um 40 Prozent höher als die im Vormonat. Das war zwar keine Verdopplung – der Manager selbst meinte, das Ziel sei ohnehin sehr hoch gesteckt gewesen. Aber immerhin verkaufte man fast 50 Prozent mehr Schuhe. Und das war ein echter Fortschritt. Der Unterschied lag im Detail. Die große Vision war die gleiche geblieben. Das Augenmerk des Verkaufspersonals aber hatte sich verändert. Statt auf fette Verkäufe auszugehen, versuchte man, das Leben der Kunden in vielen Kleinigkeiten ein wenig angenehmer zu gestalten. Diese vielen kleinen Samen brachten eine bessere Ernte.

Viele Menschen verwechseln Inspiration und praktische Umsetzung des Ziels. Das ist so, als würde ein Kunstlehrer seine Schüler auf eine Bergwiese setzen und sie anhalten, das umwerfende Panorama auf der Leinwand zu verewigen. Das große Ganze ist natürlich inspirierend: grünes Gras, das sich im Wind wiegt, Espen mit goldenen Blättern, ein Gebirgsbach, der von den schneebedeckten Bergen herabrauscht. Aber das Bild vor Augen zu haben, hilft den Schülern nicht, auch nur einen einzigen Grashalm zu malen. Ohne Anleitung, wie sich die einzelnen Details am besten darstellen lassen, wird das Bild, das so entsteht, der pittoresken Landschaft niemals gerecht werden. Um fähige Künstler zu werden, die das große Ganze aufs Bild bannen können, müssen die Schüler lernen, sich auf die Details zu konzentrieren. Und das gilt nirgendwo mehr als im Raum der zwischenmenschlichen Beziehungen.

Wer hat denn keine großen Pläne für Partnerschaft, Zusammenarbeit oder Freundschaft? Ein Heiratsantrag ist nichts anderes als eine Vision für die Zukunft der Beziehung. Ein Kooperationsvertrag zwischen zwei Unternehmen entwirft die Zukunft einer erfolgreichen Zusammenarbeit. Und ein Arbeitsvertrag sieht vorher, dass Arbeitgeber und Arbeitnehmer zusammen großartige Leistungen erbringen. Aber reicht es aus, die Liebe zu einer Frau in möglichst poetische Worte zu kleiden? Oder einen erstklassigen Kundenservice, wichtigen Content oder einen guten Support zu versprechen?

Es heißt, dass Leonardo da Vinci 1503 angefangen habe, die Mona Lisa zu malen. Fertiggestellt wurde das Bild 1519. Die Kunsthistoriker spekulieren heute noch, dass er all die Zeit dafür gebraucht habe, dieses rätselhafte Lächeln zustande zu bringen, das diesem Bild seinen Zauber verleiht. Wir bewundern es seit 500 Jahren. Es nimmt im Louvre einen eigenen Raum ein, dessen Einrichtung 7,5 Millionen Dollar kostete. Jahr für Jahr sehen es sechs Millionen Besucher. Der Wert des Gemäldes wird auf eine halbe Milliarde Dollar geschätzt, aber die meisten Menschen halten es ohnehin für unbezahlbar.[59]

Was wäre die Mona Lisa ohne dieses bezaubernde Detail? Ein großes Bild, dessen Potenzial nie gehoben wurde.

Gleiches gilt für Ihre besten Absichten – in puncto Beziehung, Follower, Unternehmen oder Zusammenarbeit. Ihre Bemühungen werden das Potenzial nicht heben können, wenn Sie Ihre Inspiration nicht in zahlreiche kleine Akte der Dienstleistung und Wertschöpfung übersetzen. »Viele Geschäftsleute behandeln den Kundendienst wie eine Werbekampagne«, meint Scanlon. »Sie schreiben darüber, versprechen ihn und machen damit Werbung. Aber wenn sie das nicht jeden Tag Schritt für Schritt umsetzen, dann ist der Kundendienst nur ein Lippenbekenntnis.« Es ist vergleichbar mit einer Mona Lisa ohne ihr Lächeln: Übrig bleibt ein netter Versuch, der sich in nichts von dem anderer unterscheidet.

Sie dürfen eines nicht vergessen: Was Sie dazu treibt, Freunde zu gewinnen, deckt sich nur selten mit dem, was andere motiviert, Sie als Freund zu akzeptieren. Was Sie motiviert, ist das, was Sie mithilfe von Loyalität, Unterstützung oder Zusammenarbeit erreichen können. Sie sind motiviert vom großen Ganzen der Beziehung und Zusammenarbeit – davon, was sein könnte. Die Menschen aber, zu denen Sie eine Beziehung aufbauen wollen, sehen nur die Erfahrungen, die sie in der Beziehung zu Ihnen machen. Sie sehen, was Ihre Absichten ihnen konkret bringen. Sie werden motiviert durch das, was ist. Andere Menschen wollen wissen: »Wie wertvoll ist meine Beziehung zu diesem Menschen?«

»Was haben Sie in letzter Zeit für mich getan?« ist eine Frage, die die meisten Leute sich stellen, heute vielleicht öfter als früher, da viele Millionen Nachrichten um unsere Aufmerksamkeit buhlen. Das heißt nicht, wie manche Leute glauben, dass Sie sich ständig nach der Decke strecken oder in anderer Weise auf sich aufmerksam machen müssen. Es bedeutet einfach nur, dass das Geheimnis zwischenmenschlicher Fortschritte darin liegt, dass beide Seiten von dieser Beziehung dauerhaft profitieren.

Unglücklicherweise »setzt man den Versuch, Freunde im digitalen Zeitalter zu gewinnen, zunehmend gleich mit Marketing, mit wichtig sein und bekannt«, sagte der legendäre Peak-Performance-Coach Tony Robbins in einem kürzlich gegebenen Interview. »Sie haben nur zwei Möglichkeiten, wirklich bekannt zu werden: Machen Sie etwas wirklich gut oder grottenschlecht. Dummerweise ist ein schlechter Ruf heute der einfachste Weg zum Ruhm. Die Technik schenkt uns die Möglichkeit, quasi ununterbrochen mit anderen Menschen in Kontakt zu treten, von ihnen zu lernen und ihnen nützlich zu sein. Doch wenn wir jemanden flamen oder uns idiotisch verhalten, werden wir auf der Stelle berühmt. Traurigerweise entscheiden sich viele Menschen für diese Möglichkeit.«[60]

Neben den offensichtlichen nachteiligen Auswirkungen auf zwischenmenschliche Beziehungen bringt diese Tendenz auch ein strategisches Problem mit sich: Provokative Inhalte sind im Internet mittlerweile Legion. Angesichts solcher Medienberichte, Marketingkampagnen und Ich-Ich-Ich-Auftritten im Web wird es Ihnen schwerfallen, die Aufmerksamkeit auf sich zu lenken. Und Sie werden kaum etwas davon haben.

Der eigentliche Punkt, um im digitalen Zeitalter Freunde zu gewinnen und Menschen zu beeinflussen ist, so Robbins, »Beziehungen nicht mehr manipulativ zu gestalten, sondern so, dass sie bedeutsam werden. Und das gelingt Ihnen nur, wenn Sie dem anderen Sinnhaftigkeit und Nutzen bieten.«

An diesem Maßstab werden all Ihre Handlungen gemessen – jeder Tweet, jeder Brief, jede E-Mail, jeder Anruf und jede Begegnung in der wirklichen Welt. Zu welcher Seite der Waage tendieren Ihre Kontakte gewöhnlich: bedeutsam oder belanglos? Und wie sieht es langfristig aus? Letzteres ist vielleicht die wichtigere Frage, denn Fehler machen wir schließlich alle. Jeder hat mal einen schlechten Tag. Doch der radioaktive Niederschlag im zwischenmenschlichen Umgang holt uns heute vielleicht schneller und unerbittlicher ein als je zuvor. Schon aus diesem Grund ist es klug, alles in Ihrer Macht Stehende zu tun, damit Ihr Gegenüber sich ein bisschen besser fühlt – egal, über welches Medium und mit welchen Mitteln. Wir haben durchaus Spielraum für Irrtümer, aber dieser ist mehr eine Abstellkammer als ein Ballsaal. Wie oft schon hat ein einziger Blick einer Beziehung den Garaus gemacht?

In fast allen Kulturen gibt es Götter, die für Gerechtigkeit sorgen. In der altgriechischen Mythologie war Themis, eine Göttin aus dem Geschlecht der Titanen, für das Gemeinwesen zuständig. Dike war die Göttin der Gerechtigkeit, die falsch und richtig gegeneinander abwog. Im alten Rom war es Justitia, der die Sorge für Gerechtigkeit oblag. Sie musste die Erde verlassen, weil die Schlechtigkeit der Menschen sie dazu zwang. Ma'at hingegen sorgte im alten Ägypten dafür, dass bis zum Moment der Schöpfung die Ordnung des Universums erhalten blieb. Später wurde sie zur entscheidenden Akteurin im Totengericht.

Aus diesen Gottesvorstellungen entwickelte sich irgendwann unsere Personifikation der Gerechtigkeit: Justitia, deren Augen verbunden sind, die eine Waage und ein Schwert in Händen hält – und die westliche Gerichtsbarkeit symbolisiert. Ihre Botschaft könnte nicht einfacher sein: Die Wahrheit muss für jeden Fall einzeln abgewogen werden, wenn der Gerechtigkeit Genüge getan werden soll. Aber dieses Bild veranschaulicht auch folgende Tatsache: Es genügt eine Kleinigkeit, damit die Waagschale sich auf die eine oder die andere Seite neigt. Wenn Justitia die Waage hochhält, dann gibt es nichts, was unwichtig oder unsinnig wäre. Alles wird in die Waagschale geworfen.

Und was für die Justiz gilt, trifft auch auf unsere Beziehungen zu. Es gibt keinen neutralen Austausch. Nach der Begegnung mit Ihnen fühlt Ihr Gegenüber sich entweder besser oder schlechter.

Jordan machte sich noch zehn Jahre nach seiner Scheidung Gedanken über seine erste Ehe, selbst am Vorabend seiner zweiten Hochzeit. Ein Freund hatte ihn gefragt, warum es beim ersten Mal schiefgegangen sei. Jordan antwortete, er habe nicht auf die Waagschalen geachtet. Jede Begegnung mit seiner Frau vermittelte ihr eine Botschaft: dass sie der wichtigste Mensch in seinem Leben sei oder eben nicht. Er hatte die zweite Botschaft viel zu oft übermittelt.

Die Erwartung, dass sich jedes Mal, wenn wir mit einem anderen Menschen Kontakt haben, dessen Leben verändert, ist unrealistisch. Trotzdem neigt sich die Waage jeden Tag entweder mehr auf die eine oder die andere Seite. Vor diesem Hintergrund sollte klar sein, dass jede einzelne Botschaft, die Sie aussenden, wichtig ist. Wenn Sie sich auf diese Weise für eine altruistische Haltung entscheiden, heben Sie sich im digitalen Zeitalter von der Menge ab.

David Brooks von der *New York Times* veröffentlichte eine Kolumne mit dem Titel »High-Five Nation«. Darin verglich er die Haltung der Bevölkerung nach Japans Kapitulation am Ende des Zweiten Weltkriegs mit der heutigen: »Am Tag des Sieges stand der Faschismus für Größenwahn, Großspurigkeit, Prahlerei und Fanatismus. Auch die Propaganda der Alliierten hatte so manchen polemischen Exzess hinter sich. 1945 hatten das alle Menschen satt. Man hungerte förmlich nach einem Politikstil, der von Understatement, Bescheidenheit, Zurückhaltung und Einfachheit geprägt war.«[61]

Bescheidenheit und das Gefühl, dass wir mehr an andere Menschen als an uns selbst denken sollten, war unwiderruflicher Bestandteil der Kultur jener Zeit. Aber mit der Zeit änderte sich das, meint Brooks. »Statt das Heil durch Bescheidenheit vor Gott und der Welt zu finden, suchte man es plötzlich in der innigen Beschäftigung mit sich selbst ... Selbstdarstellung und Selbstliebe galten nun als probates Mittel, um im Kampf um Aufmerksamkeit zu punkten.«[62]

Heute erlangen Menschen Aufmerksamkeit – besser gesagt »zweifelhafte Berühmtheit« –, weil sie sich selbst vergöttern und sich als Celebrity inszenieren. Einige machen damit Millionenprofite. Aber welchen Eindruck haben wir von solchen Leuten? Bewegen sie andere zum Guten? Vielleicht gebrauchen sie die Aufmerksamkeit, die sie erfahren, durchaus einmal dazu, um den Menschen bestimmte kulturelle Güter näherzubringen, was immerhin besser ist als nichts. Aber solche Menschen sind nichts weiter als *agents provocateurs*. Wie der Wein vor einer geschmacklosen Mahlzeit bereiten sie unseren Gaumen auf nichts vor, was Substanz hätte.

Eines aber hat sich über die Jahrtausende nicht verändert – und Philosophen aller Kulturen haben diesen Leitsatz bestätigt, der so alt ist wie die Geschichte selbst. Zoroaster lehrte ihn vor 2500 Jahren in Persien.

Konfuzius predigte ihn in China vor 2400 Jahren. Laotse vermittelte ihn seinen Anhängern im Tal von Han. Buddha predigte ihn zur selben Zeit an den Ufern des Ganges. Die heiligen Bücher des Hinduismus erwähnen ihn 1000 Jahre davor. Und wie lautete er? »Was du nicht willst, dass man dir tu, das füg auch keinem anderen zu.« 2000 Jahre danach lehrte ihn Jesus: »Alles, was ihr also von anderen erwartet, das tut auch ihnen.«[63]

Das ist die Goldene Regel der Menschheitsgeschichte, übrigens die einzige. Ironischerweise bietet uns das digitale Zeitalter in dieser Hinsicht einen weiteren Vorteil: Viele Menschen sind davon überzeugt, dass sie anderen überlegen sind. Das aber bietet Ihnen eine einzigartige Chance, einen bleibenden Eindruck zu hinterlassen: Zeigen Sie ihnen auf subtile Weise, dass sie recht haben. Dann werden sie sich bei Ihnen revanchieren.

»Weißt du, warum ich dich mag, Ike?«, fragte Winston Churchill Präsident Eisenhower, der stets mehr oder weniger harmonisch mit so starken Persönlichkeiten wie Bernard Law Montgomery, Charles de Gaulle und Franklin D. Roosevelt zusammengearbeitet hatte. »Du bist einfach nicht auf Ruhm aus.«[64]

Sorgen Sie also dafür, dass es Ihrem Gegenüber nach jeder Begegnung mit Ihnen ein klein bisschen besser geht. Sie werden erstaunt sein, wie viel Größe Ihnen das verleiht und wie weit Sie damit kommen.

TEIL III

WIE SIE SICH DAS VERTRAUEN ANDERER VERDIENEN UND ES ERHALTEN

Kapitel 1

Vermeiden Sie Auseinandersetzungen

In ihrem Buch *The Preacher and the Presidents* zeichnen die Autoren Nancy Gibbs und Michael Duffy die unwahrscheinliche Karriere und den Einfluss des Pastors und Predigers Billy Graham auf sieben US-Präsidenten nach sowie auf nahezu jeden politischen Führer der westlichen Welt.[1] Auf seinem Weg dorthin begegneten Graham, gerade zu Beginn, zahlreiche Hindernisse. Wie Graham mit einem seiner eingefleischtesten Gegner fertig wurde, veranschaulicht sehr gut das erste Prinzip, das es zu berücksichtigen gilt, wenn Sie das Vertrauen anderer Leute gewinnen wollen.

»Im Februar 1954«, heißt es in dem Buch, »schrieb Grahams Gönner Henry Luce an den Korrespondenten der *Times* in London, den legendären Andre Laguerre, um ihn darauf vorzubereiten, was das Land erwartete, als Graham für seinen Frühlingskreuzzug in London landete.« Zu jener Zeit waren nur 5 bis 15 Prozent der Briten Mitglied einer Kirche. Zum Vergleich: In den USA lag dieser Wert bei 59 Prozent. »Die Religion in Großbritannien ist nahezu tot«, schrieb Luce. »Es wird also interessant sein, Billys Wirkung zu beobachten ... Sicher wird er von allen Leuten, die Sie kennen, verachtet werden.«

Einer dieser Gegner war der Kolumnist des *Daily Mirror*, »ein Mann namens William Connor, der Graham als ›Hollywoodversion von Johannes dem Täufer‹ bezeichnete. Wie Graham es mit prominenten Kritikern häufig tat, schlug er auch diesem ein persönliches Treffen vor. Aus Jux lud Connor Graham in ein Pub ein, das ›Zum Kopf des Täufers‹ hieß.«

Aber offensichtlich täuschten sich sowohl Luce als auch Laguerre oder Connor mit ihrer Einschätzung, wie Graham bei den Leuten ankommen würde. »Allein in der ersten Woche kamen so viele Menschen zu seinen Veranstaltungen, dass er fortan an den Samstagen drei Veranstaltungen nacheinander im Harringay-Stadion abhielt ... Abend für Abend füllten 11000 Menschen die Sitzplätze und weitere 1000 die Stehplätze, ob es nun regnete oder schneite, nur um Billy Graham predigen zu hören.« Zu seinem Publikum gehörten Parlamentarier, ein Admiral und der Stabschef der Marine. Und auch die Journalisten schätzten Grahams Einfluss auf sie vollkommen falsch ein, vor allem William Connor. Nachdem er mit dem Prediger in dem Pub mit dem despektierlichen Namen gesprochen hatte, wurde aus Connor, dem Kritiker, Connor, der Bewunderer.

»Ich hätte nie gedacht«, so Connor in einer seiner folgenden Kolumnen, »dass Freundlichkeit einen so durchschlagenden Einfluss haben könnte. Oder dass Schlichtheit uns Sünder so gewaltig beeindrucken würde. Doch wir leben ja, um zu lernen.«

Natürlich hätte Graham sich auch passiv aggressiv verhalten und die Provokationen ignorieren können. Er hätte sich auch in gerechtfertigter Empörung in der Presse zu Wort melden können. Doch Graham wählte einen besseren, einen sehr viel wirksameren Weg. Er ließ sich auf keine Auseinandersetzung ein und überzeugte seinen Kritiker mit Entgegenkommen und Freundlichkeit.

Mit jemandem zu streiten, bringt Sie gewöhnlich nicht weiter. Meinungsverschiedenheiten enden normalerweise damit, dass jeder der Opponenten mehr denn je von seinem Standpunkt überzeugt ist. Sie mögen vollkommen recht haben, dennoch ist ein solcher Streit genauso nutzlos, als lägen Sie hoffnungslos im Unrecht.

Der Komiker Dave Barry fand dafür ein schönes Beispiel: »Ich kann gut argumentieren. Fragen Sie die paar Freunde, die ich noch habe. Ich gewinne jeden Streit über jedes Thema gegen jeden Gegner. Die Leute wissen das, daher gehen sie mir auf Partys immer aus dem Weg. Oder sie laden mich, als Zeichen des Respekts, gar nicht erst ein.«

Dabei bringen wir einen Großteil unserer Onlinezeit mit Streiten zu. Lesen Sie nur mal die Kommentare zu populären Blogs oder Nachrichtenseiten. Bei den meisten geht es nur ums Rechthaben oder darum, einander zu übertrumpfen. Bei all dem Geplänkel in Unternehmen oder in der Politik suchen die Beteiligten doch immer nur Belege für ihren Standpunkt und nicht nach einer gemeinsamen Basis, auf der sich etwas aufbauen ließe, was beiden Seiten nützt. Nur wenige dieser Auseinandersetzungen enden so, dass die Streithähne von ihrem Standpunkt abrücken. Da in der digitalen Welt Argumente selten so klar formuliert werden, dass sie die gleichen Konsequenzen nach sich ziehen, wie sie ein Streit in der realen Welt haben würde, kommen die Urheber mit ihren galligen Attacken und unterschwellig aggressiven Zweideutigkeiten gewöhnlich ungeschoren davon – dabei handelt es sich bei solchen Praktiken mit Sicherheit um die Instrumente, die am wenigsten zur Schaffung guter zwischenmenschlicher Beziehungen beitragen.

So geschehen, als Tony Hayward, der ehemalige Vorstandsvorsitzende von BP, sich nach der Katastrophe um die Deepwater Horizon mit arroganter Gleichgültigkeit der Verantwortung entziehen wollte. Bei der Explosion dieser Bohrinsel kamen elf Menschen ums Leben. Das austretende Öl zerstörte das Ökosystem im Golf von Mexiko und vernichtete damit die Existenzgrundlage von Tausenden Betroffenen.

Ein Artikel in *The Times* schildert, wie Hayward zunächst alle wissenschaftlichen Erkenntnisse zu Art und Menge des ausgetretenen Öls leugnete. Dann behauptete er, die Ölmenge sei »sehr gering« im Verhältnis zur Größe des Ozeans. Und die ökologischen Auswirkungen von Amerikas größter Ölpest überhaupt sowie der 950 000 Gallonen Lösungsmittel, das man eingesetzt hatte, um dem Ölteppich Herr zu werden, seien »sehr, sehr moderat«. Mit diesen Aussagen katapultierte er sich unwiderruflich ins Aus, vor allem, als er den Menschen von Louisiana in einer vorgeblich entschuldigend gemeinten Rede sagte: »Ich will mein altes Leben zurück.«[2]

Zwei Tage, nachdem er die Fragen der US-Parlamentarier ausweichend beantwortet und alle Schuld von sich gewiesen hatte, wurde er im Städtchen Cowes an der Südküste Englands gesehen, wo sein Boot *Bob* an einem Jachtrennen teilnahm. Doch das bestätigte nur, was bis dahin ohnehin schon jedem klar war: Ob er nun recht hatte oder nicht, Hayward hatte seine Glaubwürdigkeit verspielt und das Verfahren vor dem Schiedsgericht der öffentlichen Meinung verloren. Und das ist häufig die einzige Instanz, die beim Thema Einfluss und Wirkung auf andere eine Rolle spielt.[3]

Seine Argumente zeigten deutlich, dass man diesem Mann nicht vertrauen konnte. Er schien sich ohnehin nur für zwei Dinge zu interessieren: für sich und sein Reich. Vor dem Hintergrund dieser Aussagen wurde BP nicht mehr nur verdächtigt, sondern rundweg abgelehnt. Was die Fakten zu sagen hatten, zählte nicht mehr. Wo immer BP seinen Sprit verkaufte, wurden die Tankstellenbesitzer ihn nicht mehr los. Warum auch sollte man bei BP tanken, wenn es gut ein Dutzend anderer Anbieter gab, die nicht von Leuten geführt wurden, denen außer den Argumenten für ihre angebliche Schuldlosigkeit alles egal war?

Natürlich beruhten die sich zuspitzenden Reaktionen der Öffentlichkeit darauf, wie die Menschen BP wahrgenommen haben. Aber solange die Fakten nicht geklärt sind, ist unsere Wahrnehmung die einzige Wirklichkeit, die es gibt. Und wenn es um zwischenmenschliche Beziehungen geht, ist die subjektive Wahrnehmung der Situation häufig so dominant, dass selbst eindeutige Fakten nicht mehr ausreichen, um die Welle der schlechten Presse verebben zu lassen, die der Klärung vorausging.

Zu Haywards Verteidigung kann man anführen, dass er nach seiner Entlassung als Vorstandsvorsitzender von BP – an einem Tag, den er den traurigsten seines Lebens nannte – weit mehr Einfühlungsvermögen an den Tag legte, und zwar nicht nur im Hinblick auf die Rolle von BP bei der Ölpest, sondern auch was seine persönliche Haltung zu der Tragödie anging. Freunde sagen über Hayward, dass er ein gütiger und großzügiger Familienvater ist. Dafür haben sie vermutlich gute Gründe. Und BP war Jahrzehnte lang ein solides, respektables Unternehmen. Beide verdienen es, auch für ihre guten Seiten geschätzt zu werden. Schließlich würden auch wir nicht gerade gut dastehen, wenn unser letzter Streit mit Partner, Kollegen oder Kunden an die Öffentlichkeit gezerrt würde. Und das wird Hayward und BP sicherlich widerfahren. Aber warum die Fettnäpfe nicht gleich im Vorfeld vermeiden?

Wir haben es Tag für Tag mit Konflikten zu tun. Wie also können wir verhindern, dass aus einer taktvollen Diskussion ein aggressiver Meinungskampf wird? Wir müssen unsere wechselseitige Verbundenheit höher einschätzen als unsere Unabhängigkeit. Und wir sollten begreifen, dass ein von Respekt getragener Austausch uns auf lange Sicht mehr bringt als ein unerbittlicher Kreuzzug.

Ein südamerikanischer Landesvater hat bewiesen, wie wichtig dieses Prinzip ist, und das allen historischen und persönlichen Widrigkeiten zum Trotz. Von einem Mann, der aus der tiefsten Armut kommt, der als Gewerkschaftsführer in einem Land tätig war, das nicht gerade für seine Arbeiterrechte bekannt ist, der seine Frau im achten Monat ihrer Schwangerschaft sterben sah, weil die beiden sich keine ärztliche Behandlung leisten konnten, und der dann seine eigene Partei gründete – von solch einem Mann würde man annehmen, dass er ein Kämpfer ist. Aber Luiz Inácio Lula de Silva, von allen nur Lula genannt, machte alles anders, als man es von ihm erwartete.

»Meine Mutter sagte immer, zwei Menschen könnten sich nicht streiten, wenn einer nicht mitmacht dabei«, erzählte Lula einem Journalisten. Daher streitet Lula nicht. Und dieser Ansatz hat ihn bis ins Präsidentenamt Brasiliens getragen, das er beinahe zehn Jahre lang innehatte. Als seine neu gegründete sozialistische Partei Jahr für Jahr die Wahlen verlor, ging er eine Allianz mit einer Rechtsaußen-Partei ein und machte trotz seines linken Programms den Führern großer Unternehmen den Hof. Als er mit dem Versprechen, vor allem für die Armen Brasiliens etwas zu tun, Präsident wurde, schmiedete er auch Allianzen mit Brasiliens reicher Oberschicht, um die Wirtschaft anzukurbeln.

»Ich betrachte mich selbst als Mediator. Wenn wir Frieden und Demokratie wollen, müssen wir tolerant sein und mehr verhandeln«, sagte er.[4] Lulas Toleranz und sein Verhandlungsgeschick ließen ihn während seiner Amtszeit Erstaunliches erreichen. Durch seine Allianzen auf nationaler und internationaler Ebene setzte er Sozialprogramme um, die mehr als 20 Millionen Menschen aus der Armut heraus und in die Mittelschicht holten. Gleichzeitig schuf er Wirtschaftswachstum und Stabilität. In einem Land, das für den breiten Graben zwischen Arm und Reich bekannt ist, hat Lulas Geschick im Umgang mit Menschen dafür gesorgt, dass sich die historische Ungleichheit in Brasilien verringerte.[5]

Die Vorstellung von »Kommunikation« werde häufig fehlinterpretiert, meint die Unternehmensberaterin Esther Jeles. »Wir glauben, wir müssten uns ständig vorteilhaft präsentieren. Dabei übersehen wir meist das Potenzial unseres gemeinsamen Austauschs.«[6]

Jeles erinnert die Führungskräfte und Angestellten so bekannter Unternehmen wie Twentieth Century Fox, Leo Burnett und Harpo Inc. daran, dass es seinen Grund hat, wenn Techniken zur persönlichen Entwicklung ihre Grundlage darin finden, auf die eigene innere Einsicht zu horchen. Wir alle tragen in uns »ein Schatzkästlein besseren Selbstverständnisses, höheren Wissens und spannenderer Ideen«, erklärt sie. »Spannungen und Konflikte treten auf, wenn Sie – und/oder Ihr Umfeld – übersehen, dass auch der andere diese innere Weisheit besitzt, auf die wir hören sollten.«

Wie also können wir lernen, Auseinandersetzungen zu vermeiden? Indem wir uns klarmachen, dass wir durch Zusammenarbeit mehr erreichen. Und das ist regelmäßig dann der Fall, wenn Sie »erkennen, dass gute zwischenmenschliche Resultate wahrscheinlicher sind, wenn Sie Ihre Erfahrung und Ihre Einsichten mit denen anderer zusammenbringen.«

Wie ausdrucksstark und überzeugend Sie auch sein mögen, ein gutes Miteinander stellt sich nicht ein, wenn einer den anderen unterbuttert. Es wird nur dann Wirklichkeit, wenn Spannungen dadurch gelöst werden, dass alle ihren Horizont um die Einsichten des anderen erweitern. Wenn Sie trotz aller Spannungen und Konflikte die Grundlagen der Zusammenarbeit sehen können, dann gibt es wenig, was Sie nicht erreichen würden.

»Jeder von uns weiß, wie er Aufmerksamkeit auf sich ziehen kann«, sagt Jeles. »Aber die wenigsten Menschen wissen, wie sie Aufmerksamkeit und gleichzeitig Respekt erfahren.« Also heben Sie sich von der Masse ab, indem Sie den Fehdehandschuh liegen lassen, auch wenn andere ihn liebend gern aufgreifen würden.

KAPITEL 2

SAGEN SIE NIE: »DA LIEGEN SIE FALSCH.«

Die beste und klügste Lösung oder Idee ist meist nicht das, was nur eine Partei glaubt. Und doch erklären wir anderen nur zu gerne, dass sie nicht im Recht sind. Meist auch noch, bevor wir über deren Standpunkt überhaupt nur nachgedacht haben. Selbst wenn wir gute Gründe haben zu glauben, dass der andere falschliegt, bereiten wir mit einer Reaktion jedem Austausch und jeder sinnvollen Zusammenarbeit zuverlässig ein unrühmliches Ende: wenn wir dem anderen das auch noch aufs Butterbrot schmieren.

»Wer die Vergangenheit vergisst, ist dazu verdammt, sie zu wiederholen. Und wer aus der Vergangenheit die falschen Lehren zieht, ist es ebenso.« Diese Worte stammen von Deepak Malhotra, Professor an der Harvard Business School und Co-Autor von *Negotiation Genius.* In seinem Artikel auf Forbes.com vergleicht Malhotra den Streit um die Einnahmen der National Football League (NFL) im Jahr 2011 mit einer ähnlichen Auseinandersetzung zwischen den Eignern und Spielern der National Hockey League (NHL) in der Saison 2004/2005.

In beiden Fällen baten die Eigner der Teams ihre Spieler, auf einen Teil ihrer vertraglich zugesicherten Einnahmenanteile zu verzichten, weil sie hohe Kosten befürchteten. Beide Male lehnten die Spieler dies ab und verlangten Belege für die angeblich gestiegenen Kosten. Beide Male weigerten sich die Eigner, solche vorzulegen. In der NHL verschärfte sich der Streit, weil keine der Parteien nachgeben wollte. »Beide Seiten warfen sich gegenseitig Gier vor«, schreibt Malhotra. »Da sie die Differenzen auch nicht beilegen konnten, nachdem der entsprechende Gesamtvertrag ausgelaufen war, musste die NHL alle Spiele für die kommende Saison absagen. Damit gingen 2 Milliarden Dollar an Einnahmen verloren.«

War das Resultat unvermeidlich? Malhotra meint, man hätte es durchaus vermeiden können, wenn die Parteien das zwischenmenschliche Problem verstanden hätten, das dem Streit zugrunde lag. »Beide Seiten verloren eine ganze Saison, weil die Eigner nicht erkannten, dass die Spieler berechtigte Ansprüche hatten. Indem sie die Spieler als gierig brandmarkten, statt auf ihre Sorgen einzugehen, setzten sie zu lange auf die falsche Strategie – Unnachgiebigkeit statt Transparenz.«

Die Auseinandersetzung verfiel in ein bekanntes Muster: »Ich habe recht, du hast unrecht.« Und das nur, weil keine Seite erkennen wollte, dass möglicherweise beide recht hatten. Das ist eine wichtige Lektion. »Verhandlungen«, so Malhotra, »sind deutlich zielführender, wenn jede Partei erkennt, dass auch die andere legitime Wünsche hat. In dem NFL-Streit sollten sowohl Eigner als auch Spieler mit einer differenzierteren Perspektive an den Verhandlungstisch gehen – sonst würden die Fans in ganz Amerika sich im nächsten Herbst nicht auf Football-Spiele freuen können.«[7]

Nuancen, subtile Unterschiede sind wichtig – das sollten wir im Hinterkopf behalten, wenn wir mitten in einer Auseinandersetzung stecken. Denn bei den meisten Streitigkeiten sind die Differenzen, die wir mit dem anderen haben, meist weniger gravierend, als wir uns einreden. Jeder Unterschied wird so zur unüberwindlichen Kluft – dann ist die einzige Lösung, dass eine der Parteien in diese Kluft stürzt (oder geschubst wird), sodass nur noch einer übrig ist. Aber diese Vorstellung entspricht nicht der Wahrheit. Eine Freundschaft, die davon ausgeht, dass man in allen Dingen gleicher Meinung sein muss, sei diese Bezeichnung nicht wert, sagte Mahatma Gandhi. Ihm zufolge müsse eine echte Freundschaft auch ehrliche Meinungsverschiedenheiten aushalten, und wenn sie noch so massiv sind. In Wahrheit ist eine Meinungsverschiedenheit nicht mehr als ein winziger Spalt, der einen Pflasterstein vom anderen trennt. Und darüber lässt sich durchaus reden, wenn wir mit Offenheit an den Verhandlungstisch treten.

»Wir ergreifen das Wort, weil wir etwas wissen«, erklärte die Unternehmensberaterin Esther Jeles in einem kürzlich erfolgten Interview. »Oder weil wir glauben, etwas zu wissen. Oder weil wir – vor allem am Arbeitsplatz – glauben, etwas wissen zu müssen.«[8] Diese Grundvoraussetzung stellt uns oft ein Bein, weil wir uns dann geistig gegenüber der Möglichkeit verschließen, dass es auch Wissen gibt, das nicht wir mitbringen. Wir erwarten dann, dass unser Standpunkt bestätigt wird, und wenn dies nicht der Fall ist, versuchen wir für den Rest des Gesprächs, den anderen zu widerlegen oder ihm das Recht auf eine eigene Meinung abzusprechen. Und damit wird jede Zusammenarbeit schon im Ansatz unmöglich. Wenn Sie so vorgehen, werden Sie in zwischenmenschlichen Dingen selten Erfolg haben.

Jede effektive Problemlösung, Zusammenarbeit und Klärung von Sachverhalten, sagte Jeles, beginnt damit, dass wir unseren Geist leeren – von allem, was wir wissen oder was wir meinen, wissen zu müssen. »Das fühlt sich manchmal fast unnatürlich an«, fuhr sie fort, »weil wir so sehr darauf konditioniert sind, zu zeigen, was wir denken, darauf, unser Wissen und unsere klugen Ideen vorzuführen. Wir denken, bevor wir reden.« Doch wenn wir ein Gespräch so anpacken, als hätten wir ein unbeschriebenes Blatt im Kopf, gehen wir ehrlicher und bescheidener an die Sache heran. Wir akzeptieren, dass wir vielleicht nicht alle Fakten kennen und nicht die einzige Person sind, die recht hat. Noch besser: Wir schaffen die Möglichkeit einer sinnvollen Zusammenarbeit – bei der Gedanken, Ideen und Erfahrungen zu etwas verschmelzen, das größer ist als die Summe seiner Teile.

Dass wir nicht die einzige Person sind, die recht hat, ja, dass wir auch falschliegen können, ist natürlich fast immer der Fall. Nur scheinen wir enorme Schwierigkeiten zu haben, dies zu akzeptieren. Aber warum eigentlich?

Weil wir unseren persönlichen Triumph über eine sinnvolle Zusammenarbeit stellen. Damit blockieren wir aber nicht nur die Beziehung, wir verschließen uns auch für die Möglichkeit, größere Erfolge zu erreichen als angestrebt. Wir erwarten zu wenig, wenn wir in einer Auseinandersetzung davon ausgehen, dass es nur einen Gewinner geben kann.

Jeles lässt uns an folgender Geschichte aus ihrer persönlichen Erfahrung teilhaben. Darin geht es um ein bekanntes Medienunternehmen, dessen schnelle Reaktion auf eine nationale Katastrophe am Ende zu internen Konflikten führte.

Jeles' Telefon läutete um Mitternacht – am Apparat war der Präsident jenes Medienkonzerns. Der Mann wollte, dass Jeles schon für den nächsten Morgen ein Meeting organisierte, bei dem eine ganze Reihe von Problemen geklärt werden mussten.

Der Präsident meinte damit die Tragödie um den Hurrikan Katrina, eine der verheerendsten Naturkatastrophen in den USA. Unmittelbar nach dem Sturm hatte das Unternehmen 90 Prozent seiner Mitarbeiter in die betroffenen Regionen geschickt. Ohne Planung, ohne Strategie, nur mit der recht allgemeinen Anweisung, wichtige Geschichten mitzubringen. Nun, zwei Wochen später, waren die Teams zurück und sollten unter den herrschenden schwierigen Bedingungen ihre Arbeit wieder aufnehmen.

»Ich habe vier Produktionsteams, die sich streiten, wessen Berichte gesendet werden sollten«, sagte der Präsident. »Die Rechtsabteilung streitet mit der Produktion, weil man bestimmte Aspekte zuerst juristisch prüfen müsse. Und die Buchhaltung legt sich mit allen Mitarbeitern an, weil die Kosten für die ganze Unternehmung enorm hoch sind.« Er holte kurz Luft. »Sechsmal so hoch wie bei jeder vorherigen Produktion.«

Jeles' Rolle, so der Präsident, würde darin bestehen, sich mit den streitenden Abteilungsleitern zu treffen und sie dabei zu unterstützen, eine Lösung zu finden. Jeles wusste genau, was zu tun war. Am nächsten Morgen saß sie im Konferenzsaal und beobachtete die Leute, die zum Meeting kamen. Sie spürte, dass jeder zum Staatsanwalt wurde, der seinen Fall vortragen und gewinnen wollte. Als die Teilnehmer sich gesetzt hatten, sprach sie daher eine Einladung aus. »Ich möchte, dass jeder von Ihnen sich eine Minute Zeit nimmt und sich mit dieser Frage beschäftigt: ›Was hätte ich in meinem Bereich anders machen können, damit die anderen Abteilungen Erfolg haben?‹«

Jeles meinte, sie habe buchstäblich gehört, wie jeder von ihnen einen Aktenkoffer voll vorgefasster Meinungen fallen ließ. Alle spitzten die Ohren, als die einzelnen Teams miteinander teilten, was man künftig besser machen könnte. Der Leiter des Rechnungswesens meinte, die Buchhaltungs- und Produktionsteams könnten vielleicht für die Projekte eine Budgetgrenze festlegen.

»Wir haben doch keine Zeit, um herumzusitzen und Budgets zu diskutieren, wenn sich eine Story andeutet«, meinte die stellvertretende Leiterin der Produktion.

Jeles stellte ihr eine Frage: »Ist Ihnen klar, warum die Buchhaltung dieses Vorgehen vorschlägt?«

»Damit wir nicht zu viel Geld ausgeben«, antwortete die Frau.

»Die Finanzabteilung hat eine wichtige Funktion«, gab Jeles zurück. »Sie sorgt dafür, dass das Unternehmen gesund bleibt, und das ist genauso wichtig wie die Produktion.« Dann fragte sie den Leiter des Finanzwesens und die stellvertretende Produktionsleiterin: »Könnten Ihre Abteilungen vielleicht gemeinsam ein vorläufiges Budget für wöchentliche Projekte aushandeln und für besondere Ereignisse ein eigenes Budget ausweisen, das sich nach dem Ausmaß des Vorfalls bemisst?«

Beide nickten. Als Nächstes erhielt der Chefjustiziar des Unternehmens das Wort. Er schlug vor, dass die Rechtsabteilung ein Informationsblatt erstellen solle, in dem die »häufigsten juristischen Probleme« skizziert wurden, damit die Produktion wisse, wo es am ehesten zu langwierigen Prüfungen kommen könnte.

Jeles sah die stellvertretende Produktionschefin an. »Ja, das wäre sehr hilfreich«, sagte diese.

»Alles klar«, meinte der Justiziar.

Und so ging das Meeting weiter. Man handelte sogar schon konkrete Punkte zu den gemachten Vorschlägen aus. Innerhalb von 30 Minuten stimmte jeder im Raum den Vorschlägen zu. Man einigte sich darauf, das Meeting an einem anderen Tag fortzuführen, und da kam es zu dem vielleicht überraschendsten Ergebnis von allen: Viele Abteilungsleiter und Mitarbeiter blieben noch sitzen, um die Gunst der Stunde für weitere Zusammenarbeit zu nutzen.

Als Jeles ihre Tasche nahm und gehen wollte, kam der Präsident auf sie zu: »In 25 Jahren meiner Tätigkeit habe ich nie einem Meeting beigewohnt, bei dem mehr zugehört als geredet wurde«, lobte er.

In der Tradition aller großen Künstler, die ebenfalls mit einem leeren Blatt, einer weißen Leinwand oder einem Klumpen Ton anfangen, sollten auch wir in Auseinandersetzungen einen offenen Geist bewahren, damit wir herausfinden, was wir gemeinsam zuwege bringen können. Nur dann können wir das Potenzial unserer zwischenmenschlichen Kontakte heben.

Am 26. Juni 2000 machte Bill Clinton im East Room des Weißen Hauses eine Ankündigung – genau an der Stelle, wo Teddy Roosevelt sein Boxtraining absolvierte, Amy Carter ihren Highschool-Abschluss feierte und noch früher Lewis und Clark in ihren Zelten kampierten. Clinton verkündete die Entschlüsselung des menschlichen Genoms. »Damit steht die Menschheit vor ganz neuen Möglichkeiten, Krankheiten zu erkunden und zu heilen«, sagte er.[9]

Neben ihm stand Dr. Francis Collins, der bekannte Genetiker, der das Human Genome Project geleitet hatte. Sieben Jahre lang hatte er ein internationales Team von mehr als 1000 Wissenschaftlern angeführt – in einem Unterfangen, das die *Time*-Journalistin J. Madeleine Nash bezeichnete als »technische Tour de Force, die der Spaltung des Atoms oder der Landung des Menschen auf dem Mond gleichkommt«. »Es gibt nur ein menschliches Genomprojekt, und es ist einzigartig«, sagte Collins damals. »Dass ich dieses Projekt leiten und ihm meinen Stempel aufdrücken durfte, ist mehr, als ich je erwartet hätte.«[10]

Dass Collins dabei einen ehemaligen Kollegen als Konkurrenten hatte, macht das Ganze noch spannender. Denn im Mai 1998 – fünf Jahre, nachdem Collins zugestimmt hatte, dem Projekt vorzustehen – ließ Craig Venter (ein begabter Biologe an den National Institutes of Health, der seit Langem an den genetischen Aspekten von Krankheiten forschte) verlauten, er würde ein eigenes Unternehmen gründen, um Collins zu überrunden, und zwar um genau vier Jahre.

Der »Wettlauf« zwischen Collins und Venter sorgte in der Presse für rege Aufmerksamkeit. Meist ging es dabei um die unterschiedliche Persönlichkeit der beiden Männer – der eine schrill, der andere reserviert.

Und darum, dass der zurückhaltende Collins gegen den energischen Venter wohl kaum eine Chance haben würde. Denn das Projekt verlangte, dass Wissenschaftler aus sechs Ländern und die zugehörigen Behörden sowie unzählige universitäre Labors zusammenarbeiteten. Nicht für Ruhm und Ehre, sondern im allgemeinen Interesse.

Umso erstaunlicher war es, dass Francis Collins im East Room Craig Venter mit folgenden Worten vorstellte: »Sprachgewandt, provokativ und nie überheblich hat er einen neuen Weg biologischen Denkens beschritten ... Es ist mir eine Ehre und ein Vergnügen, ihn zu bitten, Ihnen diese bahnbrechende Leistung zu präsentieren.«

Collins entschied sich für Zusammenarbeit und Partnerschaft. Er widerstand der Versuchung, Venter zu widerlegen. Letztlich betrachtete er ihn einfach als anderen Typ Mensch. Und »anders« heißt ja nicht »feindselig«. Collins meinte, sie beide seien »einfach anders verkabelt«. Und Nash schrieb für *Time*: »Collins sagt heute, dass Venter für ihn ›auf positive Weise stimulierend‹ war.«

Denn das Herzstück der Behauptung, unser Gegenüber habe unrecht, ist doch letztlich, dass wir nicht abgelehnt werden wollen. Wir wollen nicht falschliegen, und das projizieren wir dann auf andere. Selbst Dale Carnegie wäre beinahe schon in diesen Fehler verfallen, hätte ihn nicht ein klares Warnsignal davon abgehalten.

Kurz nach dem Ersten Weltkrieg war er als Manager für Sir Ross Smith tätig. Während des Krieges war Sir Ross als australischer Kampfpilot in Palästina unterwegs. Bald nach dem Friedensschluss erstaunte er die ganze Welt, weil er in 30 Tagen von England nach Australien flog. Niemand hatte so etwas je gewagt. Die australische Regierung belohnte ihn dafür mit 50 000 Dollar. Der König von England schlug ihn zum Ritter. Und eine ganze Weile war er in aller Munde.

Carnegie nahm an einem Bankett teil, das für Sir Ross gegeben wurde. Während des Abendessens saß ein Mann neben ihm, der eine witzige Geschichte erzählte. Diese drehte sich um folgendes Zitat: »Dass eine Gottheit unsere Zwecke formt, wie wir sie auch entwerfen.«[11]

Der Erzähler meinte, diese Worte stünden in der Bibel. Das war falsch, und Carnegie wusste es. Und er ernannte sich, wie er selbst sagte, »zum unwillkommenen Ein-Mann-Komitee, das den Geschichtenerzähler unaufgefordert zu korrigieren suchte.«

Aber der Mann blieb bei seiner Auffassung. Von Shakespeare? Nie im Leben! Dieses Zitat stammte aus der Bibel. Und der Mann war sich hundertprozentig sicher.

Frank Gammond, ein alter Freund Carnegies, saß links von ihm. Er hatte sich Jahre der Shakespeare-Lektüre gewidmet. Also beschlossen die beiden, ihn als Schiedsrichter anzurufen.

Gammond hörte ihnen zu, trat Carnegie unter dem Tisch gegen das Schienbein und sagte: »Dale, da liegst du falsch. Der Herr hat recht. Das Zitat stammt aus der Bibel.«

Auf dem Nachhauseweg sagte Carnegie zu Gammond: »Frank, du wusstest doch, dass das Zitat von Shakespeare stammt.«

»Natürlich«, antwortete dieser. »Hamlet, 5. Akt, 2. Szene. Aber wir waren Gäste bei einem festlichen Abendessen, lieber Dale. Warum sollte man dem Mann sagen, dass er im Unrecht war? Würde er dich dann mehr schätzen? Also lass ihn doch sein Gesicht wahren. Er hat dich ja schließlich nicht um deine Meinung gebeten. Er wollte sie nicht mal hören. Es ist immer besser, jemanden nicht direkt anzugreifen.«

Diese Lektion vergaß Carnegie sein Leben lang nicht mehr.

Wenn Sie Menschen sagen, dass sie falschliegen, schaffen Sie sich nur Feinde. Nur wenige Menschen reagieren logisch, wenn man ihnen einen Fehler unter die Nase reibt. Die meisten werden emotional und versuchen, sich zu verteidigen, denn schließlich stellen Sie ihr Urteilsvermögen infrage. Sie sollten also nicht nur Formulierungen wie »Da liegen Sie falsch« vermeiden. Denn dieselbe Botschaft vermittelt man mitunter auch durch Tonfall oder Gestik. Achten Sie also darauf, kein solches Urteil über andere zu fällen, egal, wie Sie es kommunizieren. Und wenn Sie sich selbst beweisen, dass Sie richtigliegen, dann so, dass der andere Ihnen das nicht gleich vom Gesicht ablesen kann.

Leider schleicht sich gerade in Onlinekontakten gerne ein bestimmter Ton ein, der dem anderen deutlich signalisiert, dass wir der Auffassung sind, er liege falsch. Manchmal merken wir das erst später, wenn wir eine E-Mail noch einmal durchlesen. Wir glauben, wir seien unglaublich diplomatisch vorgegangen, aber gerade dann, wenn wir unseren Worten nicht durch unseren Tonfall oder unsere Blicke eine freundliche Färbung geben können, klingen sie häufig negativ. Das ist einer der Gründe, weshalb man Meinungsverschiedenheiten besser im direkten Kontakt klären sollte.

Statt über E-Mail, Chat oder Twitter die üblichen Plattitüden zu verströmen, sollten Sie für ein solches Gespräch ein respektvolles, versöhnliches Umfeld schaffen. Dann tragen Sie Ihre Argumente vor, behalten aber Ihre Offenheit bei. Sie können durchaus im Recht sein und Ihr Gegenüber im Unrecht, aber es hat keinen Sinn, das Ego des anderen zu verletzen und damit die Beziehung zu zerstören. Erinnern Sie sich nur mal an Ihre Meinung über Leute, die steif und fest behauptet haben, Sie hätten unrecht. Sie können sich sicher sein, dass andere dasselbe von Ihnen denken werden, wenn Sie ein Gespräch nur dazu benutzen, dem anderen eine Lektion zu erteilen, statt die Beziehung zu stärken.

Diplomatie ist der Königsweg. Sagen Sie ruhig, dass Sie vielleicht falschliegen. Räumen Sie ein, dass Ihr Gegenüber durchaus recht haben könnte. Seien Sie nett zu Ihrem Gesprächspartner. Stellen Sie Fragen. Vor allem aber sollten Sie versuchen, die Situation aus dem Blickwinkel Ihres Gegenübers zu betrachten. Damit bezeugen Sie Ihren Respekt.

Diese Bescheidenheit verschafft Ihnen mitunter unerwartete Kontakte, Möglichkeiten zur Zusammenarbeit und verblüffende Resultate.

KAPITEL 3

BEKENNEN SIE FREIMÜTIG, DASS SIE EINEN FEHLER GEMACHT HABEN

Klassische Entschuldigungen wie die folgenden hört man ja immer wieder: »Der Scheck ist in der Post!« Oder: »Der Schiedsrichter hat das Spiel verpfiffen.« Um welche Sportart es auch immer gehen mag, Schiedsrichter machen nun mal Fehler. Und diese haben mitunter gravierende Folgen. Manche dieser Fehler gehen sogar in die Annalen des Sports ein.

Da ist zum Beispiel die »Hand Gottes« von Diego Maradona. Im Viertelfinale der Fußballweltmeisterschaft von 1986 stand es im Spiel England gegen Argentinien 0:0. Maradona, Kapitän der argentinischen Nationalmannschaft, sprang über den Torhüter Peter Shilton und schlug den Ball mit der Hand ins Netz. Der Schiedsrichter Ali Bin Nasser sah das Handspiel nicht und gab das Tor.

Dann waren da noch der zwölfjährige Jeffrey Maier und ein berühmtes Baseballspiel. In den American League Championships von 1996 führten die Orioles mit 4:3 in der Endphase des achten Innings. Da schlug Derek Jeter, der Shortstop der Yankees, einen hohen Ball ins rechte Feld. Der zwölfjährige Maier fasste über die Bande und fing den Ball, bevor Tony Tarasco von den Orioles ihn erwischen konnte. Der Schiedsrichter Rich Garcia gab fälschlich einen Homerun statt eines Aus oder eines automatischen Doppel. Die Yankees gewannen das Spiel.

Wenn man solche Fehlentscheidungen sieht, die ja häufig vorkommen, ist die Verzweiflung der Fans schon verständlich. Natürlich wollen wir unser Team unterstützen. Aber Schiedsrichter sind eben auch nur Menschen und ihre Fehler sind verständlich. Am schlimmsten aber ist es, wenn sie ihre Fehler nicht zugeben können.

Daher ist ein Beispiel für einen krassen Schiedsrichterfehler so durch und durch bemerkenswert. Es schrieb Baseballgeschichte unter der Schlagzeile: *Perfect Game Robbery*.

Seit 1900 – dem Jahr, mit dem man die Geschichte des modernen Baseball gewöhnlich beginnen lässt – wurden in den USA beinahe 400 000 Spiele abgehalten. Und insgesamt nur 18-mal war es einem Werfer gelungen, ein perfektes Spiel abzuliefern, was heißt, dass er alle gegnerischen Schlagmänner aus warf, ohne einen Walk oder Hit zu ermöglichen und ohne dass seine Teamkameraden beim Run auf die Bases einen Fehler machten. Nur um Ihnen eine Vorstellung zu geben: Die Chancen, im Baseball ein Perfect Game zu erzielen, sind geringer als die Wahrscheinlichkeit, dass Sie im Laufe Ihres Lebens vom Blitz getroffen werden.[12]

Und ein solches Perfect Game zeichnete sich Anfang Juni 2010 mit dem Werfer der Detroit Tigers, Armando Galarraga, ab. Er hatte nacheinander 26-mal ein Aus erzielt und beim 27. Mal (das letzte im Spiel) flog ein schwacher Ball zum Spieler auf der First Base. Galarraga rannte los, fing den Ball und riss schon die Arme hoch zum Jubeln. Da war nur ein Problem: Der Schiedsrichter Jim Joyce breitete die Arme aus und rief: »Safe!« Was hieß, dass der Ball nicht für die Detroit Tigers gegeben wurde. Galarragas Perfect Game löste sich auf in einer der gröbsten Schiedsrichterfehlentscheidungen in der Geschichte des Sports.

An diesem Punkt aber nahm die Geschichte eine außergewöhnliche Wendung. Und das ist vielleicht der bemerkenswerteste Teil der Story. Als Joyce in seine Kabine zurückkehrte, sah er sich sofort die Aufzeichnung des Spiels an. Er musste nur einmal hinsehen, um zu erkennen, was er da vermasselt hatte. Aber statt abzuwarten, bis sich Staub über seine Fehlentscheidung legte, wie so viele seiner Kollegen es getan hätten, entschied Joyce sich für einen anderen Weg. Er ging in die Kabine der Detroit Tigers und bat um ein Gespräch mit Galarraga.

Rot wie eine Tomate, mit Tränen in den Augen umarmte Joyce den Spieler und brachte nur zwei Worte heraus: »Lo siento!« (»Es tut mir leid!«) Er entschuldigte sich ohne Wenn und Aber für seine Fehlentscheidung und veränderte damit den Sport. Es hatte ja schon vorher Perfect Games gegeben, aber dies war das erste, bei dem der Schiedsrichter seine Entscheidung zurücknahm.

Wir Menschen haben vieles gemeinsam – Geburt, Tod und ein Leben voller Fehler, Irrtümer und Fettnäpfchen. Wir alle wissen das. Der Großteil unserer Fehler mag zwar andere frustrieren, aber auf lange Sicht gesehen sind sie doch meist verzeihlich. Warum also haben wir solche Schwierigkeiten, sie einzugestehen?

Nehmen wir nur mal Tiger Woods als Beispiel. Als er in der Nacht auf Thanksgiving sein Auto in der Nähe seines Hauses an einen Hydranten setzte, zog dies endlose Fragen nach außerehelichen Affären nach sich. Früher machten solche Gerüchte als Klatsch im Wohnort die Runde, aber im digitalen Zeitalter wird man nahezu über Nacht angeklagt und verurteilt.

Woods Reaktion? Ein offensichtlich vorbereitetes, schwammiges Geständnis von »Fehltritten« und die Bitte, ihm doch seine Privatsphäre zu lassen. Bald darauf brach seine private wie seine sportliche Welt zusammen. Sponsoren ließen ihn fallen, seine Frau verließ ihn und sein Golfspiel litt in der Folge massiv.

Hätte er einen anderen Weg einschlagen können? Natürlich. In den ersten Wochen, nachdem sich diese Nachrichten verbreiteten, also noch bevor seine Werbeverträge widerrufen wurden und seine Frau ging, hatten PR-Experten ihm einen anderen Weg empfohlen, der seinen Absturz verhindert hätte. Der Journalist Mike Sunnucks schrieb darüber einen Artikel im *Phoenix Business Journal*. Er zitiert darin Abbie Fink von HMA Public Relations:

> *Fink meinte: Dass Woods und sein Team sich für das Schweigen entschieden hatten, hätte die Angelegenheit überhaupt erst zu einer Story werden lassen, die tmz.com und den National Enquirer interessierte. »Da von Tiger nichts kam, suchten die Medien sich ihre Quellen anderswo. Und nachdem, was ich heute in der Zeitung gelesen habe, gibt es eine ganze Reihe Leute, die dazu etwas beitragen möchten«, erklärte Fink.*

Troy Corder von Critical Public Relations in Phoenix meinte, Woods' Team habe zahlreiche Fehler gemacht. Man habe in wichtigen Dingen gelogen, sich wie im Bunker verschanzt und sei nicht bereit gewesen, auf die Berichte der Boulevardmedien einzugehen, die teilweise der Wahrheit entsprachen.[13]

Eine ehrliche und schnelle öffentliche Entschuldigung hätte Woods' Sturzflug abgefedert. Bis dato war er eine unerreichbare Ikone gewesen. Hätte er seine Fehler ohne viel Drumherum eingestanden, hätte das nicht nur die Atmosphäre gereinigt. Es hätte auch gezeigt, dass Tiger Woods ein Mensch ist wie wir, der Fehler macht und auch mal danebenhaut – was wir doch alle aus eigener Erfahrung kennen. Auf diese Weise wäre er sehr viel schneller wieder zu Ruhm und Ehre gelangt.

Amy Martin, die CEO von Digital Royalty, bemerkte damals:

Tiger sollte sich als Marke etwas menschlicher darstellen, vor allem in sozialen Medien wie Twitter. Auch das ein oder andere Echtzeitvideo wäre nicht verkehrt. Sein Facebook-Auftritt wirkt so blank poliert, als würde er Werbung machen. Die Fans aber wollen gerne mal einen Blick hinter die Kulissen werfen ... Hätte er den Leuten erlaubt, den Menschen hinter dem Superstar zu sehen, dann wären die Erwartungen an ihn dezidiert anders ausgefallen.[14]

Unglücklicherweise war das nicht der Weg, den Tigers Team im Nachhall der schwierigen Ereignisse einschlug, die seine Karriere ein für alle Mal veränderten. Und der Staub sollte sich noch lange nicht legen. Das kommt dabei heraus, wenn man im digitalen Zeitalter das hier vorgestellte Prinzip missachtet. Negative Nachrichten verbreiten sich schneller als je zuvor. Wenn Sie einen Fehler gemacht haben, ist es besser, die Berichterstattung unter Kontrolle zu halten. Und das gelingt nur, wenn Sie schnell und überzeugend klar Schiff machen.

Ein Grund, warum wir unsere Fehler nicht gerne zugeben, ist, dass wir uns nicht klarmachen, welche Botschaft hinter einer Entschuldigung steht. Und diese Vergesslichkeit kommt uns heutzutage teuer zu stehen.

Gestehen wir unsere Fehler schnell und unumwunden ein, dann ist das sozusagen wie eine Pressemitteilung, mit der wir den Menschen, bei denen wir uns entschuldigen, sagen, dass sie uns wichtig sind, dass es uns leidtut und wir unseren Fehler wiedergutmachen wollen. Menschen halten selten an ihrem Ärger oder ihrer Enttäuschung fest, wenn sie sehen, dass wir die Situation und uns selbst richtig wahrnehmen. Auch wir vergeben anderen eher, wenn sie ihre Fehler zugeben.

Vergleichen Sie nur einmal das Leben der beiden Baseballspieler Jason Giambi und Mark McGwire. Giambi, ein bekannter Schlagmann, gab sofort und unter Tränen zu, dass er gedopt hatte, als man ihm auf die Schliche gekommen war. McGwire brauchte dafür fünf Jahre. Giambi hatte sein altes Leben bald zurück. Die Öffentlichkeit war gnädig und verzieh ihm. McGwire mochte seine Gründe haben, warum er seine Erklärung so lange hinauszögerte, aber den Baseballfans bleibt er für immer als Steroid-Betrüger im Gedächtnis. Fünf Jahre, nachdem seine außergewöhnliche Karriere ein Ende fand, hat man ihn immer noch nicht in die Hall of Fame aufgenommen, was vor dem Skandal als Selbstverständlichkeit galt.

Wenn wir hochmütig glauben, über unseren Fehlern zu stehen, geben wir ebenfalls eine Presseerklärung heraus. Dort steht aber zu lesen: »Ich will mein altes Leben zurück.« Natürlich hätten wir alle gerne das Leben zurück, das wir hatten, bevor wir etwas falsch gemacht haben. Aber wir sollten uns klarmachen, dass die Person, der wir diese veränderten Umstände verdanken, wir selbst sind. Es ist nicht die Aufgabe anderer Menschen, uns zurückzugeben, was wir selbst uns genommen haben. Nur wir können unser Leben zurückerobern. Und das fängt unweigerlich damit an, dass wir unsere Fehler ohne Wenn und Aber eingestehen.

Meist vergessen wir auch, dass eine gewisse Befriedigung darin liegt, wenn wir den Mut finden, unsere Fehler zuzugeben. Das ist wie ein reinigendes Gewitter. Wir sind unsere Schuldgefühle los, und manchmal lässt sich das Problem, das unser Fehler verursacht hat, dann viel leichter aus der Welt schaffen.

Ronald Reagan war als »großer Kommunikator« bekannt. Er konnte mit einer einzigen witzigen Bemerkung seine Schwäche zur Stärke machen, sehr zur Freude seiner Fans und zur Bestürzung seiner Kritiker.

Eine seiner erprobten Methoden? Er entschuldigte sich vorbehaltlos. Während einer besonders schwierigen Phase seiner Präsidentschaft machte er sich über seine Regierung lustig: »Offensichtlich weiß unsere rechte Hand nicht, was die linke tut.«[15]

Reagan wusste, dass es leichter ist, sich selbst zu rügen, als von anderen gerügt zu werden. Wenn wir ohnehin schon wissen, dass uns Kritik erwartet, ist es dann nicht besser, den anderen zuvorzukommen?

Wenn wir unsere Fehler erkennen und zugeben, dann reagiert unsere Umgebung darauf meist großzügig mit Nachsicht. Und der Fehler schrumpft in ihren Augen ganz schnell zusammen. Nur wenn wir keine Verantwortung übernehmen oder unsere Fehler nicht einsehen wollen, dann macht das unser Umfeld nur noch wütender und unsere ursprüngliche Fehleinschätzung wird von der Mücke zum Elefanten.

Heute haben wir ja sogar die Möglichkeit, uns in aller Öffentlichkeit zu entschuldigen. Wir können alle Menschen wissen lassen, dass wir einen Fehler gemacht haben und uns das leidtut. Auf diese Weise ersticken wir negative Meinungen im Keim. Und wir gewinnen die Achtung der anderen, weil es mutig ist, seine Fehler öffentlich einzugestehen.

Das gilt auch fürs Privatleben, etwa in der Familie. Wie schwer fällt es dem Mann oder der Frau, vor dem jeweils anderen einen Fehler zuzugeben? Das fühlt sich an wie ein Dolchstoß. Aber ganz egal, was man falsch gemacht hat, es ist von entscheidender Bedeutung, das Brot der Demut zu essen und sich auf die Macht der Vergebung zu verlassen.

Anne war eine erfolgreiche Finanzberaterin und hatte drei Kinder. Sie hatte ihren Abschluss an einer Eliteuniversität mit Auszeichnung abgelegt und nie bei etwas versagt. Sie heiratete den Mann ihrer Träume. Dann hing sie während einer Konferenz eines Abends mit ein paar Kollegen in einer Bar ab. Ein Drink führte zum nächsten, und die Gruppe wurde immer kleiner, bis nur noch sie und ein männlicher Kollege übrig waren. Sie beschlossen, die Bar zu verlassen. Im Aufzug fingen sie an, sich zu küssen. Ein paar Treppen später standen sie vor Annes Zimmertür. Sie öffnete sie. Wieder küssten sich die beiden. Dann hielten sie inne. Er und sie. Jeder der beiden war verheiratet. Jeder liebte seinen Partner. Sie küssten sich wieder. Und damit endete es. Er ging, und die Tür schloss sich hinter ihm. Anne ging allein zu Bett ... und wachte auf in einem Albtraum, in dem sie den Mann ihrer Träume betrogen hatte.

Zwei Tage später fuhr sie nach Hause. Sechs Jahre lang sagte sie kein Wort. Es war ein Fehler gewesen. Ein Fehltritt mit einem einzigen Zeugen, der ebenfalls schweigen würde. Die Jahre vergingen, Anne vergaß die Geschichte und legte sie in einem emotionalen Panzerschrank ab. Sie wusste: Käme dieses Geheimnis ans Tageslicht, wäre ihr Leben, das der Frau, die alles im Griff hatte und keine Fehler machte, ein für alle Mal passé.

Eines Abends aber, im Urlaub, beichtete sie ihrem Mann alles. Er sah sie an und weinte. Von all den Reaktionen, die sie sich ausgemalt hatte, war dies die letzte, mit der sie gerechnet hätte. In den nächsten Wochen redeten sie viel miteinander, mit ihren Freunden, auch mit dem Pfarrer. Ihr Mann trauerte, und mit jeder Minute seiner Trauer brach auch ihr mehr und mehr das Herz. Und das war nicht das Einzige, was zerbrach – auch die Maske der Vollkommenheit fiel von ihr ab. Als ihre Freunde von ihrem Fehler erfuhren, erlebte sie etwas, was sie nie für möglich gehalten hätte – Gnade und Vergebung.

Sie entdeckte, dass die Wahrheit tatsächlich frei macht. Annes Fehler blieb nicht folgenlos. Aber indem sie ihn eingestand und um Vergebung bat, ließ sie eine andere Sicht auf ihr Leben zu, in der sie auch unvollkommen sein durfte. Hätte sie sich diesen Raum nur sechs Jahre früher gegeben.

Die gleiche Erkenntnis erwartet auch uns, wenn wir mutig genug sind, sie zu erobern. Jeder Dummkopf kann einen Fehler rechtfertigen – und die meisten Dummköpfe tun genau das –, aber Fehler einzugestehen, hebt Sie von der Masse ab und fühlt sich am Ende beinahe berauschend an.

Ende 2010 beriet die Sportwelt darüber, wen *Sports Illustrated* dieses Mal wohl zum »Sportler des Jahres« küren würde. Die Ehre wurde dem Quarterback der New Orleans Saints zuteil, der seine einst chancenlosen Saints zu ihrem ersten Superbowl-Sieg geführt hatte. Es war dies eine gute Wahl.

Chris Harry von AOLnews.com fand, dass zwei andere Sportler die Auszeichnung ebenso verdient gehabt hätten. »Was sportliche Fairness angeht, geht für mich nichts über die Nacht des 3. Juni«, schrieb er. Harry erzählte die mittlerweile berühmt gewordene Geschichte vom geplatzten Perfect Game und folgert:

> *Etwa 16 Stunden später spielten die Tigers und Indians wieder, aber der eigentlich aufregende Moment des Spiels trug sich vorher zu. Galarraga ging zur Home Plate und übergab die Line-up-Card. Joyce wartete auf ihn. Die beiden schüttelten sich die Hand und umarmten sich, und das war einer der bewegendsten Momente der Fairness, die der Sport je gesehen hatte. Dieser Moment war es wert, wieder und wieder durchlebt zu werden. Er lehrte uns etwas über Klasse und Würde in einem Augenblick, der sehr leicht – vor allem heutzutage – eine ganz andere Reaktion hervorrufen hätte können.*[16]

Diese wunderbaren Worte: *Lo siento.* Es tut mir leid.

Kapitel 4

Starten Sie mit Freundlichkeit

»Erfolgreiche Führungskräfte ... sind immer Initiatoren«, schrieb John C. Maxwell in seinem bahnbrechenden Buch *The 21 Irrefutable Laws of Leadership.*[17] Und er erinnert sich an eine Situation, in der es nicht nur empfehlenswert, sondern unabdingbar war, mit Freundlichkeit zu beginnen. Als junger Mann übernahm er in Lancaster (Ohio)die Führungsrolle in einer religiösen Gemeinschaft, die eine schwierige Zeit durchlebte. Der Laienführer der Mitglieder war ein großer, einschüchternder Typ namens Jim Butz. Er hatte in dieser Kirche das Sagen. Wie Maxwell erfuhr, war Jim ein Querkopf, dessen Aktionen die Kirche schon mehr als einmal in Schwierigkeiten gebracht hatten.

Als Erstes vereinbarte Maxwell ein Treffen mit Jim in seinem Büro. Das hätte eine recht merkwürdige Begegnung werden können: Ein 25-jähriger Grünschnabel bestellt den 65-jährigen Patriarchen ein. Doch Maxwell zerstreute diesen Anschein auf der Stelle. Sobald Jim sich gesetzt hatte, schilderte Maxwell ihm, wie die Dinge aktuell lagen. Jim war der Influencer in dieser Kirche, und Maxwell wollte mit ihm, nicht gegen ihn arbeiten. Und so schlug er vor, dass die beiden sich einmal die Woche zum Mittagessen treffen sollten, um die anstehenden Entscheidungen zu besprechen. »Während ich diese Glaubensgemeinschaft führe«, so Maxwell, »werde ich nie eine Entscheidung bekanntgeben, ohne diese vorher mit Ihnen zu besprechen. Es liegt mir sehr daran, mit Ihnen zusammenzuarbeiten ...

Gemeinsam können wir viel erreichen, aber natürlich müssen Sie entscheiden, ob Sie das wollen.« Maxwell fährt fort: »Als ich geendet hatte, sagte Jim kein Wort. Er stand auf, ging in den Flur, nahm einen Schluck vom Wasserspender. Ich folgte ihm und wartete. Nach einer langen Zeit drehte er sich zu mir um ... Ich sah, dass ihm Tränen über die Wangen liefen. Und dann umarmte er mich wie ein Bär und sagte: ›Sie können auf mich zählen. Ich bin auf Ihrer Seite.‹«[18]

Freundlichkeit ruft Freundlichkeit hervor. Begegnen wir einem anderen mit Freundlichkeit, so können wir uns zudem leichter in diesen Menschen hineinversetzen und seinen Standpunkt verstehen. Schlägt uns jedoch Geschäftigkeit, Grobheit oder mangelndes Interesse an Höflichkeit entgegen, spiegeln wir das gewöhnlich zurück. Das ist ein kaum zu überwindendes Hindernis, ob Sie diese Person nun gerade erst kennengelernt oder mit ihr schon seit Jahren zu tun haben.

Gehen Sie aber umgänglich und nett auf jemanden zu, dann überträgt sich dies auf das ganze Gespräch, selbst wenn Ihr Gegenüber Sie mit einer Beschwerde oder Kritik konfrontiert. Eine freundliche Begrüßung sagt: »Sie sind mir meine Zeit wert. Sie sind wichtig für mich.« Diese subtile Botschaft entfaltet meist einen beträchtlichen Einfluss – mehr als den meisten Menschen bewusst wird.

In seinem Buch *The Seven Arts of Change* schildert David Shaner ein Erlebnis, das ihm ein für alle Mal klarmachte, wie wichtig es ist, eine Interaktion freundlich zu beginnen.[19] Ein alter Freund hatte ihn gebeten, an der Aspen-Snowmass Academy of Martial Arts Ki-Aikido zu unterrichten. Die Akademie liegt im Pitkin County im Bundesstaat Colorado, der 1970 berühmt wurde, als der amerikanische Journalist Hunter S. Thompson dort für den Posten des Sheriffs kandidierte. Sein Programm war die »Freak Power«: Entkriminalisierung aller Drogen für den persönlichen Gebrauch, die Verwandlung von Asphaltstraßen in grüne Wiesen, Abriss aller Gebäude, die den Blick auf die Berge verstellten, und die Umbenennung von Aspen in »Fat City«, um Investoren abzuschrecken. Thompson verlor die Wahl in jenem Jahr ganz knapp, aber er bereitete den Boden für einen ebenso unkonventionellen Typ, der dann Sheriff wurde. Sein Name war Dick Kienast und auf seinen Wahlplakaten zitierte er die Philosophin

Sissela Bok: »Vertrauen ist ein soziales Gut, das ebenso schützenswert ist wie die Luft, die wir atmen, oder das Wasser, das wir trinken.«[20]

Kienast glaubte, dass Höflichkeit und Mitgefühl bei der Durchsetzung des Rechts eine gewichtige Rolle spielen sollten, ob es nun um Gewalttäter ging oder um frustrierte Parksünder. »Das war eine enorme Veränderung«, schreibt Shaner. »Und eine, die viele für unsinnig und unnötig hielten ... Nichtsdestotrotz machte er siegessicher weiter.« Unter Shaners ersten Ki-Aikido-Schülern waren Sheriff Kienast und seine Mitarbeiter. Einer der Hilfssheriffs war Bob Braudis, der später Sheriff in Pitkin County werden sollte. Vorher jedoch sicherte er sich den Wahlsieg mit einem überzeugenden Auftritt, der stets von Freundlichkeit begleitet war.

Braudis war ein Hüne. Er passte perfekt zum Bild des muskelbepackten, durchsetzungsstarken Polizisten. Seine physische Präsenz aber stand im schärfsten Kontrast zu seinem Umgang mit Menschen. Er wurde niemals laut, nicht einmal in kritischen Situationen. Das zeigt vor allem ein Vorfall.

Als Deputy Braudis zuständig war für die Disposition der Einsatzfahrzeuge, kam eine Meldung herein, ein bewaffneter Mann habe Besitzer und Gäste des Restaurants »Woody Creek Tavern« als Geiseln genommen. Braudis war der Erste am Einsatzort und machte sich ein Bild von der Lage. Der Bewaffnete hatte Streit mit seiner Ehefrau, die ihm den Zugang zur gemeinsamen Tochter verweigerte. Jetzt hatte er sie in diesem Restaurant gesehen, was in seinem Gehirn offensichtlich eine Sicherung durchbrennen ließ. Er zog seine Waffe und zwang damit alle Anwesenden, sich seinen Anweisungen zu beugen.

Deputy Braudis entschloss sich zu einer ungewöhnlichen Taktik. Er ging unbewaffnet auf eines der Fenster zu. Da der Bewaffnete spürte, dass Braudis es gut mit ihm meinte, ließ er ihn ins Restaurant. Dort redete Braudis ganz ruhig mit ihm und bat ihn, über die Folgen seines Tuns nachzudenken. Denn wenn er weitermachte, würde er seine Tochter sicher nie wiedersehen.

»Bobs gelassene Ausstrahlung, dass er das Gespräch vernünftig auf die eigentlichen Probleme lenkte und Verständnis für die Wut des Mannes zeigte, beruhigten diesen schließlich«, schreibt Shaner. »Und je länger der Mann sich mit Bob unterhielt, desto klarer wurde ihm, dass er eigentlich auf sich selbst wütend war. Am Ende legte er die Waffe nieder und seine ganze Haltung änderte sich … Bob erklärte ihm, welchen Vorteil es hätte, wenn er Handschellen trüge. Dann wären die Polizisten vor dem Restaurant beruhigt und weder er noch der Verhaftete liefen Gefahr, erschossen zu werden. Der Mann stimmte ihm zu, und der Konflikt wurde friedlich beigelegt.«[21]

Denken Sie an diese Geschichte, wenn Sie sich nächstes Mal an den Schreibtisch setzen, um jemandem, der Sie verärgert hat, eine E-Mail zu schreiben. Beginnen Sie mit höflichen, freundlichen Worten oder lassen Sie Ihrem Unmut freien Lauf, sodass sich ein Konflikt ergibt? Nehmen Sie sich ein paar Minuten Zeit, um herauszufinden, wie der Adressat lebt und arbeitet. Vielleicht entdecken Sie gemeinsame Interessen und Sie können Ihrem Gesprächspartner etwas über sich selbst erzählen? Wenn Sie sich für einen freundlichen Tonfall entscheiden, erreichen Sie eher, was Sie wollen, vor allem, wenn Sie mit Ihrem Gegenüber ein Hühnchen zu rupfen haben.

»Ich mag diesen Mann nicht«, meinte Abraham Lincoln einmal. »Ich muss ihn besser kennenlernen.«[22]

Wenn Sie eine auf Sympathie basierende Beziehung für wichtig halten, um ein bestimmtes Ergebnis zu erzielen, dann werden SMS, Chats oder andere Kurzformen der Kommunikation Sie nicht weiterbringen. Der begrenzte Raum, die fehlenden nonverbalen Signale wie Tonfall etc. machen es sehr schwierig, die Art von Kommunikation einzuleiten, die es ermöglicht, sich als umgänglicher Mensch zu erweisen. Wenn kein Gespräch von Angesicht zu Angesicht möglich ist, sollten Sie zumindest ein Medium nutzen, das Ihnen genug Zeit und Raum gibt, um jene Freundlichkeit auszustrahlen, die zu Carnegies Zeiten der Goldstandard zwischenmenschlicher Beziehungen war. Es erfordert Kreativität und ein wenig mehr Zeit, um die Wirkung eines warmen Lächelns und eines festen Händedrucks auf einem anderen Weg rüberzubringen, aber möglich ist es.

»Die sozialen Medien verlangen von Managern, zu denken wie ein Ladenbesitzer in einem kleinen Ort«, schreibt der Unternehmer Gary Vaynerchuk, Autor von *Die Thank-you-Economy*.

> *Das bedeutet, sich auf langfristigen Erfolg auszurichten, statt den Fortschritt an kurzfristigen Benchmarks zu messen ... Kurz gesagt: Manager müssen sich die Ethik und das Geschick unserer Urgroßeltern zurückerobern, mit dem diese ganz selbstverständlich ihre Geschäfte geführt haben ... Nur jene Unternehmen, die fähig sind, sich auf diese altmodische Weise zu verhalten – und das authentisch –, werden im Wettbewerb eine Chance haben.*[23]

Es gab mal Zeiten, da zogen sich die Leute schön an, wenn sie zur Arbeit gingen, und grüßten auf dem Weg dorthin jeden, dem sie begegneten. Eine Zeit, in der eine Besprechung Menschen real um einen Tisch versammelte. Unsere geschäftlichen Kontakte umspannen heute den ganzen Globus. Daher sind Begegnungen im wirklichen Leben kaum noch möglich. Aber es ist immer noch wichtig, die Menschen so zu behandeln, wie Sie das tun würden, wenn sie Ihnen leibhaftig gegenübersäßen. Vaynerchuk erklärt, wie er sein Wein-Imperium führt: »Wir reden mit jedem einzelnen Kunden, als würden wir mit ihm bei seiner Mutter zu Abend essen.«[24] Das ist die richtige Sichtweise, denn so wird die Verantwortung für das Gelingen der Beziehung auf jene Schultern gepackt, auf die sie auch gehört – auf die des Senders der Botschaft.

Viele Menschen machen heutzutage den Fehler, dass sie diese Verantwortung beim Empfänger verorten. Wir betrachten die Reaktionen unserer Gesprächspartner als einzigen Maßstab dafür, ob wir den richtigen Ansatz gewählt, die richtige Botschaft vermittelt haben. Das ist jedoch in zweifacher Hinsicht gefährlich.

Erstens kann das dazu führen, dass wir die Rolle unserer Motivation für eine echte Beziehung unterschätzen. Wenn eine starke Reaktion alles ist, worauf wir aus sind, dann werden wir zum Entertainer, zum Produkt-Zuhälter, der nur an das nächste Gimmick denkt, mit dem er die Aufmerksamkeit des Kunden fesseln kann. Aber Provokation hat für echte Bindungen null Wert.

Zweitens können die Reaktionen der anderen uns täuschen, gerade am Anfang. Ein Tweet mag viele Re-Tweets nach sich ziehen, aber das heißt nicht, dass die Nutzer, die Ihren Tweet weiterleiten, zu Fans oder Freunden geworden sind. Möglicherweise denken sie, andere würden von Ihrer Botschaft oder Ihrem Produkt mehr profitieren. Oder noch schlimmer: Vielleicht leiten sie den Tweet weiter zur gemeinsamen Belustigung über Ihr fehlendes Wissen, Ihre Unehrlichkeit oder Ihren mangelnden Takt. Eine Online-Marketingkampagne kann kurzfristig zu deutlich mehr Traffic auf Ihrer Website führen, eine Printkampagne mag von Journalisten interessiert aufgenommen werden, aber eine Kundenbindung hat in beiden Fällen nicht stattgefunden.

Zwischen Interesse und Kundenbindung besteht ein großer Unterschied. Interesse lässt sich auf alle möglichen Arten wecken, die nicht besonders faszinierend sein müssen. Meist beginnt und endet es auf einer relativ oberflächlichen Ebene, denn dabei werden nur Emotionen wie Neugier, Überraschung oder Ablehnung angesprochen.

Eine Kundenbindung aber geht tiefer. Sie entsteht, wenn die grundlegenden Werte Ihres Gegenübers angesprochen werden. Dazu gehört beispielsweise, dass man einer Beziehung für würdig erachtet wird. Wenn Sie andere Menschen freundlich ansprechen, signalisieren Sie ihnen, dass Sie sie Ihrer Freundschaft für würdig halten, dass Sie sie gerne zum Freund haben würden. Aus diesem Grund heißt es: »Wer Höflichkeit sät, wird Freundschaft ernten.«[25]

Wenn Sie möchten, dass Ihre Stimme das weiße Rauschen der Werbung durchdringt und Ihren Gesprächspartner dazu bewegt, auf Sie zuzugehen, sollten Sie eine möglichst freundliche Ansprache wählen. Der erste Eindruck, den diese hinterlässt, wird sich stärker einprägen als jedes noch so laute oder provokante Signal, das Sie aussenden können.

Vor vielen Jahren, als Dale Carnegie noch ein kleiner Junge war, der barfuß durch den Wald zu seiner Dorfschule im Nordwesten Missouris pilgerte, las er eine Fabel über die Sonne und den Wind. Sie zeigt heute noch sehr schön, wie wichtig es ist, das Vertrauen anderer Menschen zu gewinnen.

Die Sonne und der Wind stritten, wer von beiden stärker sei. Der Wind meinte: »Ich werde dir beweisen, dass ich das bin. Siehst du den alten Mann da unten, mit seinem Mantel? Ich bringe ihn sicher schneller dazu, ihn auszuziehen, als du das kannst.«

Also zog die Sonne sich hinter eine Wolke zurück, und der Wind blies und blies, bis er fast Hurrikanstärke erreichte. Aber je mehr er blies, umso enger zog der alte Mann seinen Mantel um sich.

Schließlich hörte der Wind auf zu blasen und gab auf. Die Sonne kam heraus und lächelte dem alten Mann zu. Auf der Stelle wischte er sich den Schweiß von der Stirn und zog den Mantel aus. Und die Sonne ermahnte den Wind, dass Freundlichkeit und Sanftmut eher belohnt würden als zornige Kraftentfaltung.

In einer Zeit, in der vor allem jener belohnt zu werden scheint, der den größten Wirbel veranstaltet, ist dies eine wichtige Lektion. Doch auf Dauer gesehen bringt marktschreierisches Gebaren Ihnen nichts ein, denn eine langfristige Bindung muss auf gegenseitigem Nutzen und Vertrauen beruhen. Legen Sie dafür nicht von Anfang ein Fundament, wird es schwierig, dies später nachzuholen. Wenn Sie sich damit zu lange Zeit lassen oder ständig versuchen, durch irgendwelche Faxen Aufmerksamkeit auf sich zu ziehen, müssen Sie Ihr Gegenüber am Ende zu einer Beziehung förmlich überreden. Genau das wollen Sie aber nicht: um eine Beziehung betteln.

»Ihr Engagement muss von Herzen kommen«, schreibt Vaynerchuk, »sonst funktioniert es nicht … Eine seelenlose, berechnende Taktik riechen die Leute tausend Meilen gegen den Wind. Das ist einer der wichtigsten Gründe, warum Firmen, die sich in die sozialen Medien wagten, so häufig mit Pauken und Trompeten gescheitert sind.«[26]

Wenn Sie Freunde gewinnen wollen, müssen Sie freundlich sein.

Kapitel 5

Gehen Sie Wahlverwandtschaften ein

Liken. Freunde werden. Folgen. Teilen.

Im digitalen Zeitalter besteht eine Wahlverwandtschaft häufig schon, bevor wir einander auch nur Hallo gesagt haben. Zu Carnegies Zeit gingen Freundschaft und Gemeinsamkeiten Hand in Hand. Man traf sich. Man unterhielt sich. Man fand Gemeinsamkeiten und entwickelte füreinander Sympathie, die häufig zu einer tieferen Freundschaft führte. Heute folgen einem Menschen auf Twitter oder gehören zur gleichen Facebook-Gruppe oder »liken« Ihr neuestes Video auf YouTube, bevor Sie diese Menschen wirklich kennenlernen. Und tatsächlich entspinnen sich immer mehr Wahlverwandtschaften, bevor man dem anderen im realen Leben begegnet.

Mithilfe von Buttons und Symbolen kommunizieren wir, was uns gefällt oder nicht. Wir stellen also ein Einvernehmen her, das einzig auf gemeinsamen Vorlieben beruht. Wir sind uns einig oder uneinig. Und meist lassen wir uns speziell von den Menschen beeinflussen, mit denen wir die meisten Gemeinsamkeiten haben. Das kann ein echter Anreiz für dauerhafte Beziehungen sein, in denen Einfluss entsteht.

Wir reden hier aber nicht vom universellen Gesetz der Anziehung. Sie können sich zwar bildhaft vorstellen, viele Freunde zu haben, auf die Sie Einfluss ausüben, aber es wird sich an Ihrem Leben nicht wirklich etwas ändern, wenn Sie sich nicht ehrlich darum bemühen, solche

Beziehungen tatsächlich aufzubauen. Hier geht es vielmehr um das, was der Autor John C. Maxwell das »Gesetz des Magnetismus« nennt.

»Effektive Führungskräfte halten ständig Ausschau nach guten Mitarbeitern«, schreibt er.

> *Überlegen Sie mal: Wissen Sie, wen Sie zurzeit genau suchen? Wie sieht Ihre Vorstellung von einem perfekten Mitarbeiter aus? Welche Eigenschaften kennzeichnen ihn? Hätten Sie ihn gerne unternehmerisch und dynamisch? Suchen Sie nach Führungskräften? Spielt das Alter eine Rolle – ob ein flotter Zwanziger oder ein versierter Fünfziger? [...] Was wird nun der entscheidende Faktor sein, ob Sie Ihre Wunschvorstellung erfüllt bekommen – also ob die neuen Mitarbeiter auch die gesuchten Eigenschaften mitbringen? Die Antwort mag Sie überraschen. Denn Sie werden nicht unbedingt das bekommen, was Sie sich wünschen. Was Sie bekommen, wird durch Ihre Persönlichkeit bestimmt.*[27]

Gleich und gleich gesellt sich gern – sowohl was den Charakter als auch was gemeinsame Interessen angeht. Heute können wir das schon prüfen, bevor wir tatsächlich jemanden treffen. Wir können den Grad unserer Wahlverwandtschaft einschätzen, noch bevor wir mit jemandem in Kontakt treten. Und damit wird das Liking im digitalen Zeitalter zur Pforte zu mehr Einfluss. Wenn jemand der gleichen Facebook-Gruppe beitritt wie Sie, Ihren Blog liest oder Kommentare auf Ihrer Website hinterlässt, sagt diese Person Ja zu Ihnen. Und das ist eine ziemlich gute Ausgangsposition, wenn Sie auf diesen Menschen Einfluss ausüben wollen.

Sagt jemand hingegen Nein und meint auch Nein, dann wird bei dem Betreffenden eine physiologische Kettenreaktion in Gang gesetzt, die seinen Rückzug vorbereitet. Mit einem ernst gemeinten Ja hingegen ist der andere offen und wird akzeptieren, was von Ihnen kommt. Je mehr »Jas« Sie also anfangs sammeln, auch wenn diese keinen Bezug zu Ihrem eigentlichen Anliegen haben, desto wahrscheinlicher ist es, dass bei diesen Menschen die Bereitschaft entsteht, später ebenfalls Ja zu sagen. Jedenfalls kommen Sie sehr viel leichter zu einem Ja, wenn Sie mit einem Ja beginnen. Dafür haben wir immerhin sehr gute Voraussetzungen: Wir können den Dialog in einem positiv besetzten Vorfeld beginnen. Mit den unzähligen Möglichkeiten, die wir heute haben, um Menschen zu kontaktieren, die sich dafür interessieren, wer wir sind und was wir zu sagen haben, gibt es eigentlich keine Entschuldigung, wenn wir eine Beziehung oder ein Gespräch in dissonantem Ton beginnen.

Außerdem haben Organisationen heute die Möglichkeit, ihre Nutzer zu einem Ja zu bewegen, indem sie einfach nur auf die Community setzen. Microsoft hatte das begriffen, als man das Betriebssystem Windows 7 vorstellte. Der Computerriese hatte mit Windows Vista einen gewaltigen Flop hingelegt. Die Community machte sich über das schlecht programmierte Tool nur lustig. Aber Microsoft war bereit, aus seinen Fehlern zu lernen. Beim nächsten Mal holte es die Nutzer von Anfang an mit ins Boot und brachte sie dazu, Ja zum neuen Produkt zu sagen. Dazu mussten erst einmal die nötigen Fans gefunden werden, die Influencer in der Community der PC-Nutzer.

In *Empowered* schildern die Autoren Josh Bernoff und Ted Schadler, wie Microsoft zurück in den Ring stieg. Um die coolen Mac-Werbefilme zu kontern, in denen der PC als ineffizientes Gerät von gestern, geeignet nur für eine Handvoll Freaks, hingestellt wurde, lancierte man Videos unter dem Stichwort »Ich bin ein PC«, die von den Nutzern selbst produziert und auf YouTube präsentiert wurden. Microsoft gab ihnen nur einen professionellen technischen Schliff und kreierte damit ein auf ein Kunden-Ja ausgerichtetes Umfeld schon vor der Präsentation des neuen Betriebssystems. Dann erhielten ausgewählte Anwender eine Beta-Version von Windows 7, die sodann in Blogs, auf Twitter und Facebook, in Onlineforen und anderen sozialen Netzwerken besprochen wurde. Daraus wiederum entstand ein koordinierter Feed über die Inhalte der Postings, der dann auf der Website und dem Facebook-Account des Unternehmens publiziert wurde. Das Werbematerial zeigte Nutzer und unterstrich, dass das neue Produkt auf Basis der Nutzerideen entwickelt wurde. Der Werbeslogan lautete: »Ich bin ein PC, und Windows 7 war meine Idee.«

Die Idee, die Microsoft endgültig zurück auf die Siegerstraße brachte, war jedoch, dass die Fans am Programm-Launch beteiligt wurden. Damit gab das Unternehmen seinen Fans Gelegenheit, sich bedeutend zu fühlen:

Fans von Windows 7 konnten sich dafür anmelden, bei sich zu Hause eine Party zu veranstalten, um mit den neuen Features anzugeben: Microsoft würde Material dafür liefern ... Die Nachricht, dass es die Chance auf eine Party gab, verbreitete sich in den sozialen Medien wie ein Lauffeuer – schon nach kurzer Zeit hatten sich Zehntausende von Menschen aus 14 Ländern angemeldet. Nach Schätzung von Microsoft erreichten die Partys insgesamt rund 800 000 Personen.[28]

Nach dem Flop mit Windows Vista hätten die Nutzer auch zu Windows 7 Nein sagen können, aber Microsoft entlockte ihnen ein klares Ja.

Wenn wir mit einem Ja einsteigen, schaffen wir schon an der Basis Nähe. Um diese jedoch in Einfluss umzumünzen, muss beides auf Einfühlungsvermögen gründen. Wir müssen unseren Kontakt immer aus der Perspektive unseres Gegenübers betrachten können, wenn wir wissen wollen, wie viel diese Nähe wirklich wert ist. Statt die Möglichkeiten zu nutzen, die uns die sozialen Medien bieten, um von Anfang an ein Ja zu kreieren und unser Engagement dann auch aufrechtzuerhalten, ignorieren wir meist, was unsere Kunden wollen, und bombardieren sie stattdessen mit unseren Vorstellungen. Dann sagen sie nicht »Ja, ja, ja«, sondern schreien uns entgegen: »Hilfe, aufhören!« Der Social-Media-Guru Chris Brogan spricht hier vom »Blizzard of Business«, vom »geschäftlichen Schneesturm« im Gegensatz zum weich fallenden Schnee der Kommunikation.

Gespräche und Beziehungen beruhen auf mehreren sogenannten Touchpoints. Im traditionellen Marketing nutzt man jede dieser Schnittstellen dazu, um etwas über unser Gegenüber herauszufinden oder es zu etwas aufzufordern. Die sozialen Netzwerke aber funktionieren nicht so ... Sie sind da, damit Sie Menschen erreichen, die sich für eine Beziehung mit Ihnen bereits entschieden haben ... Das ist der weiche Schnee. Die einzelnen Flocken sagen nicht viel, aber das Ganze kann vielfältige Veränderungen bewirken.[29]

Wenn Sie mit einem Ja einsteigen und dabei auch bleiben wollen, müssen Sie Ihre Kommunikation so gestalten, dass sie Ihren Followern gibt, was diese haben wollen. Nur so können Sie das nötige Vertrauen aufbauen, das andere offen macht für Ihre Informationen, ob nun zu einem Produkt, einer Dienstleistung oder einem gemeinsamen Anliegen.

Natürlich gilt dieses Prinzip auch in der wirklichen Welt. Ein Zeitungsverlag schickte jedem Kunden, der sich beschwerte, dass seine Zeitung vom Regen durchweicht bei ihm ankam, eine neue. Mit der Zeit aber wurde das unmöglich, weil die Benzinpreise stiegen und immer weniger Menschen ein Abonnement abschlossen. Also schickte man einen Brief an die Kunden, den man für sehr freundlich hielt. Er begann so:

> *Werter Kunde,*
>
> *wir werden künftig keine Ersatzzeitung mehr schicken, wenn das zugestellte Exemplar durch die Witterung Schaden genommen hat.*

Dann erklärte man, warum dies nötig war. Am Ende des Briefes stand dann zu lesen:

> *Wenn Sie also eine beschädigte Zeitung erhalten haben, teilen Sie uns dies bitte mit, damit wir Ihnen den Kaufpreis bei der nächsten Rechnung gutschreiben können.*

Die erste Reaktion, die ein Kunde beim Lesen dieses Briefes hat, ist vermutlich Ärger. Und bis der Leser beim letzten Satz angekommen ist, in dem die – eindeutig bessere – Alternative präsentiert wird, hat sich der Ärger bereits aufgeschaukelt.

Was wäre gewesen, wenn das Unternehmen den Brief wie folgt abgefasst hätte:

> *Werter Kunde,*
>
> *wir wissen, wie ärgerlich es ist, wenn Ihre Zeitung vom Regen durchnässt bei Ihnen ankommt. (Ja, das ist es!) Sie bezahlen für ein Produkt und eine Dienstleistung und erwarten in beiden Punkten Qualität. (Ja,*

genau!) Daher werden wir Ihnen künftig für jede Zeitung, die für Sie unlesbar war, den vollen Kaufpreis ersetzen. (Echt jetzt? Wahnsinn!) Unser Unternehmen leidet – wie Sie selbst – unter den stark gestiegenen Benzinpreisen. Daher ist es uns leider nicht mehr möglich, Ihnen Ersatzexemplare für beschädigte Zeitungen zuzustellen. Rufen Sie uns einfach an und wir schreiben Ihnen den entsprechenden Betrag gut. (Aha. Okay.)

Vermutlich hätten die Abonnenten die Entscheidung des Unternehmens auf diese Weise eher akzeptiert.

Es gibt zwei Arten, um unsere Zustimmung auszudrücken, und bei allem, was wir tun, sollten wir diese beiden Möglichkeiten im Hinterkopf behalten. Die erste Form der Zustimmung ist die, die wir alle kennen. Zwei Parteien sind sich in einer bestimmten Frage einig, und wir gehen davon aus, dass die beiden irgendwann einen Dialog geführt haben, aus dem klar wurde, dass sie in bestimmten Dingen einer Meinung waren. Meist ist dies die einzige Form der Zustimmung, die wir kennen und akzeptieren.

Doch es gibt noch eine Form der Zustimmung, für die zu Carnegies Zeiten kaum die Voraussetzungen bestanden. Im digitalen Zeitalter allerdings ist sie gang und gäbe. Im Kern besteht sie darin, dass zwei Parteien die gleichen Dinge schätzen – oder, wie wir das sehen würden, einander ähnlich sind. Das entspricht zwar nicht dem, was wir gewöhnlich als »Zustimmung« sehen. Doch im digitalen Zeitalter sollten wir unser Verständnis dahingehend ändern, denn wir fühlen uns ja immer zu Menschen hingezogen, mit denen wir etwas gemeinsam haben.

Diese geistige Wahlverwandtschaft von Anfang an aufzuzeigen, ist die neue Form des Ja. Je mehr frühe »Jas« Sie auf sich versammeln können, desto wahrscheinlicher ist es, dass Sie auch ein Ja zu Ihrer Idee, Ihrer Lösung, Ihrem Projekt erhalten.

Stellen Sie daher so früh wie möglich solche Wahlverwandtschaften heraus.

Kapitel 6

Zollen Sie anderen Anerkennung

Ein junger Mann, der in Australien an einem Dale-Carnegie-Training teilnahm, erzählte folgende Geschichte, die sehr schön zeigt, was passieren kann, wenn wir dieses Prinzip nicht beherzigen.

> *Mein Geschäftspartner und ich führten eine der größten IT-Einzelhandelsketten in Brisbane. Wir hatten acht Läden, mehr als 60 Mitarbeiter und einen Umsatz von mehr als 10 Millionen Dollar pro Jahr. Obwohl mein Geschäftspartner mich sehr unterstützte und er ein ausgesprochen lockerer Typ war, bildete ich mir ein, dass der ganze Erfolg einzig mir zu verdanken sei. Es gab nur einen Weg, um das Unternehmen zu führen, und das war meiner. Wenn sich eine Auseinandersetzung auch nur andeutete, sorgte ich dafür, dass daraus ein Streit wurde, den ich um jeden Preis gewinnen wollte. Ich ging in unsere Meetings nie mit freundlicher Haltung und putzte meinen Partner häufig richtiggehend herunter. Ich achtete nie auf seine Gefühle und fragte mich sogar, warum er nicht mehr so war wie ich.*
>
> *Am Ende setzte ich mich bei allen Auseinandersetzungen durch und bekam, was ich wollte, aber ich verlor die Partnerschaft und damit auch das Unternehmen. Jetzt, wo ich von diesem Prinzip erfahren habe, blicke ich zurück und sehe, wie falsch ich mit meinem Verhalten lag. Hätte ich diese Dinge früher gewusst, würde es geschäftlich bei mir*

heute anders aussehen. Ich weiß, dass ich die Vergangenheit nicht ändern kann, aber ich erkenne wenigstens die Fehler, die ich gemacht habe, und versuche, sie nicht zu wiederholen.

Mittlerweile ist dieser junge Mann ein anderer Mensch geworden. »Jetzt frage ich meine Partner immer zuerst, welche Ziele sie verwirklichen möchten, bevor ich mir selbst welche setze«, schreibt er. »Dann frage ich mich selbst: ›Was kann ich tun, damit diese Beziehung ihnen bei der Erfüllung ihrer Ziele hilft?‹«

Natürlich will jeder Mensch Anerkennung bekommen für das, was er geleistet hat. Doch indem Sie diese Anerkennung einfordern, werden Sie keine Freunde gewinnen. Es gibt nichts, womit Sie Ihren Einfluss schneller verlieren könnten.

Was ist die schlimmste Eigenschaft einer Führungspersönlichkeit? Stellen Sie diese Frage deren Mitarbeitern, und sie werden Ihnen sagen, dass dieser Mensch die Lorbeeren für sich beansprucht, wenn alles gut läuft, bei Problemen den Schwarzen Peter aber anderen zuschiebt. Nur selten zeigt ein Verhalten deutlicher, worauf es dem Betreffenden ankommt: einzig auf sich selbst. Und es gibt nur wenig, was gute Mitarbeiter schneller in die Flucht schlägt.

Wer wünscht sich schon einen Freund, der nur an sich denkt? Wer will einen Chef, der die Leistungen anderer nicht anerkennt? Die Antwort auf diese Fragen ist recht einfach. Genauso einfach wie auf die gegenteiligen Fragen: Wer will einen Freund, der anderen Lob und Anerkennung gönnt? Und wer wünscht sich einen Chef, der die Leistung seiner Mitarbeiter würdigt?

»Anerkennung weiterzugeben, wirkt geradezu magisch«, schreibt der Forbes-Blogger August Turak, der zu den Gründungsmitgliedern von MTV gehörte.

Das funktioniert im Geschäftsleben nicht anders als im Privatleben. Will man Lob und Anerkennung wirklich weitergeben, muss man zuerst eine Haltung der Dankbarkeit entwickeln. Ohne dieses Gefühl der Dankbarkeit ist das Weitergeben von Anerkennung nur ein weiterer manipulativer Trick, der irgendwann auf den Manipulator zurückfällt ... Dabei liegt das klar auf der Hand. Das sagt einem schon der gesunde Menschenverstand. Warum aber verweigert man Anerkennung öfter, statt sie weiterzugeben? Normalerweise hat das mit Angst zu tun.[30]

Tatsächlich sollten wir uns allerdings besser davor fürchten, zu Menschen zu werden, die ihre Erfolge nicht teilen können. Turak erzählt weiter von einer Predigt, die er einmal gehört hat. Der Vergleich, der darin gemacht wurde, illustriert dieses Prinzip sehr schön:

»Der See Genezareth ist ein lebendiges Gewässer voller Fische und voller Leben«, sagte der Priester. »Das Tote Meer hingegen ist ohne Leben. Dabei werden beide Gewässer von den lebendigen Wassern des Jordan gespeist. Wo also liegt der Unterschied? Der See Genezareth gibt all sein Wasser weiter. Das Tote Meer aber behält alles für sich selbst. Wir sind wie das Tote Meer, wenn wir alles Frische und Gute für uns behalten. Dann machen wir unser Leben zu einer brackigen Suppe salziger Tränen.«

Lassen wir anderen Lob und Anerkennung für die geleistete Arbeit oder ein erfolgreiches Projekt zukommen, kann dahinter auch falsche Bescheidenheit stecken mit dem Zweck, uns selbst mehr ins Rampenlicht zu rücken – eine spezielle Art des Märtyrersyndroms. Hier geht es nicht um die harte Währung der Aufmerksamkeit. Wenn wir Anerkennung weitergeben, tun wir das im Vertrauen darauf, dass es positiv auf uns zurückwirkt, wenn die Menschen in unserem Umfeld wissen, dass sie nicht nur eine wichtige Rolle in unseren Projekten spielen, sondern auch zu unserem persönlichen Erfolg beigetragen haben.

Dieses Prinzip sehen Sie bei jeder Verleihung von Film- und Fernsehpreisen, vor allem, wenn die Gewinner großzügige Menschen sind. Was ist die erste Geste, die man von einem Preisträger erwartet? Natürlich eine Dankesrede. In der alle Menschen genannt werden, die für den Erfolg mitverantwortlich waren. Natürlich kann man dies auch für Mache halten, aber die Menschen hinter den Namen würden das sicher anders sehen. Wenn die Kamera über ihre Gesichter schwenkt, strahlen diese für gewöhnlich – manche haben sogar Tränen in den Augen. Denn das ist ihr Anteil am Erfolg, und sie geben die Dankbarkeit zurück.

Es ist vielleicht kein Wunder, dass Greer Garson, die den Rekord für die längste Dankesrede bei einer Oscar-Verleihung hält, auch (zusammen mit Bette Davis) die Schauspielerin ist, die die meisten Oscar-Nominierungen als Best Actress in Folge aufzuweisen hat, nämlich fünf. Könnte es sein, dass ihre außergewöhnliche Dankbarkeit auch der Grund für ihren außergewöhnlichen Erfolg ist?

Es heißt ja häufig, um erfolgreich zu sein, müsse man sich mit erfolgreichen Menschen umgeben. Das ist in gewisser Weise wahr, funktioniert aber auf zweierlei Art: Man kann sich bereits erfolgreiche Freunde suchen. Oder man sorgt dafür, dass die eigenen Freunde Erfolg haben. Wie auch immer Sie sich entscheiden, eines ist sicher: Ihr Erfolg ist gleich der Menge jener Menschen, die Sie erfolgreich sehen wollen. Aber eine der beiden Möglichkeiten verschafft Ihnen hier bessere Zahlen.

Wenn Sie die Freundschaft erfolgreicher Menschen suchen, haben Sie keine Garantie, dass diese auch Ihren Erfolg wünschen. Unter Umständen empfindet man Sie nämlich als Schmarotzer, der nur seinen eigenen Vorteil sucht. Wenn Sie jedoch für Ihre Freunde nach Erfolg streben, ist garantiert, dass diese auch Ihren Erfolg wollen.

Anerkennung weiterzugeben, ist eine Lebensart. Sie kultivieren sie in Beziehungen, weil Sie für diese und für alles, was sie Ihnen geben, dankbar sind. Das heißt nicht mehr und nicht weniger, als den Erfolg der anderen an erste Stelle zu setzen – und sich auf sich selbst zu verlassen beziehungsweise darauf, dass der Erfolg irgendwann auf Sie abfärbt.

Mark Twain besaß ganz sicher eine ordentliche Portion Selbstvertrauen. Und Henry Irving konnte ihm nicht vorwerfen, kein Vertrauen in die zweite Möglichkeit gesetzt zu haben. Es gibt eine hübsche Anekdote über ein Gespräch zwischen den beiden literarischen Größen ihrer Zeit, die zeigt, worum es hier letztlich geht.

Henry Irving erzählte Mark Twain eine Geschichte. »Sie haben sie noch nicht gehört, nicht wahr?«, fragte er nach den ersten einleitenden Worten. Twain versicherte ihm, dass dies nicht der Fall war. Ein wenig später hielt Irving wieder inne und stellte die gleiche Frage. Twain antwortete wie zuvor. Als Irving fast am Höhepunkt der Geschichte angekommen war, fragte er den Amerikaner nochmals: »Sind Sie sicher, dass Sie sie noch nicht gehört haben?«

Das war für den Zuhörer zu viel des Guten und es brach aus ihm heraus:

»Ich kann ja aus reiner Höflichkeit zweimal lügen, aber das ist jetzt wirklich zu viel. Ein drittes Mal lüge ich nicht. Ich habe die Geschichte nicht nur bereits gehört, ich habe sie erfunden.«[31]

Mark Twain selbst hätte diese Ironie vermutlich eher unkommentiert gelassen. War es für ihn von Bedeutung, von wem die Geschichte stammte? Nein. Er hörte sich die Geschichte an, weil ihm das Gespräch wichtig war. Schließlich aber reichte es ihm – und wer könnte ihm dies verdenken? Die lustige Anekdote zeigt sehr schön, dass es nicht von Bedeutung ist, wer die Anerkennung für etwas bekommt, solange dies allen Beteiligten nützt.

Das hat auch etwas mit dem Prinzip der Gegenseitigkeit zu tun, mit dem wir uns ja bereits beschäftigt haben. Wir geben nicht, um etwas zurückzubekommen. Wir geben, um Beziehungen zu stärken – und wir wissen, dass wir dafür belohnt werden. Gegenseitigkeit ist ein ganz normaler Nebeneffekt einer Beziehung, in der die Menschen Freud und Leid teilen. »Geteilte Freude ist doppelte Freude, geteiltes Leid ist halbes Leid«, heißt es. In echten Beziehungen achten die Menschen darauf, was sie für ihre Freunde tun können. Wie würde unsere Welt wohl aussehen, wenn man diesen Geist in einem Unternehmen, einer Marktnische oder sogar über die ganze Wertschöpfungskette verbreiten könnte?

Zwei Dinge sind gewiss: 1) Jeder der Beteiligten hätte sehr viel mehr Freude. 2) Da es auf diesem Weg ganz natürlich zur Zusammenarbeit käme, wäre ein Erfolg wahrscheinlicher. Und heute haben wir mehr denn je zuvor die Chance, diesen Geist tatsächlich zu leben.

Langfristig erinnert sich nur der Urheber an Dinge wie: wer welche Idee hatte, wer als Erster etwas ansprach oder wer als Erster das entsprechende Risiko einging. Was den meisten Menschen dagegen im Gedächtnis bleibt, ist Großzügigkeit. Es ist ein klassischer Widerspruch: Je mehr Sie die Anerkennung für etwas, das Sie getan haben, mit anderen teilen, desto eher prägen Sie sich ins Gedächtnis der Menschen ein und desto mehr Anerkennung bekommen Sie Ihrerseits.

Ronald Reagan soll einmal gesagt haben: »Ich hätte gerne, dass man sich an mich erinnert als den Präsidenten, der den Amerikanern den Glauben an sich selbst zurückgegeben hat.« Allein dieses Zitat sagt klar und deutlich, mit welcher Art Mensch wir es zu tun haben. Er wollte, dass andere gewinnen. Seine politische Zielsetzung war es, dass die Menschen, denen er als Präsident diente, Mut fassten und Erfolg hatten.

Was Reagan vermutlich am besten charakterisiert, ist der Spruch, den er über seinem Schreibtisch im Oval Office angebracht hatte: »Es gibt keine Grenzen für das, was ein Mensch tun kann, wenn ihm gleichgültig ist, ob man ihn am Ende dafür lobt.«[32]

Und das trifft häufig zu auf einflussreiche Menschen. Sie folgen einer höheren Berufung, die über die politischen, bürokratischen oder erfolgsorientierten Ziele hinausgeht, die andere gegen eine Wand rennen lassen. Wenn man Reagan auf seine Wirkung auf die Nachwelt ansprach, gab er zurück, dass er dann schon lange tot sein würde und gar nicht mehr hören könne, was die Historiker über ihn sagten. Das machte ihn als Menschen und Führungspersönlichkeit so beliebt. Er lebte und führte ständig mit dem Blick auf das, was für sein Land gut war, und dies auf sehr unkonventionelle Weise. Dies ist das Markenzeichen eines Menschen, der versucht, andere zu erheben und nicht sich selbst. Das Merkmal eines unkonventionellen Geistes, der begriffen hat, dass es beim Erfolg nicht um Aufmerksamkeit und Lobhudelei geht. Sondern um Partnerschaft und Fortschritt.

Kapitel 7

Einfühlungsvermögen ist alles

Über das verlorene Perfect Game von Armando Galarraga haben wir ja schon gesprochen. Es wurde ihm verwehrt durch einen groben Schiedsrichterfehler im letzten Inning. Wer sich die Videoaufzeichnung dieses Spiels ansieht, erkennt, wie auf seinem Gesicht die Freude dem Unglauben weicht. Der Jubel der Zuschauer verstummt. Dann ertönen laute Buhrufe.

Galarraga wurde gestohlen, was im Baseball der Heilige Gral ist. Was umso schlimmer ist, als er ja kein Superstar war, von dem man solche Spitzenleistungen jeden Tag erwarten konnte. Er war ein durchschnittlicher Spieler, der ungefähr genauso viele Spielzüge gewonnen wie verloren hatte. Das war vielleicht seine einzige Chance auf Ruhm gewesen, und um die hatte ihn der Schiedsrichter nun gebracht. Wer hätte es ihm da übel genommen, wenn er auf den Schiedsrichter losgegangen wäre und laut sein Recht eingefordert hätte? Selbst Joyce sagte nach dem Spiel, wäre er der Werfer gewesen, er hätte dem Schiedsrichter ordentlich die Meinung gesagt. Aber diese Geschichte hat noch eine andere Seite.

Denn was sich den Leuten einprägte, war nicht das verlorene Perfect Game Galarragas, ja noch nicht einmal das Bedauern des Schiedsrichters. Es war vielmehr die Reaktion des Werfers. Wie er mit dieser Ungerechtigkeit umging, beeindruckte die ganze Welt.

Nach dem Spiel meinte Galarraga in einem Interview auf ESPN, dass er nicht gewusst hätte, welche Entscheidung der Schiedsrichter treffen würde. Er hätte sich einzig auf den Ball konzentriert und auf das Aus. Er sagte, er sei schon enttäuscht gewesen, aber es hätte ja sein können, dass der Läufer »safe« war. Galarraga war ebenso nervös wie aufgeregt. Da es um unglaublich viel ging, musste er sich auf das ruhige Urteil des Schiedsrichters verlassen.

Nach dem Spiel aber guckte er sich das Ganze auf Video an und begriff, dass man ihm da gerade ein Perfect Game aberkannt hatte. Aber als er mit dem Schiedsrichter redete, sagte er nur: »Ich weiß. Niemand ist vollkommen.« Er sah, wie leid das Ganze Joyce tat, und wusste, er hatte die Wahl: Er konnte den anderen noch mehr zur Schnecke machen oder versuchen, die Dinge aus seinem Blickwinkel zu sehen. Und Galarraga entschied sich, Joyce zu umarmen, damit es diesem wenigstens ein bisschen besser ginge. Und das war nicht für die Kameras gedacht. Galarraga war tief enttäuscht *und* konnte sich ehrlich in den anderen einfühlen. Während des gesamten Interviews reagierte er auf die Fragen und die ganze Situation ausgesprochen edelmütig. Er stellte den Schiedsrichter nicht als Schurken dar. Er zeigte Bescheidenheit und hielt Maß. Beides sind entscheidende Voraussetzungen für jede Art von Einfühlungsmögen.

In einem Zeitalter der Selbstdarstellung, da uns nur die Frage beschäftigt, wie der andere uns nützlich sein kann, nehmen wir uns selten Zeit, um zu überlegen, wie unser Gegenüber sich wohl fühlen mag.

Niemand in der Sportwelt hätte Galarraga einen Vorwurf gemacht, hätte er den Schiedsrichter im Fernsehen auseinandergenommen. Wer hätte auch nur ein Wort darüber verloren, wenn er das Interview benutzt hätte, um Joyce und seinen Ruf zu demontieren?

Doch Galarraga tat nichts dergleichen. Bei allem, was er sagte, ging es immer nur darum, wie der Schiedsrichter sich gefühlt haben musste beziehungsweise wie es ihm jetzt wohl ginge und dass eben niemand vollkommen sei. Wir bewundern diese Reaktion, eben weil sie Seltenheitswert hat. Interessanterweise hat sich der junge Pitcher so einen Platz in der Geschichte des Baseballs gesichert, der ihm anderweitig wohl nicht zuteilgeworden wäre, nicht einmal mit einem Perfect Game.

Wer Mittel und Wege findet, auf andere in dieser Weise einzugehen, kann sich bedeutenden Einfluss sichern. Fragen Sie sich daher im

Umgang mit anderen Menschen immer: »Wie würde ich mich fühlen, wie würde ich reagieren, wenn ich an ihrer Stelle wäre?«

»Ein Zusammenklang im Gespräch«, schreibt Gerald Nirenberg, »stellt sich dann ein, wenn Sie deutlich machen, dass Ihnen die Ideen und Gefühle Ihres Gegenübers genauso wichtig sind wie Ihre eigenen.«[33]

Politiker werden ja häufig kritisiert. Dabei ist eines gewiss: Von den Zuschauerrängen aus lösen sich die Probleme der Welt im Handumdrehen. Wie selten gibt es dagegen Menschen, die sagen: »Ich kann mir gar nicht vorstellen, unter welchem Druck Sie stehen. Sie tragen schließlich die Lasten des ganzen Landes auf Ihren Schultern. Vermutlich liegen Sie nächtelang wach und fragen sich, ob Sie die richtige Entscheidung getroffen oder im Fernsehen die richtige Antwort gegeben haben.«

Sobald Sie sich die Zeit nehmen, sich in den anderen hineinzuversetzen, werden Sie dessen Gefühle und Gedanken besser verstehen. Dann können Sie wirklich aufrichtig sagen: »Ich mache Ihnen keinen Vorwurf, weil Sie so reagieren. Mir würde es genauso gehen, wäre ich an Ihrer Stelle.« Dieser Satz, der heute rar geworden ist, wird Ihnen auf der Stelle die Aufmerksamkeit Ihres Gesprächspartners sichern und dafür sorgen, dass er Ihnen interessiert zuhört. Die meisten Menschen wünschen sich, dass man ihnen zuhört und ihre Sorgen nachvollziehen kann, ganz egal, wie groß oder klein diese sein mögen. Wenn Sie das für einen anderen tun, machen Sie ihm ein Geschenk, das ihm den Tag verschönt, vielleicht sogar die ganze Woche oder einen ganzen Monat.

Bei einem Dale-Carnegie-Seminar erzählte einer der Teilnehmer, wie das aufrichtige Interesse einer Krankenschwester, das er als Kind erfuhr, sein ganzes Leben verändert habe. Martin Ginsberg stammte aus ärmlichen Verhältnissen. Er wuchs ohne Vater auf, seine Mutter bezog Sozialhilfe. Am Thanksgiving-Tag wartete er einmal ganz allein im Krankenhaus auf einen orthopädischen Eingriff. Seine Mutter musste arbeiten und konnte nicht bei ihm sein. Die Einsamkeit erdrückte ihn beinahe. Er zog sich die Decke über den Kopf und weinte bitterlich.

Da kam eine junge Krankenschwester ins Zimmer, hörte ihn schluchzen und setzte sich an sein Bett. Sie schlug die Decke zurück und trocknete seine Tränen. Dann erzählte sie ihm, dass *sie* sich auch einsam fühlte.

Sie musste den ganzen Tag über arbeiten und konnte nicht mit ihrer Familie feiern. Dann fragte sie Martin, ob er mit ihr essen würde.

Er sagte Ja.

Und so ging sie in die Cafeteria und kam zurück mit zwei Tabletts Thanksgiving-Essen. Die beiden redeten und redeten, und obwohl die Schwester eigentlich um 16 Uhr hätte aufhören können, blieb sie bis um 23 Uhr, bis Martin eingeschlafen war.

»Seitdem habe ich viele Thanksgiving-Tage erlebt«, schrieb Martin Ginsberg später. »Aber es vergeht keiner dieser Feiertage, an dem ich mich nicht an jenen Abend im Krankenhaus erinnere. An meine Angst und Einsamkeit und an die Wärme einer Fremden, die mir half, damit fertigzuwerden.«

Heutzutage gibt es keine Entschuldigung mehr dafür, den Standpunkt des anderen zu ignorieren oder misszuverstehen. Die meisten Menschen breiten Tag für Tag jede noch so winzige Einzelheit aus ihrem Leben vor ihrer Mitwelt aus. Sie wollen Aufmerksamkeit, wollen, dass man ihnen zuhört. Wenn Sie sich die Zeit nehmen, die Lebensumstände Ihres künftigen Gesprächspartners zu recherchieren, gehen Sie ohne vorgefasste falsche Ideen in die tatsächliche Begegnung. Wenn Ihnen ein Mensch besonders wichtig ist, dann ist jede Sekunde, die Sie dem Verständnis dieser Person widmen, gut investiert.

Der Mensch ist nicht von Natur aus einfühlsam. Wir müssen daran arbeiten. Wie wir in einer bestimmten Situation reagieren, wird von vielen Faktoren beeinflusst: unsere Erziehung, unser Glaube, unsere Überzeugungen, unsere wirtschaftlichen Verhältnisse, unsere berufliche Position. All das vermischt sich mit unseren Gefühlen und bestimmt, wie wir mit anderen Menschen umgehen. Doch wenn wir die Dinge, die uns persönlich bewegen, dazu gebrauchen, andere besser zu verstehen, gewinnen wir mehr Einfluss und unsere Worte werden gehört. Wir würden alle an Größe und Vertrauen gewinnen, wenn wir begreifen würden, dass uns Menschen vieles gemeinsam ist. Wie würde sich Ihr Leben am Arbeitsplatz, zu Hause und mit Ihren Freunden verändern, wenn Sie auf Fehler und Auseinandersetzungen immer großzügig reagieren könnten? Wie würde man auf Sie zugehen? Wie würden andere Sie wahrnehmen?

Vergessen Sie nicht: Einfühlungsvermögen ist keine Taktik zum Netzwerken, die man einsetzt, um andere zu manipulieren. Es ermöglicht Ihnen vielmehr bessere zwischenmenschliche Beziehungen. Was man sehr schön sieht an Galarragas Verzicht, Jim Joyce niederzumachen und seinen Namen als Schandmal ins Herz jedes Baseballfans zu brennen. Das ist die unleugbare Macht einer großzügigen und verständnisvollen Grundhaltung.

Kapitel 8

Appellieren Sie an das bessere Ich

Wir alle sehnen uns nach Transzendenz. Wir sehnen uns danach, Teil von etwas zu sein, das größer ist als wir selbst. Und wir sehnen uns danach, für die Welt und die Menschen etwas zu tun. Damit man von uns sagen kann, wir seien den Herausforderungen gerecht geworden, seien über uns hinausgewachsen und eingetreten für etwas, was recht, ehrenhaft und wahr war. Kleine Jungs wollen starke Krieger sein oder heldenhafte Könige eines imaginären Reiches. Kleine Mädchen wollen die kluge Maid Marian sein oder die bezaubernde Prinzessin, die der Mittelpunkt dieses Abenteuers ist. Im Grunde ist es auch diese Art von Wunsch, die Sie zu diesem Buch greifen ließ.

Erfüllendere Beziehungen beziehungsweise höhere Produktivität sind natürlich die Dinge, um die sich unser Leben hauptsächlich dreht. Doch sie sind vor allem deshalb wichtig, weil wir uns danach sehnen, etwas zu bewegen. Wenn Sie in anderen diesen Edelmut ansprechen können, wird Ihnen das enormen Einfluss sichern. Und das ist einfacher, als Sie denken.

Als der britische Zeitungsbaron Lord Northcliff in einer Zeitung ein Bild von sich entdeckte, das ihm nicht gefiel, schrieb er dem Herausgeber einen Brief. Er verlangte aber nicht: »Bitte veröffentlichen Sie dieses Foto von mir nicht mehr. Es gefällt mir nicht.« Nein, er appellierte an das bessere Ich des anderen: in diesem Falle an die Liebe und Achtung, die jeder für seine Mutter empfindet. Er bat, das Foto nicht mehr zu veröffentlichen, weil es seiner Mutter nicht gefalle.

Als John D. Rockefeller die Zeitungsfotografen dazu bewegen wollte, keine Schnappschüsse mehr von seinen Kindern zu machen, setzte auch er auf edlere Motive. Er sagte nicht: »Ich will nicht, dass ihre Fotos veröffentlicht werden.« Er appellierte vielmehr an den tief verwurzelten Wunsch, Kinder vor Schaden zu bewahren: »Ihr wisst doch, wie das ist, Jungs. Ihr habt doch selbst Kinder. Und es ist nicht gut für Kinder, wenn sie zu viel Publicity erfahren.«

Das ist nicht bloß ein Appell an edlere Beweggründe im anderen. Sie sehen ihn vielmehr als Menschen mit einer ethischen Grundhaltung. Die Botschaft, die Sie so aussenden, lautet: »Sie sind fähig, das Richtige, Ehrenwerte, Wahre zu tun.« Das ist ein subtiles Kompliment, das letztlich heißt: »Ich glaube an Sie.« Das sind starke Worte, die andere Menschen zu den richtigen Reaktionen veranlassen, wie eine Absolventin eines Dale-Carnegie-Trainings schnell begriff.

Sarah und eine Freundin wollten für eine zehnköpfige Gruppe eine Reise nach Österreich und Deutschland organisieren. Sie kontaktierten ein Busunternehmen, weil sie von Österreich aus mit dem Bus zum Europapark nach Rust fahren wollten. Man machte ihnen ein Angebot über 965 Euro, das die Organisatorinnen per E-Mail bestätigten. Eine Woche vor dem Transfer erhielt Sarah eine E-Mail von Peter, einem Angestellten des Busunternehmens. Er wollte wissen, zu welchem Rust sie fahren wollten. Die Fahrt nach Rust in Österreich würde 965 Euro kosten, die nach Rust in Deutschland aber 1889 Euro.

Natürlich war Sarah wütend über den plötzlichen Sinneswandel. Sie wusste, dass die Zeit nicht reichte, einen billigeren Transfer zu organisieren. Sie stand vor einem Dilemma. Sollte sie nun ein paar wütende E-Mails loslassen? Oder gab es einen anderen Weg, das Problem zu lösen? Sarah kam zu dem Schluss, dass es wenig bringen würde, Peter zu beschimpfen. Schließlich brauchte sie ja den Transfer. Also entschied sie sich für eine andere Taktik. Sie würde an Peters besseres Ich appellieren.

Sie ging dabei ganz ruhig vor. Sie fragte Peter, ob es denn zwei Europaparks in zwei verschiedenen Rusts gäbe? Peter verneinte.

Dann schickte sie noch eine E-Mail, in der das ursprüngliche Angebot enthalten war. Sie hatte damals klar gesagt, dass sie zum Europapark nach Rust wollten. Von dem es kein österreichisches Pendant gab. Dann schrieb sie: »Ich hätte gerne eine Erklärung für diese Preisänderung. Denn als seriöses Unternehmen werden Sie sich doch sicher an Ihr ursprüngliches Angebot halten wollen und für Ihre Kunden glaubwürdig bleiben.«

Am nächsten Tag entschuldigte sich Peter und erklärte, da sei bei ihnen wohl etwas schiefgelaufen. Dann bestätigte er den ursprünglichen Preis.

Sarah hatte das Problem ohne weitere emotionale oder finanzielle Kosten gelöst, indem sie an Peters edlere Motive appellierte.

Solange wir noch Kinder sind, spüren wir dieses bessere Ich meist nicht in uns. Doch wenn wir Filme anschauen wie *The King's Speech, Gladiator* oder *Little Women*, sind wir tief bewegt. In gewisser Weise sehen wir uns doch alle gerne als Helden des Alltags.

»Was wäre, wenn?«, fragt der Ehe- und Familienberater John Eldredge. »Was, wenn diese tiefen Sehnsüchte in unserem Herzen uns die Wahrheit erzählen, wenn sie uns das Leben offenbaren, für das wir im Grunde geschaffen sind?«[34] Es würden wohl nur wenige Menschen abstreiten, dass in jedem von uns eine edelmütige Gesinnung angelegt ist.

Wir alle sind im Grunde unseres Herzens Idealisten und präsentieren uns gerne im besten Licht. Daher suchen wir nach edlen Beweggründen. Wenn wir anderen diese Möglichkeit eröffnen, wenn wir nicht automatisch davon ausgehen, dass sie selbstsüchtig oder verlogen sind, dann steigern wir damit ihren Selbstwert. Wir ermöglichen ihnen zu zeigen, dass wir sie richtig eingeschätzt haben.

Die Werbefachleute von heute sind darin wirklich gut. Nehmen wir nur die Werbung für umweltfreundliche Produkte. Oder Doves Kampagne für natürliche Schönheit. Oder andere Produkte, die dem Käufer das Gefühl geben, etwas Gutes zu tun. Auch Nichtregierungsorganisationen (NGOs) und die sozialen Medien nutzen diese Taktik, um ihre Botschaft an den Mann und die Frau zu bringen. Das funktioniert, weil die Menschen positiv auf Ansinnen reagieren, die sie als ehrlich, selbstlos und fair ansprechen.

Professor David Batstone von der University of San Francisco erfuhr eines Tages beim Frühstück, dass sein Lieblingsrestaurant in der Stadt seine Mitarbeiter wie Sklaven schuften ließ. Der Zeitungsartikel schilderte detailliert, wie man sie mit der Drohung, sie als illegale Einwanderer bei den Behörden zu melden, ausnutzte. Die Geschichte erschütterte David. Er gründete die NGO *Not for Sale*, die in den Unternehmen und Gemeinden Amerikas versteckte Sklavenarbeit aufdeckt.

Wer David hört, wie er über diese Kampagne spricht, fühlt sich sofort angesprochen und will der NGO beitreten. Eben das ist sein Ziel. Er weiß, dass dieses Thema jeden angeht. Heutzutage noch von Sklavenarbeit zu lesen, erschüttert jeden Menschen. Wir sind empört und wollen helfen.

2010 riefen David und sein Team eine neue Organisation ins Leben: Free2Work. Man lancierte zudem eine Smartphone-App: Der Konsument scannt ein Produkt, und die App liefert dazu eine Bewertung des Anbieters. Wollen Sie zum Beispiel ein T-Shirt von Patagonia kaufen, erfahren Sie, wo Patagonia in puncto fairer Handel, Behandlung der Angestellten und Fertigung in anderen Ländern steht. Die App brachte eine völlig neue Form von Rechenschaftspflicht für Unternehmen. Und auch der Konsument kann sich nicht mehr aus der Verantwortung stehlen. Wir haben keine Ausrede mehr, wenn wir bei Unternehmen kaufen, die Kinderarbeit und Sklaverei fördern oder ihre Lieferketten nicht offenlegen.

Andererseits spricht die App die edleren Motive der beteiligten Unternehmen an. Wenn man ihre Geschäftspraktiken unter die Lupe nimmt und sie auf hohe humanitäre Standards verpflichtet, geben die meisten Unternehmen klein bei. Sie wissen, dass es den Konsumenten bei Kaufentscheidungen immer wichtiger wird, wie die Produktions- und Arbeitsbedingungen aussehen. Die Free2Work-Kampagne zielt auf die edleren Motive von Konsumenten und Produzenten ab, um einen positiven kulturellen Wandel herbeizuführen. Wie aber können Sie das bessere Ich Ihrer Anteilseigner und Verkäufer ansprechen, damit sich das Ethos eines Geschäftszweiges verändert, der das vielleicht dringend nötig hat?

Das ist heutzutage eine lebenswichtige Frage. Der Schlüssel zu erfolgreichem Wachstum und einem positiven Einfluss auf den Markt und darüber hinaus ist das, was Amy Martin, Fachfrau für digitale Technologie, das »Business der Menschlichkeit« nennt. Ihre Reaktion auf den Tsunami 2011 zeigt sehr schön, welchen Effekt es hat, im digitalen Zeitalter an die edleren Motive der Menschen zu appellieren.[35] Und an die möglichen Folgen zu erinnern, wenn man das nicht tut.

Amy Martin absolvierte gerade ihr Late-Night-Work-out auf dem Crosstrainer, als sie auf dem iPad die Nachricht über das Erdbeben und den Tsunami entdeckte. Twitter war voll der schlimmsten Nachrichten. Martin ging auf CNN und sah dort, wie Autos einfach weggespült wurden und die Menschen verzweifelt versuchten, der Welle zu entkommen. »Ich war nicht sicher, was ich da tun kann«, schrieb sie in ihrem damaligen Blog. »Ich fühlte mich verantwortlich und wollte helfen.«

Also durchstöberte sie die Twittersphäre nach den besten Links und schickte sie an ihre umfangreiche Followergemeinde. Sie bat auch darum, dass man ihr wichtige Informationen zurückschickte, die sie dann weitergeben würde. Vier Stunden lang arbeitete sie, was das Zeug hielt, und nichts davon hatte mit Marketing oder Promotion zu tun. Es ging um »Menschen, die in einem virtuellen Medium zusammenkommen, um einander zu helfen«, schrieb Martin. »Es war das Business der Menschlichkeit.«

Trotzdem fiel ihr bei ihren Nachforschungen etwas auf: Die großen Fernsehsender sorgten sich offenbar immer noch um ihre Zuschauerzahlen. Während Martin sich bemühte zu helfen, schalteten bekannte Nachrichtensender zwischen ihre dramatischen Berichte von der Katastrophe immer noch das Neueste aus Hollywood. »Ich war entsetzt«, schrieb Martin. »Meiner Meinung nach sollten Sender, denen es wichtig ist, wie die Zuschauer ihre Marke wahrnehmen, mehr Vernunft zeigen und ihr Möglichstes tun, um Leben zu retten. Und nicht Hollywood den Puls fühlen ... Manchmal muss man Hollywood einfach vergessen und sich auf das wirklich Wichtige konzentrieren.«

Martin macht klar, was wir unter dem Druck, Geschäfte zu machen, nur allzu leicht vergessen. Die vielen Social-Media-Kanäle, die wir nutzen, sind in erster Linie Kommunikationsinstrumente, um sich mit anderen Menschen in Verbindung zu setzen. »Sie wurden schließlich nicht fürs Marketing erfunden.«

Martins Follower stellten sich weitgehend hinter diese Auffassung. Sie reagierten positiv auf ihren Appell an die edleren Beweggründe der Menschen, nicht nur, was die Nachrichtensender anging, sondern auch im Hinblick auf sie selbst, auf jeden Menschen, der im Nachhall des Tsunami helfen konnte. Martin versuchte an jenem Abend nicht, für irgendetwas zu werben. Aber es ist kein Wunder, dass ihr 1,3 Millionen Nutzer auf Twitter folgen. Einige der bekanntesten Unternehmen, Sportgrößen und Celebritys engagieren sie, um sich Rat für ihren digitalen Auftritt zu holen. Sie weiß, dass Geschäftemachen im digitalen Zeitalter vor allem damit zu tun hat, ob man das »Business der Menschlichkeit« richtig anpackt.

Meist geben wir uns damit zufrieden, andere in unsere digitale Welt hineinzuziehen. Wir betrachten sie als unseren Rohstoff, den wir bearbeiten, bis wir die angestrebte Transaktion in trockene Tücher gebracht haben. Doch solch ein Verhalten blendet die edleren Motive aus, die wir als Menschen nun mal haben. Es reduziert unsere Beziehungen auf reine Transaktionsinstrumente, ohne jeden Hauch von Transzendenz.

Wenn Sie tatsächlich einen guten Kontakt zu Menschen aufbauen wollen, müssen Sie deren Würde ansprechen. Denn darin zeigt sich auch Ihre Würde. Appellieren Sie an edle Motive und Sie werden eine Vielzahl von Menschen bewegen. Eine Bewegung, deren Teil Sie sind.

Kapitel 9

Teilen Sie, was Sie erlebt haben

Einem Inuit Eis verkaufen? Einem Delfin Meerwasser andrehen? Die Konsumenten überzeugen, Baumwolle zu tragen? Letzteres ist heute ein Kinderspiel. Werfen Sie einen Blick auf das eingenähte Etikett und Sie werden feststellen, dass viele, wenn nicht sogar die meisten Kleidungsstücke aus Baumwolle bestehen. In den 1970er-Jahren hingegen war das nicht der Fall. Damals kaufte der Kunde, der auf sich hielt, Polyester und andere Kunstfasern. Sie knitterten nicht, verschmutzten nicht so leicht und blieben stets in Form. Der Marktanteil für Baumwolle schrumpfte auf etwa 33 Prozent.[36]

Die Baumwollindustrie beschloss, den Kampf aufzunehmen. Man musste Baumwolle wieder beliebt machen. Daher machte man, was man in solchen Fällen eben tut: Man gründete einen Dachverband, heuerte Werbeleute an und versuchte, der Baumwolle ein neues Image zu verpassen. Der Slogan, der die ganze Industrie retten sollte? »Baumwolle: eine Faser fürs Leben.« Diesen brachten dann auch Berühmtheiten unter die Leute. Die namhafte Fernsehmoderatorin Barbara Walters trat mit Hawaiihemd bekleidet vor die Kamera und meinte: »Baumwolle ... macht mein Leben bequem.«[37]

Die Krise dauerte jedoch an, und so beschloss man, die Baumwollfaser mit persönlichen Geschichten zu verknüpfen. Es ging nicht mehr um eine weiche, weiße, flauschige Faser, die man zu Fäden verspann, die man wiederum zu Stoff verwebte, den man zu Kleidungsstücken verarbeitete. Nein, die Baumwolle verlieh dem Leben einen Sinn, weil sie für die Menschen da war, deren Geschichte erzählt wurde. Heute ist der Marktanteil der Baumwolle auf fast zwei Drittel gestiegen.[38]

Menschen wollen nicht als Rohstoff behandelt werden. Und sie wollen nicht, dass ihr Leben als durchschnittlich gilt. Sie wollen vielmehr die Gewissheit haben, dass sie wichtig sind. Der beste Weg, ihnen dieses Gefühl zu geben, ist, sie in eine größere Geschichte einzubinden. Personen und Unternehmen, die dieses Prinzip begriffen haben, sind unschlagbar.

2011 stand Apple zum vierten Mal in Folge auf der *Fortune*-Liste der von Geschäftsleuten meistbewunderten Marke.[39] Das Geheimnis dieser Marke zeigt sich sehr schön in der Story einer der berühmtesten TV-Werbekampagnen der Geschichte.

1984 stellte Apple seinen Macintosh während der Superbowl-Übertragungen vor. Die Werbung zielte darauf ab, den neuen, die Kreativität fördernden Mac von der grauen Masse anderer Personal Computer (wie Apple den Konkurrenten IBM sah) abzuheben. Im Video betritt eine sportliche junge Frau mit einem riesigen Hammer einen Raum, in dem lauter gleich aussehende Menschen um einen Tisch sitzen. Sie schleudert den Hammer auf einen Bildschirm, der eine Gestalt zeigte, die an George Orwells »Big Brother« erinnerte. Die Botschaft ist klar: Eine neue Zeit zieht herauf. Schluss damit, Menschen nur als Sozialversicherungsnummer auf zwei Beinen zu betrachten. Der direkte Kontakt mit dem Kunden ist die Zukunft.

Und das zeigt sich nicht nur an Apples Erfolg. Dasselbe Prinzip kann auch Schuhe erfolgreich machen. Blake Myoskie gründete TOMS nach einer erschütternden Erfahrung. Er bereiste mehrere Entwicklungsländer, auf der er eine Beobachtung machte: Keines der Kinder hatte Schuhe. Und keine Schuhe zu haben, hieß, von vielen Aktivitäten ausgeschlossen zu sein. Sie wurden ausgegrenzt. Also beschloss Blake, ein Unternehmen zu gründen, das für jedes Paar gekaufter Schuhe ein Paar Schuhe für ein Kind in einem Entwicklungsland spendete.

Im ersten Jahr konnte er so 10 000 Schuhe verschenken. Heute spendet er über eine Million Schuhe jährlich. Doch hier endet die Geschichte noch nicht. Eines Tages fiel Myoskie im Warteraum eines Flughafens ein

Mädchen auf, das ein Paar roter Schuhe seiner Marke trug. Ohne sich zu erkennen zu geben, fragte er das Mädchen nach den Schuhen. Und sie erzählte ihm die Geschichte von TOMS so detailliert, dass er selbst das nicht besser hätte machen können. In diesem Moment wurde ihm klar: »In Wirklichkeit ist das, was im Schuhkarton ist, nicht annähernd so wichtig wie das, wofür der Karton steht. TOMS ist kein Schuhproduzent, sondern ein One-for-one-Unternehmen.«

»TOMS hat nicht nur das Interesse von Mainstream-Medien wie *Vogue*, *Time* und *People* auf sich gezogen. Die Firma hat mittlerweile auch prestigeträchtige Partner«, erklärt die Power-Bloggerin Valeria Maltoni. »Ralph Lauren, der 40 Jahre lang mit niemandem kooperiert hat, stellte sich für seine Rugby-Marke hinter TOMS. Die Werbeagentur, die für den US-Telekommunikationskonzern AT&T arbeitet, kreierte einen Werbespot, der die ›wahre Geschichte‹ erzählt, wie Blake mithilfe des Telekommunikationskonzerns auf Reisen mit seiner Firma in Kontakt bleibt.«

Maltoni schließt ihren Kommentar mit einer Erkenntnis, die den Erfolg von TOMS nachvollziehbar macht: »Menschen erinnern sich. Und wenn die Botschaft eine Mission ist, erzählen die Leute Ihre Geschichte jedem, der sie hören will – selbst einem völlig Fremden am Flughafen. Und so werden sie zu unüberhörbaren Vertretern Ihres Produkts ... Die Lehre daraus: Einfluss ist ein Geschenk.«[40]

Große Geschichten beeindrucken immer. Was hingegen persönliche Erfahrungen angeht, so ist es schwieriger, damit an die Öffentlichkeit zu gehen. Es ist eine Sache, für ein Anliegen, eine Heilmethode oder ein Produkt öffentlich einzutreten, eine völlig andere aber, von sich selbst zu sprechen.

Im April 2003 fuhren der Autor David Kuo und seine Frau von einer Party nach Hause. Das Nächste, an das er sich erinnert: Er erwachte auf der Intensivstation, wo man ihm eröffnete, er habe einen Gehirntumor, der ihn vermutlich innerhalb weniger Wochen das Leben kosten würde.

Am Palmsonntag um drei Uhr morgens rangen David und seine Frau Kim um einen Entschluss: Wie viel wollten sie den Leuten von Davids Krankheit erzählen? Waren sie überhaupt bereit, diese Geschichte zu teilen? Grundsätzlich wollten sie ihre Privatsphäre wahren. Letztlich aber widerstanden sie diesem Impuls. Kim rief Freunde an, erzählte ihnen, was los war, und bat sie, es auch anderen zu erzählen, damit sie für David beten konnten. Innerhalb weniger Stunden hatte jemand bei CaringBridge.org eine Seite für David eingerichtet. Dort können Menschen, die unter einer schweren Erkrankung leiden, unentgeltlich ihre Nachrichten, Bitten und andere Mitteilungen posten.

In den Wochen und Monaten danach entschieden die Kuos, dass sie mehr Menschen helfen konnten, wenn sie ihre Geschichte ganz erzählen würden. Dann wüssten auch andere, dass sie in ihrem Kampf gegen den Krebs nicht allein waren. Diese Entscheidung veränderte ihr ganzes Leben. Sie betrachteten ihre Geschichte als etwas, das über ihre Familie hinausging. Sie ermöglichte ihnen, Kontakt zu Menschen aufzunehmen, die vor ähnlichen Herausforderungen standen. Ihr erster Rat an alle Beteiligten? Teilen Sie Ihre Geschichte mit anderen Menschen.

Das Gleiche lernte Ann M. Baker aus Seattle in einem Dale-Carnegie-Seminar:

Den meisten Menschen ist ihre Privatsphäre heilig, mir auch. Als ich Brustkrebs bekam und mich einer Chemotherapie und mehreren Bestrahlungen unterziehen musste, wollte ich die Sorgen und den Schmerz anfangs nicht teilen. Aber als Freunde, Familie und Kollegen davon erfuhren, schrieben mir unglaublich viele Menschen, um mir Mut zu machen und mich zu unterstützen. Selbst Bekannte meiner Familie, die ich noch nie gesehen hatte, erzählten mir, wie sie den Brustkrebs erlebt hatten. Sie gaben mir ihre Telefonnummer und schickten mir ihre Genesungswünsche.

Diese umwerfende Welle der Ermutigung und der Liebe hat mir den Weg zur Heilung gebahnt. Und das hat mein ganzes Leben verändert … Dank all dieser E-Mails weiß ich, dass niemand den Weg durch eine Krebsbehandlung allein gehen muss. Denn im Leben geht es nicht um mich, sondern um uns alle.

Und es kann ja nicht schaden, wenn das, was »gut für uns alle« ist, auch »gut für mich« ist. Eine Bloggerin mit mehr als einer Million Follower teilte ihrer Gemeinde mit, dass sie sich die Augen würde lasern lassen, weil sie schlecht sah. Und sie wollte die Operation aufzeichnen und das Video auf ihrem Blog veröffentlichten, damit jeder, der daran interessiert war, sehen konnte, wie so etwas ablief. Diese Transparenz wurde zu ihrem Markenzeichen. Sie konnte nicht nur wieder scharf sehen, sie begriff auch, wie sich die digitale Welt nutzen ließ, um die persönliche Geschichte mit anderen zu teilen. So erzählte sie vom Live-Stream von der Hochzeit einer Freundin oder von einem ihrer Klienten, der sich per Live-Stream die Football-Spiele seines Sohnes ansieht, wenn er geschäftlich auf Reisen ist.

»Wofür können wir Live-Videos noch nutzen, außer für Sport, Unterhaltung und Marketing?«, fragt sie. »Wird das vielleicht der neue Kommunikationskanal, der uns noch mehr Funktionalität bietet? ... Wie wäre es mit Hochzeiten, Abschlusszeremonien, Vereinstreffen, religiösen Ritualen, Geburtstagen, Coaching-Sitzungen, Lehrfilmen, Kochkursen, Geburten oder Beerdigungen? Es gibt unzählige Möglichkeiten, wenn wir sie nur zu nutzen wissen.«[41]

Die meisten Menschen begnügen sich mit ihrem Alltagstrott ohne jegliche Höhepunkte. Aber unser digitales Zeitalter eröffnet uns so viele Möglichkeiten, den Menschen ein authentisches Bild dessen zu zeigen, wer Sie tatsächlich sind und wofür Ihr Unternehmen steht. So entstehen Berührungspunkte, Gemeinsamkeiten werden entdeckt, die das Netz der Beziehungen stärken. Es ist leichter, ein Video zu machen, als ein paar Bilder zu posten. Es ist vergleichsweise einfach, eine dynamische Website zu erstellen, mit der Sie auf ein neues Unternehmen oder eine neue Organisation aufmerksam machen können. Und eine Videokonferenz ist lebendiger als ein Telefongespräch. So können Sie mehreren Menschen eine überzeugende Präsentation zeigen, statt ihnen einfach nur zu erzählen, was Sie vorhaben. Und mittlerweile erwartet man das auch.

Um Ihre Idee so zu präsentieren, dass sie andere in ihren Bann zieht, brauchen Sie einen einzigartigen Ansatz. Also beschränken Sie sich nicht auf die Vorlagen, die Ihr Computer liefert, und machen Sie etwas, das man nicht jeden Tag sieht. Nutzen Sie all Ihre verfügbaren Instrumente und Ihre Fantasie, um Ihre Ideen lebendig, interessant und aufregend darzustellen. Teilen Sie Ihre Geschichten, und andere werden Ihnen die ihre erzählen. Und so schaffen Sie gemeinsam eine neue und größere Saga.

Die authentische Durchdringung von Persönlichem und Beruflichem wird nicht nur immer häufiger, sie ist auch sehr effektiv, wo es um einflussreiche Beziehungen geht. Natürlich müssen Sie sich genau überlegen, was Sie teilen. Aber viele jener historisch entstandenen Grenzen, die früher für die geschäftliche Kommunikation galten, sind mittlerweile aufgeweicht oder ganz überwunden. Denn den meisten Menschen ist klar, dass der kurz- und langfristige Erfolg von Projekten letztlich von der Tiefe der Beziehung zwischen den Beteiligten abhängt. Je mehr ein Kollege, Freund oder Kunde über Ihren Weg weiß, desto mehr können Sie gemeinsam zuwege bringen.

Wenn Ihr Weg zu unserem Weg wird, dann interessiert es uns beide, wohin er am Ende führt.

Kapitel 10

Wie sieht Ihre Challenge aus?

Bei Diskussionen, wer denn die besten Basketballspieler aller Zeiten sind, fallen gewöhnlich zwei Namen: Larry und Magic. Larry Bird und Earvin »Magic« Johnson waren zwei der beeindruckendsten Spieler, die sich je auf einem Basketballfeld tummelten. Ihre Pässe schienen ein nahezu überirdisches Gespür für Spieler und Positionen vorauszusetzen. Im direkten Kontakt waren sie unschlagbar. Sie waren ebenso stolz auf ihr Defensiv- wie auf ihr Offensivspiel. Und sie trainierten härter als jeder ihrer Teamkameraden. Beide drückten dem Basketball über ein ganzes Jahrzehnt ihren Stempel auf. Magic schlug Larry in der Hochschulmeisterschaft im Jahr 1979 und dann noch einmal 1984 in der NBA-Meisterschaft. 1985 schlug Larry Magic, 1987 verlor er wieder gegen ihn.

Während des Großteils ihrer aktiven Zeit mochten die beiden einander nicht so recht leiden. Doch ihr gegenseitiger Respekt kannte keine Grenzen. 1991 war Magic dann überraschend gezwungen, sich aufgrund einer HIV-Infektion aus dem professionellen Basketball zurückzuziehen. Am Tag nach Magics Verlautbarung bereitete Bird sich auf ein normales Saisonspiel vor.

Er dehnte seinen Rücken, lockerte sich durch ein bisschen Jogging in den Gängen des Stadions. Er warf ein paar Körbe von seiner üblichen Position auf dem Spielfeld ... und merkte, dass er zum ersten Mal keine große Lust auf das Spiel hatte. Sein Kontrahent, aus dem mittlerweile ein

Freund geworden war, war fort. Magic hatte erheblichen Anteil an dem, was aus Bird geworden war.

Einige Monate später wurde Magic feierlich verabschiedet. Bei seiner Abschiedsrede sagte er: »Ich möchte Larry Bird ganz persönlich danken, denn er hat das Beste in Magic Johnson zum Vorschein gebracht. Ohne dich wäre ich nie zum Spitzenspieler geworden.«[42]

Manche Menschen halten Wettbewerb für etwas Schlechtes. Das ist er jedoch nicht. Wettbewerb ist eine der wichtigsten Erfahrungen in der Natur. Verbundenheit ist wichtig, damit wir gedeihen können. Der Wettbewerb aber hilft uns, uns weiterzuentwickeln.

»Eisen wird an Eisen geschliffen«, heißt es im biblischen Buch der Sprichwörter. »So schleift einer den Charakter des anderen.«[43] Eisen, das an Eisen reibt, klingt etwa so angenehm wie das Kratzen von Fingernägeln auf einer Schultafel. Doch wie König Salomon, dem man diese Sprichwörter zuschreibt, so richtig erkannte, ist nichts so effektiv wie eine herausfordernde Aufgabe, wenn wir das Beste in uns zum Vorschein bringen wollen. Ein Leben auf Schmusekurs mag behaglich und bequem sein, aber diese Art der Selbstzufriedenheit trägt keine Früchte.

Dabei heißt »Herausforderung« nun nicht, dass Blut, Schweiß und Tränen fließen müssen. So lancierte beispielsweise Coca-Cola 2010 eine Social-Media-Challenge. Die Herausforderung: Auf keinen Fall lächeln. Das Unternehmen hatte auf dem Campus einer Universität zu diesem Zweck einen speziell präparierten Verkaufsautomaten aufgestellt: An der Maschine konnte man nicht nur Softdrinks kaufen, sondern sie überraschte die Studenten mit kostenlosen Getränken, einem Blumenstrauß, einer Pizza oder einem extralangen Subway-Sandwich. Die Kamera im Gerät zeichnete alle Reaktionen auf, und die Videos wurden dann auf YouTube veröffentlicht.[44] Die Freude und Überraschung der Studenten, die in den Genuss dieser unverhofften Gaben kamen, zauberten auf die Gesichter der gut vier Millionen Betrachter ebenfalls ein Lächeln. Da die Challenge lautete, eben nicht zu lächeln, wurde das millionenfache »Versagen« begeistert zelebriert – ganz, wie Coca-Cola sich das erhofft hatte.

In den wilden Anfangszeiten des Internets war es der Wettbewerb zwischen Microsoft und AOL, der die Entwicklung befeuerte. Heute, wo es nur noch um Apple und Google geht, ist schon weitgehend in Vergessenheit geraten, dass dieser Wettkampf für ständige Innovationen auf dem Sektor der digitalen Dienstleistungen sorgte. Jedes der beiden Unternehmen verfolgte die Vision, dass die Konsumenten eines Tages die meisten Transaktionen online erledigen, sich im Netz mit Informationen versorgen und einen Großteil ihres Lebens virtuell führen würden.

Die Unternehmen waren sich gegenseitig spinnefeind. Ihre Firmenkulturen unterschieden sich grundlegend – das eine war ein konsumorientiertes Marketingunternehmen, das zufällig Technik verkaufte, das andere war ein Technologieunternehmen, das zufällig auch Kundenmarketing betrieb.[45] Im Kartellrechtsverfahren gegen Microsoft sagte AOL gegen das riesige Software-Unternehmen aus. Und doch ließ gerade der Wettbewerb beide Firmen groß werden und erfolgreicher, als sie es ohne den Konkurrenten je gewesen wären.

Jeder Mensch steht im Leben vor gewissen Herausforderungen. Und es heißt ja, dass es nicht darum geht, worin die Herausforderung besteht, sondern darum, wie wir ihr begegnen. Das ist nur zu wahr. Manche Menschen ziehen sich dabei Blessuren zu und geben auf. Sie begeben sich freiwillig aufs Förderband Richtung Tod.

Andere hingegen gehen Risiken ein. Nehmen Sie nur mal Teddy Roosevelt. Der stets kränkliche Teddy litt als Kind unter lebensbedrohlichem Asthma. Häufig konnte er nicht richtig atmen, was das Herz schwächte. Als er zwölf Jahre alt war, redete sein Vater ein ernstes Wort mit ihm: »Theodore, du hast den Kopf, um es weit zu bringen, aber nicht den Körper. Doch ohne die Hilfe des Körpers kommt der Kopf nicht so weit, wie er kommen sollte. Also musst du deinen Körper trainieren. Ich weiß, dass das schwer ist, aber ich weiß auch, dass du es schaffen wirst.«[46]

Die Reaktion des Kleinen lag irgendwo zwischen Grinsen und Zähnefletschen – eine Grimasse, die bald die ganze Welt kennenlernen sollte. Dann warf er den Kopf zurück und versprach seinem Vater: »Ich werde meinen Körper trainieren.«[47]

Im nächsten Jahr unterzog er sich anstrengenden körperlichen Übungen. Gleichzeitig mit seiner Kraft wuchsen auch seine Selbstsicherheit und sein Mut. Er stürzte sich in eisige Flüsse und erklomm sieben Berge, einen sogar zweimal am gleichen Tag. Zu jener Zeit erwachte auch seine Liebe zur freien Natur. Alles faszinierte ihn, vom Rotkehlchen bis hin zu Moosen und Flechten. Er sammelte mehrere Hundert Ausstellungsstücke für das »Roosevelt Museum of Natural History«.[48]

Was wäre aus dem kränklichen Jungen wohl geworden, wenn sein Vater ihn nicht vor diese Herausforderung gestellt hätte? Diese Herausforderung veränderte ihn fürs ganze Leben.

Andererseits ist die Art der Challenge ebenso wichtig wie unsere Reaktion darauf. Eine Herausforderung, die uns inspiriert und mitreißt, ist anders als eine, die uns deprimiert und entmutigt.

2010 wollte Shaun King, Pastor der Courageous Church in Atlanta, Geld für ein Waisenhaus für elternlose, behinderte Kinder auf Haiti sammeln. Wie aber sollte er das bewerkstelligen? Das war schon mal die erste Herausforderung. Im digitalen Zeitalter lohnt sich ein kreativer Ansatz da ganz besonders. King wollte so viele Menschen wie nur möglich mit seiner Botschaft erreichen. Er kam auf die Idee, eine Celebrity-Auktion zu veranstalten – allerdings nicht auf die übliche Weise. Die Leute sollten nicht auf ein Bild, ein Autogramm oder ein Date mit einer Berühmtheit bieten. Sie würden darauf bieten, dass ein Star ihnen auf Twitter folgte und ihre Tweets retweetete. King sprach als Erstes Eva Longoria an, die eine der Hauptrollen bei *Desperate Housewives* spielte. Sie schlug ein und bald hatte sie auch berühmte Kollegen zum Mitmachen überredet. TwitChange erblickte das Licht der Welt.[49]

2010 machten mehr als 175 Berühmtheiten mit, die mehr als 90 Millionen Follower hatten. Sie brachten es auf insgesamt 30 Millionen Klicks und nahmen dadurch eine halbe Million Dollar ein.[50] So weit kommt man, wenn man in einem Zeitalter, in dem man schnell viele Menschen erreichen kann, eine sinnvolle Challenge startet.

Es existieren eine ganze Reihe von Halbwahrheiten, die ausgesprochen schädlich sind. Dazu gehört zum Beispiel: »Wer Erfolg haben will, muss mit den Wölfen heulen.« Aber auf eine solche Einstellung kann man kein Leben aufbauen, keine Familie und kein Unternehmen. Die Menschen wollen nicht, dass man sie klein macht. Sie wollen vielmehr erhoben werden. Sie wollen, dass man ihre Vision mitlebt. Und mitunter heißt das auch, dass man sich auf eine Herausforderung einlassen muss.

Charles Schwab, Unternehmer und Philanthrop, sagte einmal: »Wenn wir weiterkommen wollen, müssen wir den Wettbewerb stimulieren.« Im Wettbewerb bemühen wir uns zu gewinnen, weil wir uns dann erfolgreich und bedeutend fühlen. Werden Siege errungen im Team – das sich für eine Sache, ein Land, eine Heilmethode oder ein Unternehmen einsetzt –, so ist Wettbewerb umso wichtiger, weil er uns zur Kommunikation zwingt und automatisch Beziehungen stiftet. Es sind dann nicht mehr nur die Resultate, die zählen, sondern der Wettbewerb schweißt uns auch menschlich zusammen.

Sehen Sie sich in Ihrem Einflussbereich einmal um. Wo haben Sie so engen Kontakt zu einem Menschen, dass Sie zu einem Wettbewerb antreten können, bei dem es um mehr geht als darum, die Ziellinie zu erreichen? Einen Wettbewerb, bei dem es um etwas geht, das zu dauerhaften Freundschaften und geschäftlichem Einfluss führt? Wenn Sie einem Menschen helfen wollen, sich zu ändern, dann starten Sie eine spannende Challenge, die Sie beide involviert. Niemand hat je gesagt, dass solche Herausforderungen eine »saubere Sache« sein müssen. Machen Sie sich die Hände schmutzig für andere, so machen die sich auch die Hände schmutzig für Sie.

Teil IV

Wie Sie in Zeiten des Wandels führen können

Kapitel 1

Positiv einsteigen

In seinem Klassiker *Leadership Is an Art* schreibt Max DePree: »Die erste Verantwortung einer Führungskraft ist zu bestimmen, wie die Wirklichkeit aussieht. Die letzte hingegen, ›Dankeschön‹ zu sagen. Zwischen diesen beiden Polen ist die Führungskraft Diener.«[1] Das hört sich so an, als müssten wir schlechte Nachrichten sofort zur Sprache bringen, so als wäre es für eine Führungskraft irgendwie von Vorteil, diese schnellstens abzuhaken. Das ist aber nicht der Fall, schon gar nicht in einer Zeit, in der sich schlechte Nachrichten mit Lichtgeschwindigkeit verbreiten.

Auch wenn eine Beziehung, ob nun zwischen Unternehmen und Kunden oder zwischen zwei Privatpersonen, schwierig ist, bringt es nicht viel, negative Töne anzuschlagen. Das schafft nur eine unerquickliche Ausgangslage, vergleichbar einem Theaterstück, dessen erster Akt bereits in einer Tragödie endet. Hängende Schultern, eingezogene Köpfe und fehlender Mut. Dieser Effekt überträgt sich wie ein Virus auf die gesamte Belegschaft, auf die komplette Wertschöpfungskette oder auf das ganze Land. Dann müssen Sie von Anfang an gegen eine Welle negativer psychischer und physiologischer Reaktionen angehen. Und selbst wenn Sie schnell darüber hinwegkommen, ist es unsinnig, dafür Zeit zu verschwenden, wenn Sie eine solche Situation gleich von Anfang an hätten vermeiden können.

Beginnen Sie ein Gespräch mit einem offenen und ehrlich gemeinten Ausdruck der Wertschätzung. Danach wird sich der Empfänger sehr viel empfänglicher für Ihre Ideen zeigen und weniger in Verteidigungsstellung gehen.

Viele Menschen haben diese Verteidigungshaltung live kennengelernt, erstaunlicherweise ausgerechnet bei Mitarbeitern im Kundendienst. Sanjiv Ekbote hingegen hatte *Wie man Freunde gewinnt* gelesen und wusste, wie man mit einer schwierigen Situation umgeht.[2] Er hatte vor Kurzem ein Haus erworben und dazu noch einen Vertrag abgeschlossen, der ihm Vor-Ort-Support für die Haustechnik sicherte. Eines Abends begann der Wasserhahn zu tropfen.

Also rief er die Firma an. Innerhalb von vier Stunden stand ein junger Techniker vor der Tür, der das Problem beheben sollte. Zuerst tauschte er das Ventil aus, daraufhin floss das Wasser noch schneller. Also klemmte er das Rohr ab. Das aber führte zu einem Überdruck im Rohr, der wiederum die Versiegelung platzen ließ, sodass sich Wasser in die Mauer ergoss.

Sanjiv war darüber natürlich erbost und rief die Firma an, damit man ihm einen erfahreneren Techniker schickte. Er hätte die Person am Telefon wüst beschimpfen können, stattdessen aber atmete er erst einmal tief durch. Zuerst dankte er der Person am Telefon, dass sie so schnell jemanden geschickt hatte. Dann erklärte er, was passiert war. Die Frau schaffte es, einen erfahrenen Techniker zu kontaktieren, und vereinbarte den frühestmöglichen Termin für Sanjiv. Außerdem verzichtete die Dame auf die dafür anfallende Gebühr.

Hätte Sanjiv den gleichen Service bekommen, hätte er stattdessen wütend reagiert? Wovon Sanjiv Gebrauch machte, ist eine im Grunde recht einfache Technik, trotzdem ist sie schwer anzuwenden. Warum das so ist, kann uns das Zitat von DePree erklären. Dass dieses so häufig falsch interpretiert wird, liegt daran, dass wir den Begriff »Wirklichkeit« im Alltag ganz unterschiedlich verwenden. Wenn wir jemandem sagen, er müsse »die Wirklichkeit akzeptieren« oder »zurückkommen in die Wirklichkeit«, auf den berühmten »Boden der Tatsachen«, heißt das, dass wir ihn aus einem Traumland holen, das mit den harten Fakten nichts gemein hat? Denn mit ebendieser Einstellung gehen wir häufig an ein schwieriges Gespräch heran.

Ist die Wirklichkeit also eine bittere Pille, die es zu schlucken gilt, damit wir vorankommen können? Vermutlich nicht, aber wir sind es gewohnt, sie so zu sehen, vor allem, wenn uns etwas Schwierigkeiten bereitet. Unser Erbteil aus der Generation der Jäger und Sammler lässt uns den dramatischsten Ereignissen in unserer Umgebung die größte Aufmerksamkeit schenken. Und was dramatisch ist, ist meist auch negativ. Neurowissenschaftler haben in mehreren Studien nachgewiesen, dass wir »uns mehr mit der Bedrohung durch negative Dinge beschäftigen als mit der Aussicht auf positive. Die Stolperdrähte des Negativen im Gehirn erweisen sich als sehr viel sensibler als die für positive Trigger«, schreibt Management-Coach Ray Williams.[3] Wir erinnern uns auch eher an negative Erlebnisse. Zumindest ist der Zugang zu deren Speicherort besser ausgebaut.

Bedauerlicherweise zeigte sich in diesen Studien weiters, dass dies nicht nur für Ereignisse gilt, sondern auch für die Eindrücke, die wir uns von anderen Menschen bilden. Jenen Charakterzügen oder Verhaltensweisen, die wir als negativ empfinden, geben wir mehr Gewicht als den positiven, vor allem, wenn es um ethische und moralische Fragen geht.[4]

Gerade wenn wir andere dazu bringen wollen, sich anders zu verhalten, sind wir von ihrem momentanen Gebaren gewöhnlich einigermaßen frustriert. Unser Gehirn beschäftigt sich mit den negativen Verhaltensweisen. Sie prägen unsere Wahrnehmung der Wirklichkeit und überwuchern die positiven Eindrücke. Kein Wunder also, dass wir im Gespräch stets die problematischen Seiten thematisieren – oder aus Sicht des Gegenübers Kritik äußern. Das Gehirn unserer Zuhörer ist genauso verkabelt wie das unsere. Die Kritik, die wir äußern, wird für den anderen zur Obsession. Sie verhindert nun alle positiven Gesprächsansätze. Das haben Sie sicher auch schon erlebt: Das Gesicht des anderen verhärtet sich, sein Blick wird bewusst ausdruckslos. Nur die Augen verraten manchmal den inneren Protest, der alles andere ausblendet, was Sie vielleicht gesagt haben.

Wenn wir nicht intensiv daran arbeiten, solche Dramen zu vermeiden, schießen wir uns selbst ins Führungskräfteknie. Eine klassische Studie von J. Sidney Shrauger und Saul Rosenberg zu den Auswirkungen von negativem und positivem Feedback zeigt, dass unsere Leistung leidet, wenn man uns vorwirft, wir hätten einen Fehler gemacht.[5] Bei einem robusten Selbstbewusstsein fällt dieser Effekt weniger stark aus. Eine weitere Reaktion auf Kritik ist, jedes Feedback abzuwerten – wir weisen es zurück. Dann ist sein einziger Effekt, dass es uns die Laune verdirbt.

Warum also das Risiko überhaupt erst eingehen? Warum können wir diesen nachteiligen Effekt auf Leistung oder Einstellung nicht von Anfang an vermeiden?

Der Basketballtrainer Trent Lorcher beschreibt in einem Artikel über Führungsqualitäten von Lehrpersonen, wie er mit seinem Team eine enttäuschende Niederlage verarbeitete: »Wir haben ein wichtiges Match verloren, weil wir zu viele Freiwürfe nicht verwerten konnten. Am liebsten hätte ich die Mannschaft ordentlich zusammengestaucht. Stattdessen lobte ich sie für ihr aggressives Spiel, das uns die Freiwürfe sicherte. Dann übten wir eine ganze Stunde lang Freiwürfe. Und meine Spieler, denen die Niederlage ohnehin zu schaffen machte, reagierten positiv auf das Lob.«[6]

Robert Sutton, Organisationspsychologe, erzählt in seinem Buch *Der Chef-Faktor* eine Geschichte, die ihm ein ehemaliger Heeresoffizier erzählt hatte. Dessen Vorgesetzte waren größtenteils Idioten – unverschämt, herabsetzend und regelrecht bösartig. Sein Bataillonskommandant hingegen war anders.

> *Hin und wieder habe ich mich danebenbenommen. Dann nahm er mich sofort zur Seite und wies mich zurecht. Er hat mich nicht angeschrien oder kleingemacht, aber ich wusste, worum es ging, und schämte mich, dass ich ihn enttäuscht hatte. Ich habe ihm viel zu verdanken und hoffe, dass ich seine Grundeinstellung übernommen habe und ihm nacheifere, indem ich die Menschen behandle, wie sie es verdienen.*[7]

Wir können unsere niederen Instinkte überwinden, indem wir uns diese Tendenzen klarmachen und daran arbeiten, uns auf das Positive zu konzentrieren. Und das hat nichts mit positivem Denken zu tun: Wir polen nur unser Gehirn um, damit es merkt, dass unsere Wahrnehmung eben nicht die ganze Wahrheit sein muss. Wir analysieren die ihr zugrunde liegenden Annahmen und stellen diese infrage, sodass wir ein umfassenderes Bild von der Lage erhalten. Wir können unsere Spiegelneuronen trainieren. Diese Neuronen hat man erst in jüngerer Zeit entdeckt. Sie ermöglichen es uns, die Handlungen anderer zu verstehen, ihre Absichten einzuschätzen und ihr Verhalten vorherzusagen. Wir können sie so schulen, dass sie auch das Positive wahrnehmen.

Und das ist ganz wichtig, wenn wir authentisch sein wollen. Wir müssen einen ehrlich positiven Punkt finden, von dem aus wir in ein Gespräch gehen. Und wir müssen unserem Gegenüber Anerkennung zollen, die der andere auch als solche empfindet. Robert Sutton zufolge sind die besten Chefs jene, die sich die Zeit nehmen, um herauszufinden, wie jedes einzelne Teammitglied tickt und agiert. Das ist nicht einfach. Doch selbst wenn sie sich diese Zeit nehmen, so sind Führungskräfte meist doch nicht in Situationen involviert, die die persönliche Dynamik dahinter am besten erkennen lassen. Aber die Mühe, diese zu erkennen, lohnt sich, gerade was Einfluss und Effizienz als Führungskraft angeht.

Wenn wir wissen, welchen Wert eine Person für eine Organisation hat, können wir eine offene Kommunikation mit einer positiven Botschaft beginnen. Natürlich müssen wir schwierige Punkte am Ende doch ansprechen. Denn nur eines ist schlimmer als der Versuch, bei unangenehmen Themen schnellstmöglich wieder zum Tagesgeschäft überzugehen: der Versuch, sie unter den Teppich zu kehren oder zu sehr abzuschwächen. Dieser »Mum Effect« – wie das die Psychologen Sidney Rosen und Abraham Tesser in den frühen 1970er-Jahren nannten (wobei »mum« für »stumm« steht) – stellt sich ein, weil die Menschen um jeden Preis vermeiden wollen, zur Zielscheibe der negativen Emotionen anderer zu werden.[8] Wir alle haben die Möglichkeit, den Wandel führend zu begleiten, doch dann müssen wir auch den nötigen Mut aufbringen und unseren Vorgesetzten beispielsweise schlechte Nachrichten überbringen. Natürlich wollen wir nicht der Bote sein, den der Zorn des Herrschers trifft. Wenn unser Überlebensinstinkt aktiviert wird, so dämpft das vielleicht unseren Mut und wir verwässern die Fakten bis zur Unkenntlichkeit. »Der Mum-Effekt und die daraus resultierenden Filter wirken sich gerade in einer steilen Hierarchie oft äußerst schädlich aus«, schreibt Sutton.

»Was als schlechte Nachricht begann, wird immer glückverheißender und glückverheißender, je weiter hinauf sie gelangt. Denn jeder Vorgesetzte hört die Nachricht von seinen Untergebenen, die den negativen Inhalt immer weiter abschwächen, bevor sie ihn nach oben durchreichen.«[9]

Ihre Führung positiv zu vermitteln und anstehende Probleme nicht zu dramatisieren sind Instrumente, mit denen wir Schwierigkeiten entschlossen und selbstsicher angehen können. Manager, die ihren Mitarbeitern diesen Führungsstil vorleben, laufen weniger Gefahr, von Katastrophen, die lange vorhersehbar waren, überrollt zu werden.

Andrés Navarro gelang es, bei Sonda diesen Ansatz einzuführen. Er setzt auf die »Drei für einen«-Regel. »Wir versuchen, möglichst wenig zu kritisieren. Wir haben da eine Regel. Wenn es in diesem Unternehmen jemanden gibt, den Sie nicht mögen und der Ihrer Meinung nach seine Arbeit nicht richtig erledigt, dann sagen Sie nichts. Vertrauen Sie das vielmehr einem Stück Papier an.« Sodann muss der Betreffende mindestens drei Dinge nennen, die der Kritisierte gut macht, bevor er ein Gespräch beginnen darf, welches auf eine Verhaltensänderung des anderen abzielt.[10]

Wie aber führen wir ein Gespräch, in dem unangenehme Themen angeschnitten werden? Wir wissen aus eigener Erfahrung, dass es leichter ist, Kritik anzunehmen, wenn wir vorher gelobt worden sind. Wirkt das Lob jedoch gezwungen oder gehen Sie abrupt von Lob zu Kritik über, funktioniert dieses Prinzip nicht. Wenn Sie folgende Punkte berücksichtigen, lässt sich das aber vermeiden:

- Erstens muss Ihr Lob wirklich aufrichtig sein und nicht nur ein Mittel, um Zeit zu gewinnen, Ihre Kritik zu formulieren.
- Zweitens müssen Sie einen fließenden Übergang zum kritischen Teil schaffen.
- Drittens sollten Sie konstruktive Ratschläge anbieten, statt einfach nur ohne jeden Übergang Ihrem Lob Kritik hinterherzuschicken.

Schriftlich kann es besonders schwierig sein, diese drei Punkte zu befolgen. Im Gespräch bietet sich normalerweise die Möglichkeit, fließend von einem Punkt zum nächsten überzugehen. Auf Papier funktioniert das nicht so leicht. Dann stellt sich schnell der Eindruck ein, Sie wollten Ihrem Gegenüber vorher nur ein wenig Honig ums Maul schmieren. Geht es um ein strittiges Thema, sollten Sie auf jeden Fall von Angesicht zu Angesicht mit der betreffenden Person sprechen.

Viele Menschen beginnen mit einem aufrichtigen schriftlichen Lob, auf das dann ein Unheil kündendes »aber« folgt. Das signalisiert dem Adressaten, dass nun das dicke Ende kommt. Aber so wird er Ihr Lob als aufgesetzt empfinden. Besser ist es, Sie schließen mit einem schlichten »und« an und kleiden Ihre Kritik in einen konstruktiven Rat. Das ist vermutlich der effektivste Weg, um Probleme schriftlich anzusprechen, ohne dass das Lob unaufrichtig klingt.

Wenn Sie zuerst Lob und Anerkennung äußern, werden Ihre Mitarbeiter produktiver, Ihre Verkäufer engagierter, und Freunde und Angehörige sind eher bereit, Ihren Standpunkt zu akzeptieren. Ein positiver Anfang lenkt das Gespräch von Haus aus in eine positive Richtung.

Kapitel 2

Stehen Sie zu Ihren Fehlern

Beth war eine hochrangige Führungskraft in einem Fortune-100-Unternehmen. Ihre Vorgesetzten und ihre Mitarbeiter schätzten sie sehr, aber mit einem ihrer Kollegen hatte sie nichts als Ärger. Harvey leitete eine andere Abteilung als Beth. Und in der Liebe und im Krieg ist doch alles erlaubt, nicht wahr? Beth lebte nach dieser Devise und zeigte sich in ihrem Umgang mit Harvey nur von ihrer nachtragendsten Seite.

Aber Beth wollte auch eine bessere Führungskraft werden und so bat sie Marshall Goldsmith um Unterstützung, den Autor von *Was Sie hierhergebracht hat, wird Sie nicht weiterbringen.* So fand sie heraus, dass sie zwar allgemein respektiert wurde, dass ihr Verhalten Harvey gegenüber jedoch ihrem Ruf schadete. Sie musste also mit Harvey Frieden schließen und zu diesem Zweck ihre Fehler eingestehen.

Das ist sicher eine der schwierigsten Situationen überhaupt: Sie müssen gerade dem Menschen gegenüber zugeben, einen Fehler gemacht zu haben, dem Ihr Fehler geschadet hat. Die Anspannung auf beiden Seiten ist hoch. Wahrscheinlich spielt auch Konkurrenzdenken eine gewisse Rolle. Und Sie haben mit Sicherheit das Gefühl, dass Sie sich in dieser Lage besser nicht angreifbar machen sollten. Doch gerade solche Situationen lassen sich lösen, indem man zuerst über die eigenen Fehler redet. Was also sagte Beth?

»Wissen Sie, Harvey, ich habe eine Menge Feedback bekommen, und will als Allererstes sagen, dass ich vieles davon nachvollziehen kann. Zweitens möchte ich Ihnen sagen, dass es einige Dinge gibt, die ich in Zukunft besser machen will. Ich habe mich Ihnen gegenüber respektlos verhalten. Dafür möchte ich mich entschuldigen. Es gibt keine Rechtfertigung für mein Verhalten [...].«[11]

Und wie reagierte Harvey darauf? Er hatte Tränen in den Augen, gab zu, dass er sich auch nicht korrekt verhalten hatte, und erklärte, dass sie sich gemeinsam würden weiterentwickeln können.

Ein ewiger und erbitterter Wettstreit endete, weil Beth ihre Fehler eingestand. Es ist viel leichter, sich für ein kritisches Gespräch zu öffnen, wenn unser Gegenüber zugibt, dass es sich auch falsch verhalten hat. Die eigenen Fehler einzugestehen – selbst wenn man sie noch nicht korrigiert hat –, kann andere davon überzeugen, ihr Verhalten gleichfalls zu ändern.

Carnegie – der supereffektive Kommunikator – wandte dieses Prinzip beim Schreiben an. Er schnitt ein neues Thema immer dergestalt an, dass er über einen Fehler berichtete, den er als Coach gemacht hatte. So fand der Leser einen besseren Einstieg. Das ist eine sehr subtile, meisterliche Strategie – und der Beleg dafür, dass sie auch in Schriftform wirksam ist.

Führungspersönlichkeiten haben meist Schwierigkeiten mit diesem Punkt: Sie müssen eingestehen, dass sie Fehler gemacht haben, dass sie also fehlbar sind. Das fällt Führungskräften weltweit nicht leicht, obwohl sie sehr wohl wissen, dass diese Strategie durchaus ihren Wert hat. Und sollte dieses Bewusstsein fehlen, so kann die Wissenschaft nachhelfen.

Forscher am Institute for Health and Human Potential führten eine Studie mit 35 000 Teilnehmern durch, in der die verschiedenen, einer beruflichen Karriere förderlichen Faktoren untersucht wurden. Und welcher Faktor wirkte sich am stärksten aus? Dass Menschen ihre Fehler offen eingestehen konnten.[12]

Das Eingeständnis, dass Sie Fehler gemacht haben, ist sozusagen der erste Punkt in einem Zwölf-Schritte-Programm: Es ist der erste und der schwierigste. Wenn wir nicht zu unseren Fehlern stehen, wie sollen wir dann aus ihnen lernen, sie zur Weiterentwicklung nutzen und andere Menschen dazu bringen, uns zu vertrauen? »Um die Verliererstraße zu verlassen, muss man die drei schwierigsten Worte überhaupt sagen: ›Ich lag falsch.‹ Man muss die Augen öffnen, die eigenen Fehler zugeben und die volle Verantwortung für fehlgeleitetes Handeln und Denken übernehmen.«[13]

Die Musikerin Portia Nelson beschreibt das sehr schön in ihrem Text *Autobiography in Five Short Chapters.* Was in vielen Biografien als erstes Kapitel begegnet, ist der Ort tiefster Verzweiflung. Doch aus diesem Loch kommen wir erst heraus, wenn wir die Verantwortung für unsere Fehler übernehmen. Sobald wir den roten Faden sehen, der unser Sein und unser Tun verbindet, finden wir schnellere Lösungen für unsere Probleme. Erst dann können wir um die tiefen Löcher auf unserem Weg herumgehen. Am Ende erkennen wir, dass wir auch einen leichteren Weg einschlagen können, auf dem es gar keine Schlaglöcher gibt. Wir entwickeln uns also vom geschickten Problemlöser zu einem Menschen, der sich sinnvoll verhält.[14]

Es bringt uns persönlich etwas, wenn wir unsere Fehler zugeben. Und es baut Vertrauen auf bei unseren Kollegen, unseren Kunden, unseren Freunden und Angehörigen sowie anderen Menschen in unserem Umfeld. Marshall Goldsmith schreibt: »Niemand erwartet von uns, dass wir immer recht haben. Aber wenn wir im Unrecht sind, erwartet man von uns, dass wir das eingestehen. In diesem Sinne ist es eine Chance, sich zu irren – die Chance zu zeigen, was für eine Art Mensch oder Führungskraft wir sind ... Wie Sie zu Ihren Fehlern stehen, macht mehr Eindruck auf andere als all Ihre Erfolge.«[15]

Wenn wir über unsere Fehler reden, macht uns das menschlicher. Die Leute finden leichter einen Draht zu uns. Sie haben das Gefühl, dass wir sie besser verstehen. Und in dieser geistigen Haltung sind sie für unseren Rat offener.

Das Schöne an diesem Prinzip ist, dass wir alle Fehler machen und so Geschichten zu erzählen haben, die anderen ein gutes Gefühl vermitteln. Vergessen Sie aber nicht, die Geschichte mit einem konstruktiven Ratschlag zu beschließen und nicht mit Kritik.

Wie wandte Carnegie dieses Prinzip an? Nehmen wir nur das Beispiel seiner Nichte und Assistentin Josephine. Sie hatte nur wenig berufliche

Erfahrung, also rief Carnegie sich ins Gedächtnis, wie es war, als er noch Berufseinsteiger war. »Du hast einen Fehler gemacht, Josephine«, fing er an. »Aber der Himmel weiß, dass er nicht schlimmer ist als alles, was ich so angestellt habe. Man braucht Erfahrung, um bestimmte Dinge richtig zu beurteilen, und du bist darin jetzt schon besser, als ich es in deinem Alter war. Ich habe so viel dummes Zeug angestellt, dass ich eigentlich wenig Lust habe, dich oder andere Leute zu kritisieren. Aber glaubst du nicht, es wäre besser gewesen, du hättest das so und so angefangen?«

Wenn Sie Ihre eigenen Fehler ansprechen, lenken Sie die Aufmerksamkeit Ihres Gegenübers weg von seinem Missgriff. Sie federn die Kritik ab und verhindern, dass der andere sofort die Zugbrücke hochzieht.

Wenn Sie Ihre Fehler zugeben, entsteht Vertrauen ganz von selbst.

Kapitel 3

Sprechen Sie Fehler gelassen an

Während des ersten Jahres seiner Präsidentschaft hatten Calvin Coolidge und seine Familie ihre Suite im dritten Stock des Willard-Hotels in Washington kaum je verlassen. In den frühen Morgenstunden erwachte der Präsident und entdeckte einen Einbrecher, der seine Kleidung durchsuchte und die Brieftasche einsteckte sowie seine Uhr. Coolidge sagte: »Ich wünsche, Sie legten das zurück. Ich meine nicht die Uhr und die Kette, sondern nur den Anhänger. Lesen Sie, was auf der Rückseite eingraviert ist.«

Der Einbrecher las: »Für Calvin Coolidge, Sprecher des Parlaments, vom Obersten Gerichtshof des Staates Massachusetts«.

Dann gab Coolidge sich als Präsident zu erkennen und überredete den Einbrecher, den Anhänger dazulassen. Die beiden begannen ein ruhiges Gespräch, bei dem der Präsident erfuhr, dass der junge Mann und sein Zimmergenosse an der Uni ihre Hotelrechnung nicht bezahlen konnten und auch kein Geld für das Bahnticket hatten, das sie zurück zur Universität bringen sollte. Coolidge holte 32 Dollar aus seiner Brieftasche (die der verblüffte junge Mann ebenfalls zurückgegeben hatte) und meinte, er würde ihm dies als Darlehen geben. Dann riet er dem Jüngling, er solle doch auf dem gleichen, eher unüblichen Weg in sein Zimmer zurückkehren, auf dem er hierhergekommen war, um dem Secret Service zu entgehen.[16]

Die Fehler eines Menschen indirekt anzusprechen, wirkt Wunder, gerade bei Menschen, die für direkte Kritik nicht zugänglich sind – und das gilt ja für die meisten Menschen. Führungspersönlichkeiten aller Art haben ein zweckmäßiges Instrument, um das Verhalten, das sie gerne bei anderen sähen, subtil zu fördern. Sie müssen es nur vorleben. Und wenn sie das nicht tun, senden sie eine ganz klare Botschaft: »Ich sage dir, dass du dich so und so verhalten sollst, aber eigentlich ist das nicht wirklich von Belang. Sonst würde ich es ja auch tun.«

Das ist das 13. Prinzip, das John Maxwell in seinem Buch *The 21 Irrefutable Laws of Leadership* vorstellt. Er nennt es: das »Prinzip der Reproduktion«, denn Menschen imitieren, was sie vor sich sehen. Dabei erzählt er die Geschichte des Zugführers Dick Winters, der im Zweiten Weltkrieg die Easy Company befehligte. Winters glaubte, dass ein Offizier immer mit gutem Beispiel vorangehen müsse. Er müsse jeden Angriff anführen und die gleichen Risiken eingehen wie seine Männer.

> *Eines der eindrucksvollsten Erlebnisse, das Winters' Führungsstärke unter Beweis stellt, trug sich bald nach der Landung der Alliierten in der Normandie zu. Es ging um die Straße nach Carentan, eine Stadt, die die Easy Company einnehmen musste. Als sich die Fallschirmjäger der Stadt näherten, zogen sie deutsches Maschinengewehrfeuer auf sich. Sie drückten sich beidseitig in den Straßengraben und kamen nicht mehr hervor, auch nicht auf Befehl. Doch wenn sie dort liegen blieben, würden sie zu Hackfleisch verarbeitet werden. Winters versuchte, sie anzufeuern. Er redete mit Engelszungen auf sie ein. Er trat sie. Er rannte von einer Seite der Straße auf die andere, obwohl ihm die Kugeln um die Ohren pfiffen. Schließlich stellte er sich mitten auf die Straße, die Kugeln schlugen rechts und links von ihm ein, und schrie seine Männer an, jetzt endlich aufzustehen. Und da waren sie plötzlich, einer neben dem anderen rückten sie vor wie eine Mauer. Aufgrund ihres Einsatzes konnte die Stadt eingenommen werden.*[17]

Manchmal ist es nicht möglich, andere zu beeinflussen, indem man ein bestimmtes Verhalten vorlebt – entweder weil man nicht mit den Menschen zusammen ist, deren Verhalten man beeinflussen will, oder weil wir in ihre Abläufe nicht eingebunden sind. Wie können wir ihr Verhalten dann beeinflussen? Die Autoren von *Die Kunst, alles zu verändern* haben dazu einige gute Tipps:

- Finden Sie heraus, wer in dieser Gruppe, Familie oder Gemeinschaft oder in diesem Team den meisten Einfluss hat, und bringen Sie diese Personen dazu, sich so zu verhalten, wie Sie das wünschen.
- Sprechen Sie die Gemeinschaft als Ganzes an und appellieren Sie an deren Gemeinsinn. Tatsächlich ist sanfter Gruppendruck ein wichtiges Werkzeug, um das Denken und Handeln der Beteiligten zu lenken.
- Ermöglichen Sie den Wandel, indem Sie die erforderlichen Ressourcen zur Verfügung stellen und das Umfeld schaffen, in dem er stattfinden kann. So erleichtern Sie es den Menschen, eine neue Denkweise oder ein neues Verhalten anzunehmen.[18]

Nach dem Ende des Zweiten Weltkriegs kehrten viele Soldaten von der Front zurück und gliederten sich wieder in den Arbeitsprozess ein. Dabei verdrängten sie die Frauen, die ihre Positionen ausgefüllt hatten, während sie an der Front waren, aus ihren Stellungen. Viele Frauen arbeiteten aber auch weiter, was gewisse Spannungen zwischen den Geschlechtern verursachte. Allerdings sah man nun die Rolle der Frau in der US-Wirtschaft anders.

Besonders heftig waren diese Kämpfe zwischen den Geschlechtern in den Restaurants landauf, landab. Die heimkehrenden Soldaten arbeiteten meist als Köche. Die Frauen, die bis dahin diese Stellung innegehabt hatten, wurden zurückgestuft auf die Position der Kellnerin, in der sie viel weniger verdienten. Das Resultat: Es gab ständig Ärger zwischen Küche und Service, und das in einem Umfeld, in dem Zusammenarbeit unabdingbar ist. Alle litten unter dieser Situation, auch die Gäste, die ihr Essen falsch oder viel zu spät bekamen. Die Mitarbeiter kündigten, das Restaurant verlor Kunden.

Also engagierte die National Restaurant Association William Foote Whyte, Professor an der Universität von Chicago. Er sollte das Problem lösen. Whyte beobachtete zuerst in mehreren Restaurants, was dort vor sich ging. Er wurde Zeuge, wie Köche und Kellnerinnen sich gegenseitig beschimpften, ignorierten und einander kleine Gemeinheiten zufügten (die meist zulasten der Kunden gingen). Natürlich hätte man versuchen können, dieses ungesunde Betriebsklima zu verbessern, sei es durch Teambuilding, den Aufbau zwischenmenschlicher Beziehungen oder bessere Entlohnung, wie es in *Die Kunst, alles zu verändern* heißt. Whyte entschied sich aber für einen anderen Ansatz. Seiner Ansicht nach musste sich die Art der Kommunikation ändern.[19]

Whyte suchte sich ein Restaurant als Modellprojekt aus. Die Kellnerinnen sollten die Bestellungen künftig auf eine einfache Metallspindel heften. Die Köche wiederum entschieden, welche Bestellungen sinnvollerweise als Erstes erledigt wurden, wobei sie darauf achten sollten, dass früher aufgenommene Bestellungen auch schneller abgearbeitet wurden. Die Resultate zeigten schnell: Es gab weniger Konflikte, weniger Beschwerden von Gästen und die Kommunikation und das Verhalten war von beiden Seiten respektvoller als vorher.

Manchmal ist der beste Weg zu einem wünschenswerten Verhalten nicht, Fehlverhalten sofort zu sanktionieren. Besser nutzt man die Gelegenheit, um ein besseres Selbstwertgefühl und bessere Beziehungen aufzubauen. Bob Hoover, ein berühmter Testpilot, der häufig bei Flugshows auftrat, flog eines Tages von einer solchen Show in San Diego zurück nach Hause, nach Los Angeles. In knapp 100 Metern Höhe stockten plötzlich beide Motoren seiner Maschine. Durch geschicktes Manövrieren konnte er die Maschine landen und sich und zwei Fluggäste retten. Aber das Flugzeug war schwer beschädigt.

Hoover inspizierte sofort die Benzinversorgung der Maschine. Wie er erwartet hatte, war das Flugzeug, das aus dem Zweiten Weltkrieg stammte, mit Flugbenzin und nicht mit normalem Benzin betankt worden. Als er zum Flughafen zurückkehrte, bat er um ein Gespräch mit dem Mechaniker, der die Maschine gewartet hatte. Der junge Mann war wegen seines Fehlers am Boden zerstört. Tränen rannen über sein Gesicht, als Hoover auf ihn zuging. Schließlich hatte er gerade ein sehr teures Flugzeug ruiniert und zudem drei Menschen in Lebensgefahr gebracht.

Man kann sich Hoovers Ärger durchaus vorstellen. Man kann sich ebenso vorstellen, wie dieser stolze, gewissenhafte Pilot den anderen für seine Nachlässigkeit zur Schnecke machen könnte. Aber Hoover machte dem Mechaniker keine Vorwürfe. Er erwähnte noch nicht mal seinen Fehler. Er legte dem Mann den Arm um die Schulter und sagte: »Um dir zu zeigen, dass ich davon überzeugt bin, dass du diesen Fehler nie wieder machen wirst, möchte ich, dass du morgen meine F-51 wartest.«

Fehler entstehen häufig, weil man sich selbst in einem Zustand befindet, für den mildernde Umstände gelten. Wenn wir im Job etwas falsch machen, dann kaum aufgrund von Inkompetenz. Wir begehen Fehler, weil wir mit Kopf und Herz woanders sind, weil es zum Beispiel familiäre Probleme gibt. Eine Führungskraft begreift, dass es überall zu Fehlern kommen kann und dass man sie daher eher als isolierte, vermeidbare Angelegenheit und nicht als Beleg für einen Charakterfehler betrachten sollte.

In einer Zeit, in der junge leitende Angestellte unauthentische Führung mit Skepsis betrachten, ist es am besten, Fehler offen anzusprechen, sich aber nicht zum Richter zu ernennen. Passiv-aggressives Verhalten oder manipulative Strategien riskieren, das Bild einer Führungskraft zu beschädigen. Dann gehen die Mitarbeiter nur mit Zynismus an ihre Aufgabe heran, sehen vielleicht sogar das ganze Unternehmen in schlechtem Licht. Es ist zu Ihrem Vorteil, wenn Sie Menschen so schnell wie möglich wieder aus ihrer Niedergeschlagenheit herausholen, und zwar indem Sie Fehler offen, aber auch gelassen ansprechen. Und den Betreffenden zeigen, dass sie weiterhin Ihr Vertrauen haben.

Kapitel 4

Stellen Sie Fragen, statt Befehle zu erteilen

Beim Militär gehören Befehle zum Alltag. Sie erhalten einen Befehl, und man erwartet von Ihnen, dass Sie ihn ohne Wenn und Aber ausführen. Als jedoch Kapitän D. Michael Abrashoff das Kommando über die *USS Benfold* erhielt, einen Lenkwaffenzerstörer, wusste er, dass die neue Herausforderung eine andere Taktik erforderte.

Die *Benfold* war nicht das beste Schiff der US-Marine, bei Weitem nicht. Die Mannschaft war unzufrieden, die Moral am Boden und die meisten Seeleute bummelten hier nur die Zeit bis zum Dienstende ab. Was diese ohnehin schon schwierige Führungssituation noch weiter erschwerte, war die Tatsache, dass der vorherige Kommandant nicht gerade beliebt gewesen war, sodass die Mannschaft den Neuen erst einmal kritisch beäugte. Für Kapitän Abrashoff war dies der erste Einsatz auf See und er war fest entschlossen, ihn zu einem Erfolg zu machen. Sein erster Schritt: Er wollte seine Leute kennenlernen. »Ich habe schnell gemerkt, dass meine junge Mannschaft klug, talentiert und voller guter Ideen war, die leider nie verwirklicht wurden, einfach weil ihnen niemand zuhörte«, so Kapitän Abrashoff in seinem Buch *It's Your Ship*, in dem er seine Führungsrolle auf der *Benfold* beschreibt.[20]

Kapitän Abrashoff schwor sich, auf seine Leute zu hören, und zwar nicht nur, wenn sie sich aus eigener Initiative an ihn wandten. Er wusste:

Wenn er mit seinem Schiff den Turnaround schaffen wollte, mussten die Ideen dazu von der Mannschaft kommen. Und die erfuhr er wohl am schnellsten, wenn er mit seinen Leuten redete. Kapitän Abrashoff sprach jeden Tag mit fünf verschiedenen Crewmitgliedern, bis er wirklich mit jedem an Bord eine Unterredung geführt hatte – mit insgesamt 310 Menschen. Und was erfuhr er nun in diesen Gesprächen?

Dass die Leute eine Menge Zeit mit drögen Aufgaben zubrachten. So wurde zum Beispiel das Schiff sechsmal im Jahr neu gestrichen. Also ließ Abrashoff, wo möglich, die rostanfälligen Teile ersetzen und die Außenverkleidung spezialbehandeln. So musste das Schiff erst wieder in zwei Jahren gestrichen werden, was der Mannschaft mehr Zeit für wichtigere Dinge wie ein besseres Training ließ. Abrashoff erfuhr außerdem, dass ein Großteil der jungen Leute sich zur Marine gemeldet hatte, um eine kostenlose akademische Ausbildung zu erhalten. Also ließ er seine Leute den Studieneingangstest SAT absolvieren und bestellte Fernkurse für alle, die studieren wollten. Er fand auch heraus, dass die jungen Leute häufig aus schwierigen Verhältnissen stammten und es im Leben nicht leicht gehabt hatten.

Trotzdem hingen sie sehr an ihren Familien. Abrashoff versuchte, diese Verbindung zu stärken, indem er Eltern und Ehepartnern Geburtstagskarten zukommen ließ sowie lobende Berichte und andere wichtige Mitteilungen. »Ich wollte, dass unsere Ziele im Einklang stehen«, schreibt Kapitän Abrashoff, »sodass die Mannschaft ihren Dienst auf der *Benfold* als Möglichkeit sah, ihre Talente einzusetzen. Damit ihre Arbeit hier einen Sinn hatte.«

Und das Ergebnis dieser vielen Fragen? Die Moral verbesserte sich zusehends, die Leute schoben die Grenzen des Möglichen immer weiter hinaus und bei Überprüfungen galt die *Benfold* bald als eines der bestgeführten Schiffe der Marine.

Hätte Kapitän Abrashoff einfach nur den Befehl erteilt, das Ranking zu verbessern und der Crew den Ablauf vorgeschrieben, wie hätte das Resultat dann wohl ausgesehen? Das werden wir nie erfahren, aber es ist doch eher unwahrscheinlich, dass die *Benfold* zu dem Schiff – oder dem Leadership-Katalysator – geworden wäre, das sie am Ende war.

Fragen zu stellen, statt Befehle zu erteilen, macht Anweisungen nicht nur leichter verdaulich. Es fördert auch die Kreativität, sodass Probleme innovativ gelöst werden. Die Menschen gehen eher neue Wege, wenn sie an deren Gestaltung beteiligt waren.

Die Führungskräfte der Marriott Hotels, einem Familienunternehmen, waren bekannt dafür, dass sie die Hotels inspizierten, um deren gute Führung sicherzustellen. Bill Marriott jr. war, wie Ed Fuller, der Direktor von Marriott International Lodging, »ständig auf Achse. Er stellte Fragen und achtete genauestens auf die Antworten.«

Manchmal kritisierte man ihn dafür, dass er auf zu viele Leute hörte – denn er achtete die Meinung der Menschen, die wirklich mit den Gästen zu tun hatten, genauso wie die der Führungskräfte ... Seine Lieblingsfrage war: »Was denken Sie?« Auf diese Weise umging er die Neigung der Angestellten, möglichst nichts zu sagen, um keinen Ärger zu machen oder keine schlechten Nachrichten überbringen zu müssen.[21]

Bill Marriott jr. war eine ausgezeichnete Führungskraft, die die negativen Auswirkungen des »Mum-Effekts« verstand. Er band alle Mitarbeiter in sein Bestreben ein, jedes Marriott-Hotel zur Bestleistung zu führen.

Es ist offensichtlich, dass die Beteiligten sich stärker einbringen, wenn Fragen gestellt werden. Trotzdem schlagen viele Führungskräfte diesen Weg nicht ein. Warum? Weil Fragen zu stellen manchmal so herüberkommt, als wollten wir nur unsere Meinung bestätigt haben. Warum also nicht gleich sagen, was wir wollen? Das wäre vielleicht einfacher. Nun, weil Menschen eben nicht gerne Befehle empfangen.

Führungskräfte stellen nicht gerne Fragen, weil sie nicht wissen, was dabei herauskommt. Und wenn der andere nun nicht sagt, was wir hören wollen? Das kann durchaus passieren. Aber Sie als Führungskraft sollten das eher als Chance denn als Risiko sehen. Die Antwort, die Sie bekommen, ist vielleicht – ja sogar wahrscheinlich – besser als die, die Sie bereits kennen.

Ian Macdonald aus dem südafrikanischen Johannesburg war Geschäftsführer einer kleinen Firma, die sich auf die Herstellung von Präzisionsteilen für Maschinen spezialisiert hatte. Als er vor der Wahl stand, einen enorm großen Auftrag anzunehmen, dachte er, das Unternehmen würde das nicht schaffen. Sie waren ohnehin schon ausgebucht, und die Bearbeitungszeit war wirklich sehr knapp bemessen.

Statt seine Leute jedoch einfach nur anzutreiben, noch mehr zu arbeiten, rief er sie zusammen und erklärte ihnen die Situation. Er sagte ihnen auch, wie viel es für das Unternehmen und sie selbst bedeuten würde, könnten sie diesen Auftrag termingerecht abarbeiten. Dann fing er an, Fragen zu stellen: »Gibt es eine Möglichkeit, diesen Auftrag auszuführen? Fällt jemandem etwas ein, wie wir unsere Arbeitsabläufe verändern könnten, damit wir das noch schaffen? Wie könnten wir die Arbeitsbelastung und die personelle Aufstellung verändern?« Tatsächlich hatten die Angestellten jede Menge Ideen und bestanden darauf, dass der Auftrag angenommen wurde. Und tatsächlich schaffte man die Produktion termingerecht.

Das sollte zwar nicht der Fall sein, aber die meisten Führungskräfte scheuen davor zurück, mit ihren Mitarbeitern über deren Leistung zu sprechen. Sie wissen, dass einige ihrer Angestellten besser werden müssen. Aber sie erwarten auch eine Auseinandersetzung, wenn es zu Kritik kommt. Und sie fürchten, dass die Mitarbeiter abblocken und dass ihre Motivation sinkt. Wenn Sie als Führungskraft so denken, müssen Sie Ihre Handlungsweise ändern.

Viele Mitarbeiter wissen sehr genau, wo ihre Stärken und Schwächen liegen. Manche mögen das nicht verstehen, aber der Großteil wird Ihnen, wenn Sie mal nachhaken, genau das sagen, was Sie denken. Daher empfehlen Organisationspsychologen auch, in den Prüfprozess eine Selbsteinschätzung des Mitarbeiters einzufügen. Studien zeigen, dass diese Selbsteinschätzungen zu Mitarbeitergesprächen führen, die für beide Seiten angenehmer und zielführender verlaufen.[22] Bitten Sie Ihre Mitarbeiter, sich vor dem Gespräch über folgende Punkte Gedanken zu machen: »Worin sind Sie besonders gut? Was sind Ihre Ziele für das kommende Jahr? Wo können Sie Ihrer Ansicht nach Ihre Fähigkeiten verbessern, um diese Ziele zu erreichen?«

Stellen Sie sich vor, das Gespräch beginnt und Sie haben die Antworten auf diese Fragen bereits vorliegen. Und Sie müssen sich diese nicht erst selbst erarbeiten. Denn in 80 Prozent der Fälle werden Ihre Mitarbeiter die gleichen Schlüsse ziehen wie Sie, sodass das Gespräch sehr viel angenehmer verläuft.

Das Praktische an Fragen ist, dass Sie sie in fast jedes Medium integrieren können. Wie wäre es, wenn Sie Ihrem Team mal eine SMS oder einen Tweet senden, wenn es um die Behandlung eines schwierigen Kunden geht? Mitarbeiter, denen das schwerfällt, würden vielleicht ihre Methodik überdenken oder zumindest merken, dass sie diesbezüglich keinen Plan haben. Und mit 140 Zeichen lassen sich starke Fragen formulieren.

Fragen setzen einen Dialog in Gang, egal in welchem Medium sie gestellt werden. Und dieser verbessert die Lage für alle Betroffenen. Darüber hinaus hat jeder das Gefühl, zum Ergebnis beigetragen zu haben.

Würden Sie nicht selbst lieber auf eine Frage antworten, als eine Anweisung auszuführen?

Kapitel 5

Sorgen Sie dafür, dass niemand das Gesicht verliert

Im Sommer 1941 verlieh man Sergeant James Allen Ward das Viktoriakreuz, weil er in knapp 4000 Metern Höhe über der Zuidersee auf die Tragfläche seines Wellington-Bombers hinausrobbte, um ein Feuer am Steuerbordmotor zu löschen. Als Sicherung hatte er nur ein Seil um die Taille. Ward schaffte es, das Feuer zu löschen, und robbte dann zurück in die sichere Kabine. Winston Churchill, der solche verwegenen Kunststücke zutiefst bewunderte, bat den scheuen Neuseeländer in die Downing Street. Ward jedoch, stumm vor Ehrfurcht, brachte kein Wort heraus, als Churchill ihm seine Fragen stellte. Darauf betrachtete der Politiker den unglückseligen Helden voller Mitgefühl. »Sie fühlen sich in meiner Gegenwart ganz klein mit Hut, nicht wahr?«

»Ja, Sir«, antwortete Ward.

»Dann stellen Sie sich mal vor, wie klein ich mich in der Ihren fühle.«[23]

Mit wenigen Worten schaffte Churchill es, dass Ward sich nicht mehr wie ein Narr, sondern wie ein Held fühlte. Er zeigte Verständnis für Wards Befangenheit und half ihm, das Gesicht zu wahren.

Nur wenige Menschen machen sich Gedanken, wie sie anderen helfen können, ihr Gesicht nicht zu verlieren. Wir trampeln lieber auf den Gefühlen anderer Leute herum, fahren die Ellbogen aus, zeigen mit dem Finger auf deren Fehler, spucken Drohungen aus oder putzen Kinder und

Angestellte vor anderen gnadenlos herunter. Dabei könnten wir durchaus rücksichtsvoll agieren, uns die Gefühle unseres Gegenübers klarmachen und ein Gespräch unter vier Augen führen – um dem Ganzen die Spitze zu nehmen. Und doch nehmen wir uns dafür nur selten die Zeit.

Was löst ein derart unsensibles Verhalten bei den Menschen in unserem Umfeld aus? Sie haben Angst zu versagen. Wenn wir wissen, dass wir wegen unserer Fehler niedergemacht werden, und das vielleicht noch in aller Öffentlichkeit, werden wir dann je ein Risiko eingehen? Werden wir uns bemühen, innovativ und kreativ zu sein? Werden wir unsere Ideen zur Sprache bringen? Wohl kaum.

Und doch macht jeder von uns Tag für Tag Fehler – zu Hause, am Arbeitsplatz, bei allem, was wir tun. Das ist so normal, dass die altehrwürdige *Harvard Business Review* im April 2011 eine ganze Ausgabe nur diesem Thema widmete. Der Titel: »Fehler: Wie wir sie besser verstehen, daraus lernen und uns davon erholen können.« Kein Wort davon, dass man sie tunlichst vermeiden sollte.

Natürlich wissen wir alle, dass Fehler unvermeidlich sind. Warum also können wir unsere Mitmenschen nicht unterstützen, damit besser fertigzuwerden? Die Redakteurin einer großen Mediengruppe war dafür verantwortlich, eine neue Zeitschrift herauszubringen. Sie verwendete ein Jahr voller Anstrengung und Engagement darauf, das neue Magazin auf dem Markt zu etablieren, aber ohne Erfolg. Die Publikation musste eingestellt werden.

Der CEO des Unternehmens hätte sie nun feuern oder herunterstufen können. Er hätte sie als Beispiel hinstellen können für das, was man besser *nicht* tut. Stattdessen spannte er ihr ein psychologisches Sicherheitsnetz auf und erlaubte ihr, das Gesicht zu wahren. »Auf einer Führungskräftekonferenz erhob sich der CEO und gratulierte der gescheiterten Redakteurin zu ihrem Mut und ihrem Können, denn sie habe das Falsche richtig gemacht. Sie habe ja die unglückselige Entscheidung nicht allein getroffen, sondern die Unterstützung der Verlagsleitung gehabt und die Zeitschrift habe trotz hervorragender Inhalte und einer guten Vermarktung nicht eingeschlagen.« Das schreibt Robert Sutton in *Der Chef-Faktor*.[24]

Sutton nennt die Technik, die der CEO hier anwandte, »Vergeben und Sich-Merken«. So können Sie von Fehlern lernen und Verhalten tatsächlich verändern. Die Technik wurde von Charles L. Bosk in seinem Buch *Forgive and Remember: Managing Medical Failure* vorgestellt.[25] Das Ziel ist, Menschen dazu zu bringen, Verantwortung für ihr Tun zu übernehmen, und ihnen gleichzeitig zu helfen, ihr Scheitern zu verarbeiten, was für jeden ein mitunter demoralisierender innerer Kampf ist. Aber ist das nicht die eigentliche Verantwortung jeder Führungskraft? Denn wenn die Schlacht dann definitiv verloren ist, wird die betreffende Person wenig aus ihren Fehlern lernen. Ihr Selbstvertrauen lässt nach und sie wird ängstlich, sodass sie weniger zum Erfolg des Unternehmens, der Familie oder einer anderen Gruppierung beitragen kann.

Selbst wenn Sie sich als Führungskraft noch so sehr bemühen: Ihre Mitarbeiter werden mitunter scheitern. Und auch eine Führungskraft wird gelegentlich scheitern. Wenn wir dies akzeptieren und aus Fehlern lernen können, können wir auch anderen helfen, solche Momente durchzustehen und trockenen Fußes ans andere Ufer zu gelangen. Eine echte Führungspersönlichkeit schafft es, die kreativen und innovativen Energien des eigenen Teams zu stärken, indem sie ihren Mitarbeitern ermöglicht, das Gesicht zu wahren, selbst wenn das Kind noch gar nicht in den Brunnen gefallen ist.

Fiona Lee, Amy Edmundson und Stefan Thomke befragten 688 Angestellte einer großen Krankenversicherung während der Einführung eines neuen Datenbanksystems, das Daten aus allen Abteilungen der Organisation zusammenfasste. Die Angestellten hatten nur eine sehr knappe Einführung erhalten. Sie sollten sich per Learning by Doing in das neue System einarbeiten.[26]

Das Resultat? In den Abteilungen, in denen die Vorgesetzten ihren Mitarbeitern gesagt hatten, dass Fehler in diesem Prozess ganz normal seien und keine Konsequenzen für die Betreffenden haben würden, experimentierten die Angestellten sehr viel eingehender. In Abteilungen, in denen die Manager keine klare Botschaft aussandten und Versagen, wenn auch subtil, bestraften, probierten die Mitarbeiter weniger herum. Angestellte der untersten Ebene nutzten das neue System gar nicht, weil sie Angst hatten zu versagen. Wie zu erwarten war, erlernten die Mitarbeiter, die am meisten mit dem neuen, effizienteren System experimentierten, den Umgang damit schneller und setzten es auch täglich in ihrer Arbeit ein.

Was die unterstützenden Manager anging, so entwickelten sie bei ihrem Team etwas, das man »Resilienz« nennt. Resilienz, so Martin P. Seligman, der Pionier der Positiven Psychologie, sorgt für den entscheidenden Unterschied in der Reaktion der Menschen, wenn diese scheitern. In seinen Büchern zeigt er immer wieder auf, wie manche Menschen nach einem Scheitern wieder auf die Beine kommen, wie sie aus der Erfahrung lernen. Andere hingegen geraten in einen immer stärkeren Leidenssog. Sie kritisieren sich ständig selbst und entwickeln starke Zukunftsängste. Welche Reaktion würden Sie bei Ihren Mitmenschen lieber sehen?

Unternehmen, die ehemalige Soldaten einstellen, kennen den Wert der Resilienz. Sie wissen, dass Soldaten lernen, mit Fehlern umzugehen, mitunter in kritischen Situationen, die ein sofortiges Reagieren erfordern.

Donovan Campbell beschreibt in seinem Buch *Joker One* seine Erfahrungen als Zugführer im Irakkrieg. Heute ist er Leiter des Leadership Development Program von PepsiCo, in dem Führungskräfte ausgebildet werden. Er erläutert, was er als Soldat gelernt hat.

> *In der Schule werden Sie belohnt, wenn Sie keine Fehler machen. Dann machen Sie Ihren Abschluss und nehmen eine berufliche Tätigkeit auf. Auch dort werden Sie befördert, wenn Sie wenig Fehler machen. Also entwickeln Sie die Einstellung, dass Fehler um jeden Preis vermieden werden müssen. Beim Militär aber lernen Sie, dass es ganz egal ist, wie sehr Sie sich bemühen und wie gut Sie sind. Denn erstens werden Sie Fehler machen. Und zweitens sorgen die Umstände, der Feind oder eine geänderte Situation dafür, dass Sie keinen Erfolg haben und Sie scheitern. Und Sie lernen, sich mit diesem Gedanken anzufreunden.*[27]

Diesen wohlüberlegten Ansatz, mit Misserfolgen umgehen zu lernen, statt einfach nur in Unentschlossenheit oder Untätigkeit zu erstarren, wünschen wir uns von unseren Mitarbeitern und Führungskräften. Wenn wir ihnen die Sicherheit vermitteln, dass sie auch scheitern dürfen, dann werden sie Fehler eher zugeben (und das ist eine wichtige Grundlage für erfolgreiche Führung). Sie werden schneller wieder auf die Beine kommen und mehr aus ihren Fehlern lernen. Als Führungskraft wiederum bekommen Sie ein umfassenderes Bild von der Arbeit Ihrer Leute und können sie besser anleiten und beraten.

Wie also schaffen wir eine solche Umgebung? Charlene Li beschreibt in ihrem wichtigen Buch *Open Leadership* fünf Methoden, mit denen Sie Ihrem Team organisatorische Resilienz einflößen können.

- *Akzeptieren Sie, dass Fehler passieren.* So können Sie als Führungskraft Fehler leichter eingestehen, wenn sie schon mal passiert sind. Und Sie können mit Ihrem Team darüber reden, wie wahrscheinlich solche Fehler sind.
- *Stärken Sie den Dialog und damit das Vertrauen.* Probleme ehrlich zu besprechen, ist der beste Weg, um aus ihnen zu lernen und sie im Keim zu ersticken, bevor sie sich zur Katastrophe entwickeln können.
- *Trennen Sie Mensch und Fehler.* Sagen Sie nicht: »Sie sind gescheitert«, sondern: »Das Projekt ist gescheitert.« In den meisten Fällen entspricht dies auch den Tatsachen. Amy Edmondson, Professorin an der Universität Harvard, hat diesen Punkt genauer erforscht. »Wenn ich Manager bitte einzuschätzen, wie viele Fehler in ihrer Organisation einem konkreten Mitarbeiter zugeordnet werden können, liegen die Antworten immer im niedrigen einstelligen Bereich – zwischen 2 und 5 Prozent. Wenn ich aber frage, wie viele Fehler bestimmten Mitarbeitern zur Last gelegt werden, sagen sie (nach einer verlegenen Pause oder einem Lachen) 70 bis 90 Prozent. Die bedauernswerte Folge ist, dass die meisten Fehler gar nicht erst gemeldet werden und niemand daraus lernt.«[28]
- *Lernen Sie aus Fehlern.* Sonst verpassen Sie die Gelegenheit, sich und Ihre Mitarbeiter weiterzuentwickeln.
- *Schaffen Sie ein System, das Risiken und Fehler registriert.* Ein methodischer Ansatz im Umgang mit Fehlern und Risiken hilft, die emotionale Reaktion darauf abzufedern. Warum aber sollten wir uns so viel Mühe machen? Der große italienische Designer Alberto Alessi meint, die Formgebung der Produkte entwickle sich entlang der Grenze zwischen dem Möglichen und dem Unmöglichen. Die besten

> Designs entstehen an ebendieser Grenzlinie, wo sie gerade noch im Bereich des Möglichen liegen. Das ist der Ort der Innovation, der Raum, in dem wir unsere Talente ausprobieren und als Persönlichkeit wachsen. Sich so eng an diese Grenze zu halten, heißt natürlich auch, dass man oft darüber hinausschießt – dann landen Sie im Bereich des Unmöglichen und sind somit gescheitert. Aber das ist ein grandioses Scheitern, und wer weiß, was Sie daraus lernen können. Der berühmte Staubsaugerdesigner Sir Richard Dyson entwickelte 5000 Prototypen, bevor er den ersten auf den Markt brachte.

Wir dürfen eines nie vergessen: Wie ein Mensch mit einem Fehler umgeht, hängt davon ab, welche Unterstützung er hat, während er diesen bitteren Moment durchlebt und daraus lernt. Ein ganz wesentlicher Unterschied zwischen außergewöhnlichen und gewöhnlichen Menschen ist, wie sie Fehler wahrnehmen und darauf reagieren. Eine gute Führungskraft kann beeinflussen, zu welcher Gruppe ihre Mitarbeiter gehören.

Nun gibt es aber Fehler und »Fehler«. Manche Fehler gehen zurück auf eine geringfügige Fehleinschätzung, auf Unerfahrenheit oder schlechte Anleitung der Mitarbeiter. Das sind echte Fehler. Andere jedoch entstehen, weil jemand aus Rücksichtslosigkeit, Gier oder mangelndem Interesse am Wohlbefinden anderer Menschen handelt. Diese Leute streben nach Erfolg auf Kosten anderer. In so einem Fall ist es auch unwahrscheinlich, dass der Betreffende Reue empfindet oder Verantwortungsgefühl zeigt. Ist es angemessen, solch einem Menschen zu helfen, sein Gesicht zu wahren? Möglicherweise nicht. Sind der Fehler und die Haltung, die dazu geführt hat, gravierend, dann verschärfen Sie das Problem nur, wenn Sie dem Verantwortlichen helfen, sich ohne Gesichtsverlust aus der Affäre zu ziehen. In solchen Fällen sollten Sie so weit als möglich darauf verzichten, das Problem öffentlich zu kommentieren. Suchen Sie vielmehr das Gespräch unter vier Augen, um die Person mit deutlichen Worten auf ihr Fehlverhalten hinzuweisen.

Mit Charlene Lis Tipps können Sie in größerem Rahmen ein Umfeld schaffen, das Fehler nicht mit Strafen ahndet. Aber ihre Ratschläge funktionieren auch für Situationen, in denen wir einer Einzelperson helfen wollen, über einen kleineren Fehler, ein Versehen oder einen Fauxpas hinwegzukommen, ohne sich gedemütigt zu fühlen.

- Akzeptieren Sie, dass ein Fehler passiert ist, aber tun Sie das auf nette Art. So zu tun, als wäre nichts passiert, passt zwar zur Idee von Vergeben und Vergessen, aber wenn der Fehler nicht zu übersehen ist, wirkt das aufgesetzt.
- Übernehmen Sie dort Verantwortung, wo Sie am Zustandekommen eines Fehlers beteiligt waren, selbst wenn Sie nur minimalen Einfluss hatten.
- Richten Sie Ihr Augenmerk darauf, was trotzdem an Positivem gewonnen wurde.
- Betrachten Sie – wenn dies möglich ist, ohne andere öffentlich für den Fehler verantwortlich zu machen – das Geschehen aus einer umfassenderen Perspektive.

Nehmen wir mal an, Sie sind zu einem Empfang eingeladen, und man stellt Sie jemandem vor, den Sie bereits kennengelernt haben. Offensichtlich erinnert Ihr Gegenüber sich aber nicht mehr an Sie. Sie könnten sagen: »Wir sind uns ja schon mal begegnet.« Damit machen Sie den anderen auf seinen Fehler aufmerksam. Oder Sie sagen: »Ach, hallo, Mark! Schön, Sie mal wiederzusehen. Waren Sie letzten Monat nicht auch auf dem Lunch vom Better Business Bureau? Es war ein tolles Networking-Event, aber es waren so viele Leute dort, dass man doch etwas überfordert war.«

Heute werden unsere Fehler, Misserfolge und Niederlagen sehr viel schneller und breiter publik als früher. Wenn ein Mitarbeiter einen Fehler macht, kann es passieren, dass der Kunde darüber in seinem Blog schreibt oder die Erfahrung auf Facebook postet. Mitunter schickt er sogar eine verschnupfte E-Mail an den CEO des Unternehmens. Der Mitarbeiter lebt also ohnehin schon in Angst vor Herabsetzung. Warum das noch verschlimmern? Anderen zu ermöglichen, ihr Gesicht zu wahren, ist gerade im digitalen Zeitalter ein ganz entscheidender Schritt.

Manchmal ist das allerdings schwierig, vor allem, wenn der Fehler schon breite Aufmerksamkeit erregt hat. In dem Fall müssen Sie genau überlegen, was Sie beispielsweise in einer E-Mail schreiben. Gelangt eine E-Mail in falsche Hände oder wird gar gehackt und in einem Blog gepostet, dann kann dies nicht nur peinlich werden. Es kann den Ruf eines Menschen zerstören. Wenn Sie einen Fehler oder ein Versehen ansprechen, dann tun Sie das am besten persönlich oder am Telefon. Lob und konstruktive Ratschläge können Sie durchaus auch schriftlich mitteilen.

Natürlich ist es wichtig, anderen zu helfen, mit ihren Fehlern wieder ins Reine zu kommen, ohne darum ein großes Aufheben zu machen. Aber es kann auch eine gute Strategie sein, Kunden oder potenziellen Kunden zu helfen, das Gesicht zu wahren. Wolfgang Schmitt erklärt, wie seine Firma *Rubbermaid* diese Strategie einsetzt, um neue Kunden zu gewinnen:

> *Natürlich bekommen wir Beschwerden. Etwa die Hälfte dieser Beschwerden entsteht dadurch, dass die Verbraucher ein Produkt kaufen und denken, es sei von uns, aber tatsächlich es ist das Produkt eines Konkurrenten. Also schreiben die Verbraucher uns an. In einem solchen Fall fahren wir die Strategie, ihnen einfach einen persönlichen Brief zu schreiben, in dem wir ihnen mitteilen: ›Wir können Ihren Irrtum nachvollziehen, denn dieser Konkurrent kopiert unsere Produkte. Ihnen ist also unbewusst ein Irrtum unterlaufen, aber wir möchten, dass Sie den Qualitätsunterschied selbst sehen. Testen Sie deshalb eines unserer Produkte kostenlos.‹ Wir schicken ihnen dann unser Ersatzprodukt für das, was sie beanstandet haben. Unserer Meinung nach ist dies eine wunderbare Möglichkeit, diesen Verbrauchern den Wert von Rubbermaid glaubhaft zu vermitteln.*[29]

Selbst wenn der andere falschliegt, greifen wir doch nur sein Ego an, wenn wir dafür sorgen, dass diese Person ihr Gesicht verliert. Sein Verhalten ändert sich deswegen kein bisschen.

Wenn wir uns jedoch für eine Strategie entscheiden, die es dem anderen ermöglicht, sein Gesicht zu wahren, dann stärken wir sein Selbstvertrauen und bauen Vertrauen in die Beziehung auf. Helfen Sie einem anderen, das Gesicht zu wahren, dann wird Ihr Einfluss auf diese Person steigen. Machen Sie das öfter, und es gibt nichts, was dieser Mensch nicht für Sie tun wird.

Kapitel 6

Legen Sie jede Verbesserung unters Vergrösserungsglas

An einem schönen Tag des Jahres 2010 richtete die Hotelkette Best Western eine Facebook-Seite ein. Die Seite hatte viele Besucher. Hunderte von Gästen hinterließen auf der Pinnwand eine Nachricht.

»Wallace sorgt dafür, dass müde Reisende sich fühlen, als wären sie zu Hause angekommen. Das Tollste an der Hotellobby ist sein Lächeln.«

»Wallace ist der Beste. Wir kommen immer wieder zurück, um ihn zu treffen.«

»Als wir abreisten, fragen die Kinder, wann wir Wallace wieder besuchen würden.«

»Ich laufe mitunter gut 15-mal an ihm vorbei, in der Lobby oder auf den Fluren, aber er hat jedes Mal ein freundliches Lächeln und einen lockeren Spruch auf den Lippen. Er gehört zu den absoluten Höhepunkten jeder Reise hierher.«

»Wir sollten alle so miteinander umgehen, wie Wallace es mit uns macht. Wenn er je einen schlechten Tag hat, dann bemerkt es garantiert niemand.«

»Auf all meinen Reisen habe ich nie einen hilfsbereiteren und netteren Menschen kennengelernt, dem es so wichtig ist, dass die Gäste sich willkommen fühlen.«

»Wenn ich Wallace begegne, verschönt mir dies den ganzen Tag. Sein warmer Gruß, seine Kenntnis der Stadt, seine Freundlichkeit und

Professionalität und dieses unglaubliche Lächeln machen meinen Aufenthalt zu etwas ganz Besonderem … Er hat die spezielle Gabe, auf Menschen einzugehen.«

Wer ist nun dieser Wallace? Wallace Pope aus Chicago, alleinerziehender Vater und langjähriger Angestellter des Best Western River North Hotels, ist ein Mann, der nichts lieber tut, als anderen zu helfen. Als Wallace von der Illinois Hotel and Lodging Association für den »Stars of the Industry«-Preis nominiert wurde, wollte Best Western unbedingt zeigen, wie sehr man hinter diesem Mann stand – und ihm helfen zu gewinnen.[30] Also lancierte das Hotel eine Website mit dem Titel »Wallace soll gewinnen«. Man bat die Gäste des Hotels, dort Geschichten zu posten, wie Wallace ihnen geholfen hatte. Innerhalb der ersten Woche meldeten sich 2722 Gäste und schilderten ihre Dankbarkeit für Wallaces Hilfe und Unterstützung. Seine Freundlichkeit, seine Gabe, die Reise zu etwas Besonderem zu machen, sein persönlicher Touch wurden dabei wieder und wieder angesprochen. Wallace gewann den Preis nicht. Aber das Lob, das er auf dieser Seite erhielt, war ihm wichtiger als jede Plakette.

Lob und Ermutigung: Dies sind die beiden wesentlichen Faktoren, um Menschen zu motivieren, ihr Potenzial zu erfüllen, sich zu verbessern oder zu verändern. Und doch fällt es uns immer wieder schwer, die Bemühungen der Menschen um uns herum zu würdigen.

Dr. Gerald Graham fragte sich, was Manager wohl tun könnten, um ihre Mitarbeiter besser zu motivieren. Also befragte er 1500 Angestellte, und die Resultate überraschten ihn dann doch.

- 58 Prozent gaben an, dass sie von ihrem Vorgesetzten nie gelobt werden.
- 76 Prozent meinten, dass sie nie schriftliches Lob erhalten hätten.
- 81 Prozent berichteten, dass sie nie in der Öffentlichkeit gelobt worden waren.

Dabei ergab die Studie klar, dass Lob von einem Vorgesetzten, ein schriftliches Dankeschön und öffentliches Lob drei der fünf wichtigsten Motivationsfaktoren sind.[31]

Diese Resultate stammen aus dem Jahr 1982. Jahrzehnte später haben sich die Dinge nicht wesentlich verändert. Angestellte, deren Leistung häufig gewürdigt wird, sind immer noch produktiver. Organisationen, in denen die Angestellten häufig gelobt werden, sind erfolgreicher als andere. Lob gehört zu den zwölf Erfolgsfaktoren, die Marcus Buckingham und Curt Koffman in ihrem Buch *Erfolgreiche Führung gegen alle Regeln* beschreiben. Diese Indikatoren gründen auf umfangreichen Befragungen des Gallup-Instituts. Und doch bringen es Manager immer noch kaum über sich, ausreichend zu loben.

Wir alle wollen bemerkt werden. Wir möchten uns wichtig fühlen. Und wenn wir uns verbessert oder etwas geleistet haben, ist Lob ein klares Indiz dafür, dass andere dies bemerkt haben und dass unsere Leistung einen Unterschied macht. Das gilt im Beruf ebenso wie in der Familie, in der Schule genauso wie in der Gemeinde. Eines der psychologischen Naturgesetze lautet: Wir setzen Verhalten fort, für das wir gelobt werden. Verhalten, das keine positive Anerkennung findet, wird früher oder später aufgegeben.

Das Center for Management and Organization Effectiveness hält folgende Ratschläge parat, wie Sie Ihren Mitmenschen öfter Ihre Anerkennung zeigen können.[32]

1. »Sprechen Sie echt empfundenes Lob aus.« Seien Sie wirklich aufrichtig.
2. »Loben Sie so bald wie möglich.« Warten Sie nicht erst das nächste Meeting ab, das nächste Mitarbeitergespräch, das Abendessen in der Familie oder das nächste Treffen Ihrer Kirchengemeinde. Bis dahin ist die Freude des Betreffenden über seine Leistung längst verflogen, und Sie haben die Gelegenheit verpasst, diese Freude zu verstärken.
3. »Loben Sie konkrete Verhaltensweisen.« Ein einfaches Dankeschön ist noch kein Lob, sondern reine Höflichkeit. Wenn Ihre Mitmenschen das Gefühl haben sollen, dass sie mit ihren Bemühungen Ihre Wünsche erfüllen, müssen Sie ihnen genau sagen, was Sie an ihren Anstrengungen zu schätzen wussten.

4. »Loben Sie öffentlich.« Im Zeitalter der sozialen Medien wird öffentliches Lob einfacher als je zuvor, es gibt also keine Entschuldigung, es zu unterlassen. Best Western jedenfalls hat das richtig gut gemacht. Heute müssen Sie nicht mehr auf das nächste Quartalstreffen warten, um gute Arbeit anzuerkennen.

Wir sollten uns also bemühen, andere so oft wie möglich zu loben. Vielen Menschen wird das ohnehin leichtfallen. Wir müssen einfach nur die Gelegenheiten nutzen, die sich dafür bieten. Kapitän Abrashoff von der *USS Benfold* wusste besser als andere Führungskräfte, was Lob bewirken kann.

> *Die meisten meiner jungen Seeleute kamen aus ärmlichen Verhältnissen und hatten sich in die Marine förmlich hineingekämpft. Ich überlegte mir, wie ich mich als Elternteil fühlen würde, wenn ich Briefe vom kommandierenden Offizier meines Kindes erhielte. Und wie die jungen Leute sich fühlen würden, wenn ihre Eltern ihnen davon erzählten. Also fing ich an, Briefe an die Eltern zu schreiben, vor allem wenn ihre Söhne oder Töchter etwas wirklich Lobenswertes getan hatten. Wenn die Briefe ankamen, riefen die Eltern ihre Kinder an und sagten ihnen, wie stolz sie auf sie waren.*[33]

Einer der Seeleute gehörte zu einem Team, das gerade eine Spitzenleistung erbracht hatte, auch wenn er selbst nicht unbedingt federführend dabei war. Kapitän Abrashoff war sich bewusst, dass es dem Soldaten den nötigen Ansporn geben würde, wenn er ihn als Teil des Teams lobte. Also schickte er einen entsprechenden Brief an die Eltern des jungen Mannes. Zwei Wochen später klopfte dieser an die Tür des Kapitäns. Tränen liefen ihm über die Wangen. »Ich habe gerade einen Anruf von meinem Vater bekommen, der mir sein Leben lang gesagt hat, ich sei eine Pfeife. Dieses Mal meinte er, er hätte gerade Ihren Brief gelesen und sei unglaublich stolz auf mich. Das ist das erste Mal in meinem Leben, dass mein Vater mich gelobt hat.«

Offensichtlich war dies eine wichtige Erfahrung für den jungen Mann. Wie glauben Sie, hat das seinen Glauben, dass er etwas zustande bringen kann, verändert? Und seinen Einsatz für den Erfolg seines Teams?

Lob ist wichtig und notwendig, aber es heißt auch, dass man an bestimmten Standards gemessen wird. Große Führungspersönlichkeiten wissen, dass man die restliche Zeit über mit Ermutigung arbeiten sollte. »Lob sollten Sie nur spenden, wenn jemand ein ›gutes‹ Resultat abliefert. Ermutigen können Sie ihn aber immer, auch wenn es mal nicht so gut läuft.«[34] Das ist letztlich die Essenz von Ermutigung – dem anderen zu zeigen, dass man an seine Talente, Fähigkeiten und Gaben glaubt, ganz egal, wie sich die Lage im Augenblick darstellt.

Ermutigung jedoch setzt eine ganz bestimmte Haltung voraus. Wenn Sie den Blick auf die andere Person richten, sollten Sie nicht ihre Fehler sehen, sondern ihre Stärken und Möglichkeiten, das, was dieser Mensch leisten kann. Aufgesetzter Ermutigung fehlt es am Glauben an den anderen, daher würdigt sie dessen Anstrengungen eher herab.

Was aber bewirkt Ermutigung beim Gegenüber? Psychische Resilienz – die Fähigkeit, mit den stressigen, Angst erzeugenden Herausforderungen umzugehen, denen wir Tag für Tag begegnen. Sodass man diese Herausforderungen »stemmt« und sich trotzdem weiterentwickelt. Sodass man sich wieder aufrappelt und es weiter versucht. Dies ist das Markenzeichen positiver, erfolgreicher Menschen.

Ermutigung sorgt für Motivation. Und ein solches Klima zu schaffen, gehört zu den Hauptaufgaben von Führungskräften in allen Lebensbereichen. Warum fällt dies dann so schwer? Weil die meisten Führungskräfte sich nicht die Zeit nehmen, darüber nachzudenken, was Menschen motiviert. Wir nehmen immer an, dass die Leute mehr Geld oder geldwerte Vorteile wollen. Dass das Prinzip der Karotte, die vor der Nase baumelt, der beste Motivator ist. Das ist leider nur selten der Fall. Die Menschen lassen sich viel besser motivieren, wenn man sie persönlich und sozial ermutigt.

Der Psychologe John Carlson untersuchte in seinen Forschungsarbeiten gesunde Ehen und Familien. Er fand dabei heraus, dass es einige grundlegende Methoden gibt, um ein ermutigendes Umfeld zu schaffen:[35]

1. Gesunde Beziehungen sollten Priorität haben. Respekt und eine positive Kommunikation sind Schlüsselelemente auf dem Weg dorthin.

2. Ermutigen Sie die Menschen in Ihrem Umfeld täglich. Warten Sie nicht, bis jemand zufällig ein wichtiges Ziel erreicht. Erkennen Sie alle Bemühungen und Verbesserungen an, auch wenn sie nur geringfügig sind. So lassen Sie den anderen wissen, dass Ihr Glaube an ihn ungebrochen ist.
3. Beziehen Sie Ihr Umfeld ein, zum Beispiel in Entscheidungsprozesse, soweit das möglich ist. Auch dies zeigt, dass Sie auf deren Urteil vertrauen.
4. Lassen Sie Konflikte nicht vor sich hinschwelen. Wenn wir im Konfliktmodus sind, gehen uns herabsetzende, entmutigende Kommentare nur allzu leicht von den Lippen. Vergleichen Sie folgende Aussagen zu einer kritischen Situation: »Ich glaube, Sie schaffen das. Sieht so aus, als hätten wir ein Problem, was können wir da tun?« Oder im Gegenzug: »Lassen Sie mich mal machen! Ich habe Ihnen doch gesagt, Sie sollen vorsichtig sein.«
5. Haben Sie Spaß am Ganzen.

Clarence M. Jones, Lehrer am Carnegie Institute, berichtet, dass sich das Leben seines Sohnes vollkommen verändert hatte, nachdem klar war, dass er ruhig Fehler machen kann und trotzdem ermutigt wird.

Mein Sohn David war 15 Jahre alt, als er zu mir nach Cincinnati kam, um bei mir zu leben. Er hatte es im Leben immer schwer gehabt. 1958 zog er sich bei einem Autounfall einen Schädelbruch zu. In der Folge hatte er eine breite Narbe auf der Stirn. 1960 ließen seine Mutter und ich uns scheiden. David zog mit seiner Mutter nach Dallas in Texas. Den Großteil seiner Schuljahre hatte er in Förderschulen für Kinder mit Lernschwierigkeiten verbracht. Vermutlich aufgrund seiner Narbe gingen die Schulleiter davon aus, dass er einen Gehirnschaden erlitten hatte und nie normal lernen würde. Er hinkte seiner Altersgruppe um zwei Jahre hinterher, war also trotz seiner 15 Jahre erst in der siebten Klasse. Trotzdem konnte er immer noch nicht multiplizieren. Bei Additionen nahm er die Finger zu Hilfe und lesen konnte er fast gar nicht.

Einen positiven Punkt jedoch gab es. Er bastelte gerne an Radio- und Fernsehapparaten herum und wollte Rundfunktechniker werden. Ich ermutigte ihn diesbezüglich, sagte ihm aber auch, dass er dafür gut in Mathe sein musste. Und ich beschloss, ihm dabei zu helfen. Wir erwarben Lernkarten für Addition, Subtraktion, Multiplikation und Division. Wenn wir die Karten durchgingen, legten wir die richtigen Antworten immer auf einen Stapel. Wenn David bei einer Rechnung einen Fehler hatte, sagte ich ihm die richtige Antwort und legte die Karte auf den Wiederholen-Stapel, bis am Ende keine Karte mehr übrig war. Ich machte um jede Karte, die er richtig gelöst hatte, ein großes Tamtam, vor allem, wenn er sich zuvor verrechnet hatte.

Wir gingen den Wiederholen-Stapel jeden Abend durch, bis keine Karte mehr übrig war. Und wir stoppten die Zeit, die er brauchte, mit der Uhr. Ich versprach ihm: Wenn er alle Karten in acht Minuten durchhaben würde, würden wir die Übung nicht mehr jeden Abend wiederholen. Zuerst schien das unmöglich. Am ersten Abend brauchten wir 52 Minuten, am zweiten 48, dann 45, 44, 41 und schließlich unter 40 Minuten. Wir feierten jeden Schritt nach unten. Ich rief meine Frau hinzu, und wir umarmten ihn beide. Dann legten wir alle drei ein Tänzchen ein. Am Ende eines Monats löste David alle Kartenaufgaben in weniger als acht Minuten. Kaum hatte er eine kleine Verbesserung erzielt, wollte er die Übung sofort noch mal machen. Er hatte die fantastische Entdeckung gemacht, dass Lernen leicht war und Spaß machte.

Natürlich verbesserten sich auch seine Noten in Mathe. Es ist erstaunlich, wie viel leichter auch andere Matheaufgaben werden, wenn man korrekt multiplizieren kann. David war selbst baff, als er im Zeugnis eine Zwei in Mathe hatte. Das war wirklich noch nie passiert. Bald stellten sich weitere Veränderungen ein, alle rasend schnell. Davids Lesevermögen verbesserte sich, und er entdeckte, dass er Talent zum Zeichnen hatte. Gegen Ende des Schuljahres bat sein Lehrer in Naturwissenschaften ihn, ein Modellprojekt zu erstellen. David entschied sich für ein komplexes Modell, das die Hebelwirkung illustrieren sollte. Dazu musste man nicht nur gut zeichnen und Modelle bauen können, sondern auch Kenntnisse in angewandter Mathematik besitzen. Bei der

Technikausstellung der Schule bekam er dafür den ersten Preis. Man meldete ihn zum Landesschulpreis von Cincinnati an und er gewann den dritten Preis.

Das legte ein für alle Mal den Schalter um: Dieses Kind war zweimal sitzengeblieben. Man hatte ihm gesagt, er hätte einen »Gehirnschaden«. Seine Klassenkameraden nannten ihn »Frankenstein« und witzelten, dass sein Gehirn vermutlich durch den Spalt im Schädel abgeflossen sei. Und plötzlich entdeckte er, dass er lernen konnte und dabei etwas zuwege brachte. Und nun? Von den letzten drei Monaten der achten Klasse an bis zum Abschluss der Highschool erhielt er am Ende des Schuljahres immer irgendeine Auszeichnung. In der Highschool wurde er sogar in die National Honor Society aufgenommen, womit Lernerfolge und Engagement für die Community belohnt werden. Sobald er herausgefunden hatte, dass Lernen leicht war, änderte sich Davids gesamtes Leben.

Sagen Sie jemandem, dass Sie absolutes Vertrauen in seine Fähigkeit haben, ein Ziel zu erreichen. Ermutigen Sie diese Person, indem Sie sie auf all die Gaben hinweisen, die ihr auf diesem Weg helfen werden. Dann wird der Betreffende üben, üben, üben, nur um weiterhin gut zu sein.

Vergessen Sie nicht: Fähigkeiten verkümmern unter kritischen Augen, blühen aber auf unter einem ermutigenden Blick. Legen Sie Fortschritte unters Vergrößerungsglas und Sie vergrößern die Talente, auf die ein Mensch zugreifen kann.

Kapitel 7

Zeigen Sie den Menschen ihre Möglichkeiten auf

Benjamin Zander war es leid – leid mitanzusehen, wie seine Studenten am Konservatorium musikalisch stets hinter ihren Möglichkeiten zurückblieben, weil ihnen die Angst vor Zensuren im Nacken saß. In der Kunstwelt ist der Wettbewerb hart. Das wirkt sich auch darauf aus, wie Talente sich entwickeln. Zander überlegte, ob er vielleicht ganz auf jede Benotung verzichten sollte, aber das war in vielerlei Hinsicht schwierig. Vor allem würde der Direktor wohl kaum seine Zustimmung geben. Stattdessen beschloss Zander, jedem Studenten eine Eins zu geben, und zwar gleich am ersten Tag des Kurses.

Nachdem er seine neuen und extrem nervösen Studenten kennengelernt hatte, sagte er: »Jeder Student in diesem Kurs wird eine Eins bekommen. Allerdings gibt es eine Bedingung, die Sie erfüllen müssen: In den nächsten beiden Wochen müssen Sie einen Brief an mich verfassen, als wäre jetzt schon Mai und damit das Ende des Kurses gekommen ... In diesem Brief schildern Sie mir so detailliert wie möglich, was Sie in diesem Kurs gelernt haben und warum Sie dafür die Bestnote bekommen haben.«

Seine Studenten sollten sich vorstellen, wie sie auf den Kurs zurückblickten und auf all das, was ihnen diese gute Note eingebracht hatte. Sie sollten über ihre Erkenntnisse schreiben, über ihre Etappenziele und gewonnenen Wettbewerbe. Und das nicht nur mal so kurz und oberflächlich.

»Mich interessiert vor allem, welche Art Mensch Sie bis nächsten Mai geworden sein werden. Ich möchte von Ihrer Haltung, Ihren Gefühlen und der Weltsicht eines Menschen lesen, der alles geschafft hat, was er sich wünschte, alles geworden ist, was er sich immer erträumte.«[36]

Und was schrieben ihm nun seine Studenten? Zum Beispiel folgenden Brief, der von einem jungen Posaunisten stammte.

Lieber Herr Zander,

heute kennt mich die Welt. Jenes Potential an Energie und Emotion, das Sie in mir zucken und schlafen sahen und das ich doch weder in Gesprächen noch bei Auftritten zeigen konnte, wurde heute Abend freigesetzt in einem Konzert, das nur für mich komponiert worden war ... Das Konzert endete, und es gab keinen Mucks. Eine totale, energiegeladene Stille. Seufzer. Dann brach sich ein tosender Applaus Bahn, der mein Herzklopfen übertönte.

Vielleicht habe ich mich sogar verbeugt – ich kann mich nicht mehr erinnern. Das Klatschen hielt so lange an, dass ich dachte, ich könne mein Debüt vervollständigen und feiern,

dass ich die Maske und die Haut abstreifen konnte,
die ich geschaffen hatte,
um mich im Innern zu verstecken.

Indem ich meine eigene Melodie improvisierte – als Zugabe und ohne Begleitung.

An das, was folgte, erinnere ich mich nur verschwommen. Ich vergaß alle Technik, allen Anspruch, alle Tradition, Schule und Historie.

Noch nicht einmal ans Publikum dachte ich noch.
Was sich aus meiner Posaune erhob
war, so glaube ich,
meine ureigenste Stimme.
Lachen, Lächeln, Stirnrunzeln, Weinen.
Eine echte Tucker-Gala
erhob da ihre Stimme.

– Tucker Dulin

In den zehn Monaten, die dieser Kurs dauerte, erlebte Zander, wie seine Studenten sich auf erstaunliche Weise verwandelten. Er nennt diesen Ansatz: »eine Eins geben«. In seinem Buch *The Art of Possibility*, das er zusammen mit seiner Frau Rosamund geschrieben hatte, beschreibt er das Potenzial dieser Methode, in den Menschen Großes zu erwecken.

> *Eine Eins kann man jedem Menschen geben, in jedem Lebensbereich – einer Kellnerin, Ihrem Arbeitgeber, Ihrer Schwiegermutter, der gegnerischen Mannschaft oder den anderen Autofahrern. Wenn Sie eine Eins geben, dann bewerten Sie die Leistung des anderen nicht vor dem Hintergrund Ihrer Maßstäbe. Sie begegnen ihm vielmehr voller Respekt, sodass er Raum hat, sich selbst zu verwirklichen … Diese Eins ist keine Erwartung, die erfüllt werden muss. Sie ist vielmehr die Möglichkeit, die in der Zukunft winkt.*[37]

Eine geradezu magische Sicht in einer so häufig zynischen Welt. Coaches, Mentoren, Führungskräfte und Eltern erleben häufig, dass die Menschen, mit denen sie zu tun haben, ihre Erwartungen erfüllen möchten, und seien sie noch so gering. Doch wenn sich ein Mensch unwichtig und nicht geachtet fühlt, hat er keine Motivation, sich zu verbessern. Warum also sollten Sie ihm nicht eine Vision von sich selbst vor Augen führen, die alles beinhaltet, was Sie ihm zutrauen, und alles an Möglichkeiten aufzeigt, von denen Sie noch nicht wissen? Dann werden Sie mit Sicherheit nicht enttäuscht.

Paige Ann Michelle McCabes Mutter schreibt über ihre Abenteuer beim Versuch, ihrer kleinen Tochter Verantwortung zu übertragen.

> *Die vierjährige Paige Ann Michell McCabe saß auf einem Küchenstuhl und hörte zu, wie ich ihrem sechsjährigen Bruder Brandon sagte, es sei nun seine Aufgabe, jeden Tag den Tisch fürs Abendessen zu decken. Paige guckte mich hoffnungsvoll an. In ihren Augen glitzerten Tränen. »Was kann ich denn tun, wofür ich groß genug bin, Mami? Ich bin ja auch schon groß.« Ich wollte ihr nicht das Herz brechen, also suchte ich schleunigst nach etwas, wofür sie die Verantwortung übernehmen konnte.*
>
> *Glücklicherweise kam mir noch rechtzeitig eine Idee. »Paige Ann Michelle«, verkündete ich triumphierend, »da du jetzt vier Jahre alt bist und*

damit alt genug, deine eigenen Entscheidungen zu treffen, bist du dafür verantwortlich, deine Kleidung für den nächsten Tag selbst auszuwählen. Bevor du abends ins Bett gehst, legst du alles heraus, was du am nächsten Tag anziehen willst. Damit du am nächsten Morgen nur noch reinschlüpfen musst.«

Danach war im Haus ordentlich was los. Brandon wuselte um den Küchentisch herum, Paige lief sofort in ihr Zimmer. Ich hörte, wie sie Schubladen und Schranktüren auf- und zumachte. Etwa zehn Sekunden später kam sie, um den Erfolg zu melden. »Schau, Mami. Ich habe es gemacht. Ich habe alles rausgelegt! Komm und schau, komm und schau!« Und tatsächlich lagen ihre Sachen für den nächsten Tag fein säuberlich auf dem Bett ausgebreitet. Ich sagte ihr, wie stolz ich auf sie sei, weil sie schon so ein großes Mädchen sei und ihre eigene Aufgabe hatte. Die Kleine strahlte.

Am nächsten Morgen geschah im Haus der McCabes ein Wunder. Normalerweise muss ich nämlich eine grummelnde Paige aus dem Bett holen. Sie anzuziehen, war bisher immer ein Kunststück, um es mal vorsichtig auszudrücken. Wenn ich einen blauen Rock wählte, wollte sie eine rote Hose. Hatte ich ein weißes T-Shirt mit Schmetterlingen herausgelegt, wollte sie unter Garantie das lilafarbene mit den Blumen. Wenn ich dann nachgab und sagte, sie solle sich ihre Sachen selbst aussuchen, dann ließ sie sich damit ewig Zeit. Die ganze Zeit über blieb sie unleidlich, und ich war frustriert.

Nicht an jenem Morgen. »Schau, was ich heute anhabe, Mami«, rief sie. Sie war schon angezogen, noch bevor ich sie darum gebeten hatte! Stolz gab ich ihr einen Kuss und sagte ihr, dass sie toll aussehe. Es war früher Morgen und Paige Ann Michelle McCabe war zufrieden. Ein unglaublicher Unterschied!

Paige Ann Michelle McCabe erfüllte das Potenzial einer großen Vierjährigen, das ihre Mutter ihr aufgezeigt hatte.

Wenn Sie das Verhalten eines anderen Menschen ändern wollen, sollten Sie ihm seine Möglichkeiten aufzeigen. Tun Sie so, als seien die Dinge, die Sie sich wünschen, bereits in ihm angelegt und verdienten Ihre volle Wertschätzung.

Kapitel 8

Gemeinsame Werte = eine gute Beziehung

Die Beschäftigten eines Herstellungsunternehmens hatten sechs Monate lang gestreikt, bevor es zu einer Vereinbarung mit der Arbeitgeberseite kam. Es kam allerdings weniger dabei heraus, als die Arbeitnehmer ursprünglich gefordert hatten. Die Mitarbeiter kehrten an die Arbeit zurück, doch die Spannungen zwischen beiden Seiten blieben bestehen. Die Arbeitsatmosphäre war vergiftet. Wie konnte es gelingen, die Animositäten zu überwinden und nach vorne zu schauen?

In *Heikle Gespräche* beschreiben die Autoren Kerry Patterson, Joseph Grenny, Ron McMillan und Al Switzer, wie sie mit beiden Gruppen arbeiteten, um Brücken zu bauen. Sie baten die Beteiligten, jeder für sich eine Liste mit den Zielen für das Unternehmen zu erstellen und sie auf einem Flipchart festzuhalten. Dann tauschten beide Gruppen die Räume und sahen sich an, was die andere Gruppe als Ziel formuliert hatte, um herauszufinden, ob es irgendwelche Gemeinsamkeiten gab.

Was glauben Sie, was dann passierte? Als die beiden Gruppen in den Besprechungsraum zurückkehrten, entdeckten sie, dass die Ziele beinahe identisch waren: »ein rentables Unternehmen, sichere, befriedigende Arbeitsplätze, gute Produkte und das Beste für die Gesellschaft.«[38] Das löschte zwar die Vergangenheit nicht aus, aber nun sah jede Gruppe die »gegnerische« Seite mit anderen Augen. Sie lernten etwas über die andere Seite, das ihnen künftige Gespräche leichter machen würde.

Warum ist es so wichtig, Gemeinsamkeiten zu entdecken? Damit eine Führungskraft Einstellung und Verhalten eines Menschen in ihrem Sinne beeinflussen kann, muss sie mögliche Widerstände überwinden, indem sie dem anderen das Gefühl vermittelt, das Gewünschte gerne zu tun. Und das hat nichts mit Manipulation zu tun. Wenn Sie herausfinden, welche Ziele Ihr Gegenüber hat, und diese dann mit den Ihren verknüpfen, ist das eine Win-win-Situation für beide.

Dabei ist es heute recht einfach, ein verbindendes Element zu finden, wenn man sich nur die Zeit nimmt, danach zu suchen. Angenommen, Sie gingen zu einem Vorstellungsgespräch oder führten eine Verkaufsverhandlung: Würden Sie nicht vorher recherchieren, um mehr über das Unternehmen beziehungsweise Ihren Kunden herauszufinden, um zu entdecken, welche Ziele und Werte das Gegenüber vertritt? Den Großteil dieser Information finden Sie auf der Website des Unternehmens. Manche Firmen gehen sogar noch weiter und posten die Biografien ihrer Mitarbeiter, Pressemitteilungen und aktuelle Informationen in eigenen Blogs.

Mit den Menschen in unserem Leben machen wir uns diese Mühe nur selten, auch wenn das genauso einfach ist. Fragen Sie ruhig mal, was Ihre Kollegin am Wochenende gemacht hat, was sie im Urlaub vorhat oder was sie kürzlich gelesen hat. Darin drücken sich Ziele und Träume aus. Wenn Sie mit dieser Person online in Kontakt stehen, ist es noch einfacher.

Six Degrees to Kevin Bacon ist ein faszinierendes Phänomen der Popkultur. Das Spiel geht davon aus, dass sich jeder, der irgendwie mit Hollywood zu tun hat, über maximal sechs Ecken mit Kevin Bacon in Verbindung bringen lässt. Es ist natürlich ebenso auf andere Menschen übertragbar. Das Spiel ist eine gute Methode, sich Gedanken über jene Menschen zu machen, die man beeinflussen möchte. Wenn Sie gemeinsame Interessen, gemeinsame Erlebnisse, gemeinsame Ziele in Erfahrung bringen, dann sind Sie meist nur noch eine Ecke von Ihren Mitmenschen entfernt. Wenn wir auf andere Menschen Einfluss ausüben wollen, wenn wir möchten, dass sie gerne tun, was wir von ihnen wollen, müssen wir diese eine verbindende Ecke finden.

Eine Teilnehmerin eines Dale-Carnegie-Trainings in Deutschland wandte diese Methode auf ihre ganz eigene Weise an. Sie schrieb Menschen, die sie näher kennenlernen wollte, einfach eine E-Mail. Und das funktionierte ganz wunderbar:

> *Ich war unglaublich schüchtern, daher beschloss ich, Menschen, die mich interessierten, eine E-Mail zu schreiben. Ich machte mich auf die Suche nach den Adressen berühmter und bekannter Leute und stellte ihnen Fragen zu ihrer Geschichte, beispielsweise wie sie in ihren Beruf hineingefunden haben und was ihnen persönlich am wichtigsten ist.*
>
> *Zwei Wochen später erhielt ich einen zweiseitigen Brief von Bundespräsident Johannes Rau, der all meine Fragen beantwortete. Sechs Wochen später erhielt ich einen anderen Brief in einem ziemlich großen Umschlag. Darin lag ein Buch. Der Brief kam vom Dalai Lama.*

Was hat diese Frau dabei gelernt? Wenn Sie sich Mühe geben, werden Ihnen die Leute – alle Leute, selbst solche, die unerreichbar scheinen – ihre Geschichten erzählen und Sie teilhaben lassen an ihren Werten und Zielen.

Eines Abends schickte Dana White, Präsident der Ultimate Fighting Championship Sports League (UFC), seine Telefonnummer versehentlich an über eine Million Twitter-Fans, die sie an unzählige Leute weitergaben. Innerhalb weniger Minuten klingelte das Telefon und die Fans waren am Apparat. Eine Führungskraft, die weniger am Kontakt mit den Kunden interessiert war, hätte vermutlich sofort die Telefongesellschaft angerufen und die Nummer sperren lassen. Dana White ging einen anderen Weg. Er beantwortete eineinhalb Stunden lang jeden Anruf und sprach mit den Fans. Sie fanden das toll.

Das Missgeschick hatte seine guten Seiten, denn Dana White lernte daraus so einiges, unter anderem dass es wichtig war, mit den Fans zu reden. Und die PR-Firma, die die Onlinepräsenz der UFC betreute, bekam so eine neue Möglichkeit, »den Fans etwas zu bieten, und zwar wann, wo und wie sie sich das wünschten«.[39]

Mittlerweile hat Dana White eine eigene Telefonnummer für seine Fans. Sie ist auf allen Seiten der UFC in den sozialen Medien zu finden. Wenn er gerade Zeit hat, gibt er das den Leuten bekannt, und schon fängt das Telefon an zu klingeln.

Die 90 Minuten am Telefon mit den UFC-Fans waren kein Gag. Das mag auch der Grund dafür sein, dass Ultimate Fighting der am schnellsten wachsende Sport weltweit ist, sagt zumindest Greg Ferenstein von Mashable.[40] White hatte von Anfang an in den sozialen Medien den Kontakt zu den Fans gesucht. Als die großen Radio- und Fernsehsender sich weigerten, über UFC-Veranstaltungen zu berichten, aktivierte er sein Graswurzelnetzwerk. Als er Digital Royalty engagierte, um die Onlinepräsenz von UFC zu betreuen und die Sportler im Umgang mit den sozialen Medien zu schulen, schrieb er den Kämpfern: »Ich will, dass ihr euch den Arsch abtwittert!« Das Geheimnis seines Erfolgs im Kontakt mit den Fans: Er ist brutal ehrlich und nimmt kein Blatt vor den Mund.

Um einem Kumpel zu beweisen, wie gut sein Draht zu den Fans war, verließ White das Restaurant, in dem die beiden zu Abend gegessen hatten, und ging zur Tankstelle gegenüber. Es war halb zwölf Uhr nachts, als er twitterte, wo er gerade war. Innerhalb von drei Minuten war er von mehr als hundert Fans umgeben.

Greg Ferenstein analysierte Dana Whites Onlineaktivitäten: »Transparenz, Offenheit für Kontakte und Aufrichtigkeit sind heute wichtiger als je zuvor, denn die sozialen Medien erlauben es den Fans, die traditionellen Kanäle außen vor zu lassen und ihre Meinung direkt zu sagen. White ist bereit, ihnen auf halbem Weg entgegenzugehen. Statt eine Show abzuziehen, geht er offen und ehrlich auf die Fans zu.«

Die sozialen Medien sind ein ausgezeichnetes Instrument, wenn Sie herausfinden wollen, wie jemand tickt. Doch mehr auch nicht. Als Führungskraft müssen Sie den aufrichtigen Wunsch haben, diese Antworten ernst zu nehmen und Ihr Handeln auf diese Basis abzustellen. Viele gescheiterte Führungskräfte haben darauf verzichtet, sei es bewusst oder unbewusst. Zur Weigerung vieler hochrangiger Führungspersönlichkeiten, den anderen zu verstehen, schreibt Dr. Tim Irwin, Autor von *Derailed*:

> *So wie Bescheidenheit das Herzstück erfolgreichen Führens ist, steht meist Arroganz im Mittelpunkt, wenn Führungspersönlichkeiten – oder wir selbst – scheitern ... Arroganz kann viele Gestalten annehmen. Die grundlegendste Form ist die Selbstbezogenheit, die auf dem Glauben*

fußt, man selbst sei der Mittelpunkt, wenn es um die Führung des Unternehmens, der Abteilung oder des Teams geht. Die unvermeidliche Folge ist, dass man die Beiträge der anderen grundsätzlich übersieht. Wenn dann aus Arroganz Hochmut wird, entsteht daraus ein gnadenloses Anspruchsdenken. »Ohne mich wird das hier nie was, daher stehen mir Sonderrechte zu.« Arrogante Führungskräfte achten auch nicht auf Feedback, was jedoch für jeden in einer leitenden Position wertvoll ist. Sie haben jedes Gespür für die Wirklichkeit verloren.[41]

Einen ganz anderen Ansatz vertritt Yvon Chouinard, Gründer von Patagonia (zusammen mit seiner Frau Malinda) und Autor von *Lass die Mitarbeiter surfen gehen*. Er ist stolz darauf, dass Patagonia ausgesprochen unabhängige Mitarbeiter beschäftigt, die »in einem normalen Arbeitsumfeld als nicht einstellbar gelten würden«. Er schwört auf diese eigenwilligen Typen, die ihn als Manager aber auch vor ganz eigene Herausforderungen stellen, wenn es darum geht, sie alle auf dasselbe Ziel einzuschwören.

Ein Mittel dazu ist die Art, wie die Büros von Patagonia gestaltet sind. »Niemand hat ein Privatbüro in unserem Unternehmen und jeder arbeitet in offenen Räumen ohne Türen oder Abtrennungen. Was wir an ›Raum zum Nachdenken‹ verlieren, wird mehr als wettgemacht durch die bessere Kommunikation und eine egalitäre Atmosphäre.«[42]

Führen Sie diesen Ansatz nun eine Stufe weiter: Nehmen wir die Admiral Hausmeisterservices, das fiktive Unternehmen, das Matthew Kelly in seinem Buch *The Dream Manager* beschreibt. Die Fluktuation war hoch und verursachte hohe Kosten, was bei einer Firma, die Gelegenheitsarbeiter beschäftigt, nicht weiter verwunderlich ist. Was also konnte man tun? Zunächst galt es, herausfinden, wo das größte Problem lag. Das Unternehmen nahm an, dass die hohe Fluktuation vor allem mit der Bezahlung zu tun hatte. Als man die Mitarbeiter aber befragte, sagten sie, ihr größtes Problem sei der Weg zur Arbeit. Viele Mitarbeiter waren auf öffentliche Verkehrsmittel angewiesen, die jedoch zu den Zeiten, an denen Putzleute und Hausmeister unterwegs sein müssen, viel zu selten fuhren. Was konnte der Firmengründer da tun? Man sorgte für einen betriebseigenen Shuttle Service. Der ist zwar auch teuer, aber was man durch die verringerte Fluktuation an Kosten spart, macht dies mehr als wett. Die Mitarbeiter bleiben doppelt so lange, sind weniger krank und die Arbeitsmoral ist besser.

Aber ließ sich da nicht noch mehr machen? Die Managementebene fragte sich, warum die Leute überhaupt weggingen. Die Mitarbeiter hatten hier nicht gerade ihren Traumjob, was jeder wusste. Es gab so gut wie keine Aufstiegsmöglichkeiten, doch daran ließ sich nichts ändern. Andererseits konnte man durchaus etwas tun, damit die Menschen ihre Träume verfolgen konnten, während sie für Admiral arbeiteten. Also befragte man die Angestellten einmal mehr: »Wie sehen Ihre Träume aus?« Überraschenderweise (oder vielleicht auch nicht) waren die Mitarbeiter bereit, ihre Träume mitzuteilen. Nun verfügte die Firma tatsächlich über wertvolle Informationen, denn sie konnte den Angestellten helfen, ihre Träume zu verwirklichen. Ein Mitarbeiter wollte Spanisch lernen, ein anderer, dessen Muttersprache Spanisch war, wollte gerne Lehrer werden. Also stellte das Unternehmen zwischen den beiden einen Kontakt her.

Ja, das ist eine ausgedachte Geschichte, aber ist es nicht vorstellbar, dass so etwas auch in der Realität möglich ist? Warum sollten wir nicht in Erfahrung bringen, was unsere Kollegen, Mitarbeiter, Freunde und Angehörigen sich erträumen? Das sind wirklich wichtige Informationen, die Ihnen helfen, Mittel und Wege zu finden, wie Sie und die Menschen in Ihrer Umgebung diese Wünsche verwirklichen können.

Wissen Sie, was die Menschen in Ihrem Umfeld motiviert? Es gibt ein paar ganz einfache Möglichkeiten, das herauszufinden. Und sobald Sie diese Informationen haben, können Sie Ihre Ziele und die Ihrer Mitmenschen in Einklang bringen:

1. Seien Sie aufrichtig. Versprechen Sie nichts, was Sie nicht halten können.
2. Zeigen Sie Einfühlungsvermögen. Fragen Sie sich, was der andere sich wirklich wünscht.
3. Überlegen Sie sich, was der andere davon hat, wenn er tut, was Sie gerne hätten.

4. Achten Sie darauf, dass diese persönlichen Vorteile sich auch mit den Wünschen Ihres Gegenübers decken.
5. Wenn Sie von einem anderen Menschen etwas Bestimmtes wollen, formulieren Sie Ihre Bitte so, dass er daran erkennen kann, welche Vorteile ihm das bringt.

Je mehr Sie über andere Menschen wissen und je mehr diese Leute über Sie erfahren, desto leichter wird es, jene Gemeinsamkeiten zu finden, auf die Sie die künftige kreative Zusammenarbeit gründen können. Richard Branson, Gründer der Virgin Group, der erst vor Kurzem zum einflussreichsten britischen Geschäftsmann gekürt wurde, meint, es bereite den meisten Führungskräften schlaflose Nächte, wie sie in der digitalen Welt Kunden binden könnten:

> *Wie Unternehmen sich an diese energiegeladene und mitunter chaotische Welt anpassen, wird über ihren künftigen Erfolg bestimmen. Die Website, die Facebook-Seite, der Blog und der Twitter-Feed sind schon längst nicht mehr bloß zusätzliche Kanäle für die Unternehmenskommunikation: Sie sollten das Herzstück der Marketingstrategie sein und mit den anderen Marketingaktivitäten koordiniert werden.*[43]

Das Schlüsselelement dabei, so Branson, sei es, den digitalen Auftritt nicht nur zum Abwickeln von Geschäften zu nutzen, sondern die Tore der digitalen Welt auch für andere Formen der Kommunikation weit aufzustoßen. Wir leben heute in einer eng vernetzten Welt, in der es nicht mehr die Ausnahme darstellt, wenn Unternehmen und Kunden in enger Verbindung stehen. Vielmehr wird das laut Branson heutzutage erwartet:

> *Der Aufstieg der sozialen Medien stellt uns vor aufregende Herausforderungen. Wir müssen unsere Art, Geschäfte zu machen, infrage stellen … Um erfolgreich zu sein, müssen diese Bemühungen Unterstützung von oben erhalten. David Cush, CEO von Virgin America, nahm das Management der Social-Media-Kanäle aus der klassischen Hierarchie des Unternehmens heraus. Sein Social-Media-Team besteht*

aus Zwanzigjährigen, denen man ungefähr gesagt hatte, was man sich vorstellte, um ihnen dann freie Hand zu lassen.

Die Digital Natives bei Virgin haben Facebook und Twitter in die Kommunikationsstrategie des Unternehmens integriert. Dies ermöglichte eine ganz eigene Form der Kundenbindung, die zu einer erfolgreichen Marketingkampagne wurde.

Viele Tierheime an der Westküste hatten unglaublich viele Chihuahuas aufgenommen. Man musste also dringend etwas unternehmen, um den kleinen Hunden eine bessere Vermittlungschance zu geben. Die Tierschutzorganisation American Society for the Prevention of Cruelty to Animals (ASPCA) wandte sich an Virgin America. Man fragte an, ob die zugehörige Fluggesellschaft vielleicht ein paar dieser Hunde von San Francisco nach New York mitnehmen würde. Virgin war damit einverstanden und ordnete sogar Crewmitglieder ab, die sich um die Betreuung der Tiere auf dem Flug kümmern sollten.

Das digitale Team von Virgin veröffentlichte die Geschichte auf allen Kommunikationskanälen. »Das Ganze ging viral«, erklärt Branson, »und erregte auch das Interesse der traditionellen Medien, die darüber berichteten, wie ASPCA und Virgin Atlantics sich zu helfen bemühten. Wir nutzten die Geschichte dann für einen sehr erfolgreichen Onlineverkauf von Flügen nach Mexiko.«

Die traditionellen Rollen von Werbung, Marketing und Kundenservice haben sich verändert. Und damit auch die Rolle moderner Führungskräfte. Im digitalen Raum, wo Kommunikation häufig und der Zugang offen ist, sind die oberflächlichen Prinzipien unternehmerischer Aktivität heute überholt. Sie wurden ersetzt durch grundlegende Prinzipien des zwischenmenschlichen Umgangs. Wenn Sie heute nicht wissen, wie Sie auf aufrichtige und positive Art Freunde gewinnen und Ihren Einfluss steigern können, werden Sie auf einem vom Konsumenten beherrschten Markt nicht Schritt halten können. Und Sie werden Ihren Mitarbeitern keinen befriedigenden Arbeitsplatz bieten können.

Die Tage, in denen Führungskräfte hinter verschlossenen Türen im Büro im obersten Stock, das nur mit Privataufzug zu erreichen ist, über ihren Geschäftszahlen brüten, sind längst Geschichte. In Wirklichkeit haben sie auch nie existiert, zumindest nicht, was effektive Führung angeht. Heute, wo der Rund-um-die-Uhr-Kontakt die Regel ist, wirkt es sich sehr negativ aus, wenn eine Führungskraft andere auf Distanz hält. Dabei geht es nicht um räumliche Distanz, sondern um Nähe auf der Beziehungsebene.

Als Einzelperson kann man eine produktive, auf Fortschritt ausgerichtete Beziehung vielleicht noch führen, ohne ein gewisses Quantum an physischer Präsenz zu zeigen. Aber niemand auf der ganzen Welt – schon gar nicht eine Führungskraft – kann seinen Einfluss aufrechterhalten, ohne Nähe zu den Menschen herzustellen, die er beeinflussen will.

Heute hat sich die Welt auf ungewöhnliche Weise fürs Geschäft geöffnet. Doch auch hier ist Ihre oberste Aufgabe das »Geschäft der Menschlichkeit«. Die wichtigsten Projekte verbinden Menschen und sind interaktiv. Die Kunst, im digitalen Zeitalter Freunde zu gewinnen und Menschen zu beeinflussen, fußt letztlich auf diesem einen Prinzip: Stellen Sie eine Verbindung her und halten Sie diese aufrecht, indem Sie sich auf gemeinsame Werte konzentrieren.

Über die Autoren

Dale Carnegie (1888–1955) inspirierte Millionen Leser, seit 1936 sein Buch *Wie man Freunde gewinnt* erschien.

Dale Carnegie & Associates Inc. wurde 1912 gegründet und steht seitdem fortschrittlichen Unternehmen zur Seite – um mit der Anwendung der Dale-Carnegie-Prinzipien deren Mitarbeiter in eine erfolgreiche Zukunft zu führen. Mehr Informationen finden Sie auf: www.dalecarnegie.com

Brent Cole ist Schriftsteller und lebt in Georgia. Er hat das Unternehmen Invisible Ink (www.invisibleink.com) gegründet.

Anmerkungen

Warum Dale Carnegies Rat auch heute noch aktuell ist

1 Dale Carnegie, *Wie man Freunde gewinnt,* (11) 2019, S. 14.

2 James Thurber, »Friends, Romans, Countrymen, Lend Me Your Earmuffs«, in: Lanterns and Lances, New York, 1961.

3 »Leading Thoughts: Quotes on Communication«, auf: Leadership Now (Blog), www.leadershipnow.com/communicationquotes.html

4 An dieser Stelle möchte ich mich bei dem Managementtrainer Steve Scanlon für seine sinnreiche Umformulierung dieses Carnegie-Prinzips bedanken.

5 Dale Carnegie, *Wie man Freunde gewinnt,* a. a. O., S. 84.

6 Matthäus 12,34.

7 Dieses Zitat wird gewöhnlich dem französischen Flieger, Dichter und Schriftsteller Antoine de Saint-Exupéry zugeschrieben, Quellenangaben lassen sich aber nicht finden.

8 Shakespeare, Macbeth (5, 5), in: ders., *Sämtliche Dramen und Tragödien,* Bd. 3, München 1969, S. 582.

9 Luc de Clapiers, *Marquis de Vauvenargues, The reflections and maxims of Luc de Clapiers, Marquis of Vauvenargues,* London 1940.

10 John Andrew Holmes, *Wisdom in Small Doses,* Lincoln 1927.

11 Tom Butler-Bowdon, 50 Lebenshilfe-Klassiker, Frankfurt a. M. 2004, S. 117.

12 »The 2010 TIME 100«, *Time,* http://content.time.com/time/specials/packages/completelist/0,29569,1984685,00.html

13 Anm. d. Red.: Inzwischen hat Lady Gaga fast 85 Millionen Follower auf Twitter (Stand 2022).

14 Lynn Hirschberg: »The Self-Manufacture of Megan Fox«, *New York Times Magazine,* 11. November 2009.

15 Dale Carnegie, a. a. O., S. 13.

Teil I: Die Grundlagen zwischenmenschlichen Umgangs

1 Zitat Adolf Hitler: ThinkExist, http://thinkexist.com/quotes/adolf_hitler. Die deutsche Übersetzung wurde entnommen von : https://www.schule-bw.de/faecher-und-schularten/gesellschaftswissenschaftliche-und-philosophische-faecher/landeskunde-landesgeschichte/module/bp_2016/nationalsozialismus_und_zweiter_weltkrieg/das-kz-vor-der-haustuer-kz-spaichingen-ein-aussenlager-von-natzweiler-struthof/ab2b.pdf [Anm. d. Übers.]. Zitat Martin Luther King jr.: ThinkExist, http://thinkexist.com/quotes/martin_luther_king,_jr.

2 Lori Culbert, »Ex-Doctor Fined for Facebook Comments«, in: Vancouver Sun, 20. November 2010.

3 »Liverpool's Ryan Babel Fined £10,000 for Twitter Post«, auf: BBC, 17. Januar 2011, http://news.bbc.co.uk/sport2/hi/football/teams/l/liverpool/9363567.stm

4 Ben Dirs, »How Twitter Changed the Rules«, auf: BBC, 17. Januar 2011, www.bbc.co.uk/blogs/bendirs/2011/01/twitter_blog.html

5 www.proofpoint.com/outbound

6 Catharine Smith, Craig Kanalley, »Fired over Facebook: 13 Posts That Got People Canned«, in: *Huffington Post*, 26. Juli 2010, www.huffingtonpost.com/2010/07/26/fired-over-facebook-posts_n_659170.html#s115707&title=Swiss_Woman_Caught

7 »Waitress Fired for Facebook Comment«, 17. Mai 2010, auf: UPI, www.upi.com/Odd_News/2010/05/17/Waitress-fired-for-Facebook-comment/UPI-39861274136251

8 Matthew J. Darnell, »Eagles Fire Employee for Calling Them ›Retarded‹ on Facebook«, auf: Yahoo Sports, 9. März 2009, http://sports.yahoo.com/nfl/blog/shutdown_corner/post/Eagles-fire-employee-for-calling-them-retarted-?urn=nfl-146801.

9 »Farm Boy Workers Fired After Chat Site Critiques«, auf: Ottawa Citizen, 18. Januar 2007, www.canada.com/ottawacitizen/news/business/story.html?id=8b2bf234–06b4–419f-b5f7–35e3dc338637.

10 Siehe dazu: www.baseballssteroidera.com

11 »Jesse Jackson Apologizes for Comments Critical of Obama«, auf: Political Ticker (Blog), CNN, 9. Juli 2008, https://politicalticker.blogs.cnn.com/2008/07/09/jesse-jackson-apologizes-for-comments-critical-of-obama/

12 Jesus in der Bergpredigt, Matthäus 7,2.

13 Philip Yancey, *Soul Survivor*, Colorado Springs 2003.

14 »Books: Orthodoxologist«, in: *Time*, 11. Oktober 1943, http://content.time.com/time/subscriber/article/0,33009,774701-2,00.html

15 Gilbert K. Chesterton, *The Autobiography of G. K. Chesterton*, San Francisco 2006.

16 G. K. Chesterton, *Der Mann, der Donnerstag war*, in der Übersetzung von Heinrich Lautensack, Projekt Gutenberg-DE, https://www.projekt-gutenberg.org/chestert/donnerst/chap05.html [Anm. d. Übers.].

17 »G. K. Chesterton«, Wikipedia, http://en.wikipedia.org/wiki/G._K._Chesterton

18 http://thinkexist.com/quotation/thought_is_the_blossom-language_the_bud-action/177845.html

19 The King's Speech, Weinstein Company and UK Film Council, 2010.

20 https://www.npr.org/2011/03/09/134384689/npr-exec-recorded-disparaging-conservative-groups?t=1658408989193 [Anm. d. Übers.]

21 Siehe: Matthäus 18, 12-14 und Lukas 15, 3-7.

22 Clifton Fadiman, André Bernard (Hrsg.), *Bartlett's Book of Anecdotes*, New York 2000, S. 13.

23 Rick Warren, *The Purpose-Driven Life*, Grand Rapids 2002. Auf Deutsch erschienen: *Leben mit Vision: Wozu um alles in der Welt lebe ich?* Gerth Medien GmbH, 2014

24 Siehe Ralph Waldo Emerson: *The Conduct of Life*, 1860.

25 Emerson zitiert diesen Spruch in seinem Essay über Goethe, in: *Representative Men*, University Press of the Pacific, 1. August 2001. Er schreibt ihn dem Universalgenie Johann Wolfgang Goethe zu.

26 Ed Fuller, *You Can't Lead with Your Feet on the Desk*, Hoboken 2011, S. 45 f.

27 Ebd.

28 Interview mit dem Autor zwischen November 2010 und Januar 2011.

29 Dale Carnegie, *Freu dich des Lebens*, München, 2022, S. 73 ff.

30 Josh Quittner, wie er von Rebecca Winters zitiert wird in: »Apple's New Core«, *Time*, 14. Januar 2002.

31 In einem Interview mit dem Autor vom 14. Februar 2011.

32 Antoine de Saint-Exupéry, *Der kleine Prinz*, Hamburg 2015, S. 90.

33 Richard Norton Smith, »The Reagan Revelation: At 100, Why He Still Matters«, in: *Time*, 7. Februar 2011, https://content.time.com/time/magazine/article/0,9171,2044770,00.html

34 Michael Scherer, Michael Duffy, »The Role Model«, in: *Time*, 7. Februar 2011.

35 Smith, »The Reagan Revelation«.

36 Harry Allen Overstreet, *Influencing Human Behavior*, New York 1925.

37 Todd Duncan, *Killing the Sale*, Nashville 2004.

38 Theodore Zeldin, *Conversation: How Talk Can Change Our Lives*, London 1998.

39 Duncan, Killing the Sale. Die Beschreibungen wurden mit Genehmigung des Autors leicht überarbeitet.

40 David Shaner, *The Seven Arts of Change*, New York 2010.

41 Die Information stammt von einer Person, die für den Präsidenten Reden schrieb und für dieses Buch interviewt wurde.

Teil II: Sechs Methoden, wie Sie einen bleibenden Eindruck hinterlassen

1 Grabinschrift für einen Neufundländer: »A Memorial to Boatswain« von Lord Byron, Newstead Abbey, 30. November 1808.

2 Matthäus 23, 12.

3 Mein besonderer Dank an Steve Beecham für seinen erfrischenden Aufsatz Bass-Ackward Business (Alpharetta 2009).

4 Aus einem Gespräch zwischen einem früheren Redenschreiber des US-Präsidenten und Andrew Sullivan, das dem Autor so berichtet wurde.

5 Von Anne Rices Website: www.annerice.com.

6 Ebd.

7 Von Anne Rices Facebook-Auftritt: www.facebook.com/pages/Anne-Rice/112356685446315.

8 Beecham, Bass-Ackward Business, a. a. O.

9 Ebd.

10 Kris Ruby, »20 Best-Branded Women on Twitter«, in: *Forbes*, 5. August 2010, www.forbes.com/2010/08/05/twitter-followers-social-media-marketing-online-community-forbes-woman-entrepreneurs-best-branded-women.html.

11 Amy Jo Martin, »Give NASCAR a Chance«, 25. Februar 2011, Digital Royalty (Blog), www.amyjomartin.com/give-nascar-a-chance.

12 »Could Moon Landings Have Been Faked? Some Think So«, auf: CNN, 17. Juli 2009, https://edition.cnn.com/2009/TECH/space/07/17/moon.landing.hoax/index.html

13 »Landing a Man on the Moon: The Public's View«, auf: Gallup, 20. Juli 1999, www.gallup.com/poll/3712/landing-man-moon-publics-view.aspx

14 Thomas Hargrove, »Third of Americans Suspect 9–11 Government Conspiracy«, auf: Scripps Howard News Service, 1. August 2006, https://www.researchgate.net/publication/265184686_Third_of_Americans_suspect_9-11_government_conspiracy

15 »Social Values, Science, and Technology«, von: European Commission, Juni 2005, https://europa.eu/eurobarometer/surveys/detail/448

16 »Teeth Whitening«, von: American Academy of Cosmetic Dentistry, https://yoursmilebecomesyou.com/discolored-teeth.

17 »Charlie Bit My Finger—Again!«, auf: YouTube, https://www.youtube.com/watch?v=PEOwWPo_t_w

18 »Hahaha«, auf: YouTube, www.youtube.com/watch?v=5P6UU6m3cqk

19 »The Truth Behind the Smile and Other Myths: When Body Language Lies«, auf: Working Knowledge for Business Leaders (Blog), Harvard Business School, 30. September 2002, http://hbswk.hbs.edu/archive/3123.html

20 Nicholas A. Christakis, James H. Fowler, »Social Networks and Happiness«, auf: Edge, 2008, www.edge.org/3rd_culture/christakis_fowler08/christakis_fowler08_index.html

21 Ebd.

22 »How Many Emails Are Sent Every Day?«, auf: About.com, http://email.about.com/od/emailtrivia/f/emails_per_day.htm

23 Kit Eaton, »New Twitter Research: Happy Tweeting Could Win Business«, auf: Fast Company, 16. March 2011, www.fastcompany.com/1739325/attention-corporate-tweeters-be-happy-when-twittering-it-could-win-business

24 Rosalind Picard, *Affective Computing*, Cambridge, MA, 2000.

25 Chris Brogan, »Emotions at a Distance«, 3. Januar 2010, www.chrisbrogan.com/emotions-at-a-distance

26 Wisdom Commons, www.wisdomcommons.org/wisbits/1274-a-smile-costs-nothing-but-gives

27 Rene Lynch, »O pioneer!«, in: *Los Angeles Times*, 23. September 2009, https://www.latimes.com/archives/la-xpm-2009-sep-23-fo-pioneer23-story.html

28 »How Much Do Bloggers Make? Case Study: Ree Drummond AKA The Pioneer Woman«, in: ABDPBT, www.abdpbt.com/personalfinance/how-much-do-bloggers-make-case-study-ree-drummond-aka-the- pioneer-woman

29 Saddleback Leather, www.saddlebackleather.com/19-saddleback-story#bag

30 Interview mit Dave Munson am 18. April 2011.

31 Saddleback Leather, www.saddlebackleather.com/19-saddleback-story#bag

32 Ralph Waldo Emerson, *Letters and Social Aims*, Boston 1876.

33 Nagesh Belludi, »The Art of Remembering Names«, in: Right Attitudes and Ideas for Impact, www.rightattitudes.com/2007/12/11/the_art_of_remembering_names

34 Nicholas Carr, »The Web Shatters Focus, Rewires Brains«, in: Wired, 24. Mai 2010.

35 Roger Ebert, »The Quest for Frisson«, 30. Mai 2010, https://www.rogerebert.com/roger-ebert/the-quest-for-frisson

36 Information mit Genehmigung von Dr. Howard Fine und J. D. Kuo, einem Patienten mit Gehirntumor, den Dr. Fine betreut.

37 »Story«, von: Dave Carroll Music, www.davecarrollmusic.com/ubg/story

38 Ebd.

39 Chris Ayres, »Revenge Is Best Served Cold—on YouTube«, in: *Times* (London), 22. Juli 2009, https://www.thetimes.co.uk/article/revenge-is-best-served-cold-on-youtube-2dhbsh6jtp5

40 »Campaigns No Longer Matter: The Importance of Listening«, auf: Social Media Today, https://www.socialmediatoday.com/content/campaigns-no-longer-matter-importance-listening

41 Ebd.

42 Clifton Fadiman, André Bernard (Hrsg.), *Bartlett's Book of Anecdotes*, New York 2000, S. 139.

43 Dale Carnegie, *Wie man Freunde gewinnt*, Frankfurt a. M. 2019, S. 125.

44 Shankar Vedantam, »Social Isolation Growing in U.S., Study Says«, in: Washington Post, 23. Juni 2006, www.washingtonpost.com/wp-dyn/content/article/2006/06/22/AR2006062201763.html

45 Ebd.

46 Elliot, Elisabeth, *Im Schatten des Allmächtigen. Aufzeichnungen des Jim Elliot*, Wuppertal 1962.

47 Aus einem Interview mit dem Autor. Die Fakten stimmen, die Person möchte jedoch nicht namentlich genannt werden.

48 United Airlines bot Dave Carroll eine Entschädigung von 3000 Dollar an, die dieser an eine Wohltätigkeitsorganisation weitergab, die den musikalischen Ausdruck fördert.

49 Clifton Fadiman, André Bernard (Hrsg.), *Bartlett's Book of Anecdotes*, New York 2000, S. 489.

50 Ebd., S. 525.

51 Einen herzlichen Dank an die Bloggerin Valeria Maltoni, die mich auf Doc Searls Weblog vom 21. März 2005 aufmerksam machte. Siehe: http://doc-weblogs.com/2005/03/21#becauseCustomerRelationshipManagementIsAboutManagement-MoreThanCustomers

52 Valeria Maltoni, »Everyone Is Wrong About Influence«, in: Conversation Agent (Blog), 7. Juli 2010, www.conversationagent.com/2010/07/everyone-is-wrong-about-influence.html

53 Aus einem Interview mit dem Autor vom Januar 2011.

54 Mitch Joel, »Making Sense of the Mess«, in: Six Pixels of Separation (Blog), 8. März 2011, https://www.sixpixels.com/articles/archives/making_sense_of_the_mess/

55 Nach der Information eines früheren Redenschreibers der US-Präsidenten, der für dieses Buch interviewt wurde.

56 Chris Gourlay, »OMG: Brains Can't Handle All Our Facebook Friends«, in: Times (London), 24. Januar 2010, https://www.thetimes.co.uk/article/omg-brains-cant-handle-all-our-facebook-friends-klp8270x2hx

57 Joel, »Making Sense of the Mess«, a. a. O.

58 Steve Scanlon erzählte dies dem Autor bei einer Reihe von Interviews zwischen 2010 und 2011.

59 Caroline Wyatt, »Fans Hail Mona Lisa's New Setting«, auf: BBC, 6. April 2005, http://news.bbc.co.uk/2/hi/europe/4418425.stm

60 Interview mit dem Autor vom 28. Dezember 2010.

61 David Brooks, »High-Five Nation«, in: *New York Times*, 15. September 2009, www.nytimes.com/2009/09/15/opinion/15brooks.html?_r=2&ref=opinion

62 Ebd.

63 Jesus in der Bergpredigt, Matthäus 7,12.

64 Richard Norton Smith, »Reagan Revelation: At 100, Why He Still Matters«, *Time*, 6. Februar 2011, https://content.time.com/time/magazine/article/0,9171,2044770,00.html.

Teil III: Wie Sie sich das Vertrauen anderer verdienen und es erhalten

1 Nancy Gibbs, Michael Duffy, *The Preacher and the Presidents*, New York 2007, S. 46, 47 und 48.

2 »Embattled BP Chief: I Want My Life Back«, in: Times Online, 31. Mai 2010, https://www.thetimes.co.uk/article/embattled-bp-chief-i-want-my-life-back-jmnmvng9pos

3 Liz Robbins, »BP Chief Draws Outrage for Attending Yacht Race«, in: New York Times, 19. Juni 2010.

4 »Lula, In His Own Words«, in: *Time*, 19. September 2008, http://content.time.com/time/world/article/0,8599,1842949,00.html

5 »Times Topics: Luiz Inácio Lula da Silva«, in: *New York Times*, 3. Januar 2011, http://topics.nytimes.com/top/reference/timestopics/people/d/luiz_inacio_lula_da_silva/index.html

6 Interview mit dem Autor vom 25. März 2011.

7 Deepak Malhotra, »Mistaking Mistrust for Greed: How to Solve the NFL Dispute«, in: Forbes, 14. März 2011, https://www.forbes.com/2011/03/14/nfl-nhl-contracts-opinions-contributors-deepak-malhotra.html?sh=38f19943e5e7

8 Interview mit dem Autor vom 25. März 2011.

9 Francis Collins, »Has the Revolution Arrived?«, in: Nature 464, 1. April 2010, S. 674 f., https://www.nature.com/articles/464674a

10 J. Madeleine Nash, »Francis Collins: DNA Helmsman«, in: *Time*, 25. Dezember 2000, http://content.time.com/time/world/article/0,8599,2047896,00.html

11 Shakespeare, Hamlet (5,2), in: Sämtliche Tragödien, Bd. 3, München 1969, S. 690.

12 »Medical Aspects of Lightning«, auf: National Weather Service, https://www.weather.gov/safety/lightning-medical

13 Mike Sunnucks, »PR Experts: Tiger Woods Could Lose Endorsements, Needs to Show Sincerity in Wake of Affairs«, in: Phoenix Business Journal, 2. Dezember 2009.

14 Ebd.

15 Richard Norton Smith, »The Reagan Revelation: At 100 Why He Still Matters«, in: Time, 7. Februar 2011, http://content.time.com/time/magazine/article/0,9171,2044770,00.html

16 Chris Harry, »Jim Joyce, Armando Galarraga Real Sportsmen of the Year«, in: AOL News, 29. Dezember 2010, www.aol-news.com/2010/12/29/jim-joyce-armando-galarraga-real-sportsmen-of- the-year

17 John C. Maxwell, The 21 Irrefutable Laws of Leadership, HarperCollins Leadership 2007. Auf Deutsch erschienen unter dem Titel: *Leadership: Die 21 wichtigsten Führungsprinzipien*, Gießen 2011 [Anm. d. Red.].

18 Siehe: John C. Maxwell, *Leadership: Die 21 wichtigsten Führungsprinzipien*, Gießen 2011 (digital), Pos. 1569 ff.

19 David Shaner, *The Seven Arts of Change*, New York 2010.

20 Sissela Bok, *Lügen. Vom täglichen Zwang zur Unaufrichtigkeit*, Reinbek 1980, S. 46.

21 Shaner, *The Seven Arts of Change*, a. a. O.

22 Siehe: Wisdom Commons, www.wisdomcommons.org/wisbits/2448-i-don-t- like-that-man-i-must.

23 Gary Vaynerchuk, »Building a Business in the 'Thank You' Economy«, in: Entrepreneur, 16. März 2011, www.entrepreneur.com/article/219296

24 Ebd.

25 Diese Weisheit wird Basilius dem Großen zugeschrieben.

26 Vaynerchuk, »Building a Business«, a. a. O.

27 John C. Maxwell, *Leadership*, Gießen 2011 (digital) Pos. 1382.

28 Josh Bernoff, Ted Schadler, *Empowered*, München 2011, S. 108 f.

29 Chris Brogan, »The Snowfall of Communication«, 4. Februar 2011, http://www.chrisbrogan.com/thesnowfall

30 August Turak, »Giving Away Credit; Is It Worth It?«, auf: Forbes.com, 8. November 2010, https://www.forbes.com/sites/augustturak/2010/11/08/giving-away-credit-is-it-worth-it/

31 Clifton Fadiman, André Bernard (Hrsg.), *Bartlett's Book of Anecdotes*, New York 2000, S. 545.

32 Richard Norton Smith, »The Reagan Revelation: At 100, Why He Still Matters«, auf: Time, 7. Februar 2011, http://content.time.com/time/magazine/article/0,9171,2044770,00.html

33 Gerald Nirenberg, *Getting Through to People*, Englewood Cliffs 1963, S. 31

34 John Eldredge, *Der ungezähmte Mann*, Basel 2003, S. 26.

35 Amy Jo Martin, Abdruck mit Genehmigung der Autorin.

36 Jennifer Collins, »Making Cotton ›the Fabric of Our Lives‹«, auf: NPR, 15. November 2010, https://www.marketplace.org/2010/11/15/making-cotton-fabric-our-lives/

37 Ebd.

38 Ebd.

39 Bob Brown, »Apple, Google Top Fortune's Most Admired Companies Ranking«, in: Network World, 3. März 2011, https://www.networkworld.com/article/2200598/apple--google-top-fortune-s-most-admired-companies-ranking.html

40 »Buy One, Give One Free: TOMS Shoes«, auf: Conversation Agent, www.conversationagent.com/2011/03/buy-one-give-one-free-toms-shoes.html

41 Amy Jo Martin, Abdruck mit Genehmigung der Autorin.

42 Larry Bird, Earvin Johnson jr., *When the Game Was Ours*, Boston 2009.

43 Sprüche 27, 17.

44 »Coca-Cola's Happiness Machine«, 12. Januar 2010, https://www.youtube.com/watch?v=lqT_dPApj9U

45 Peter Lewis, »AOL vs. Microsoft: Now It's War«, 23. Juli 2001, https://archive.fortune.com/magazines/fortune/fortune_archive/2001/07/23/307401/index.htm

46 Edmund Morris, *The Rise of Theodore Roosevelt*, New York 2010, S. 32.

47 Ebd.

48 Ebd.

49 Tamara Audi, »Latest Prize in Celebrity Auctions Is a Tweet, Not a Meet-and-Greet«, in: Wall Street Journal, 23. September 2010, https://www.wsj.com/articles/SB10001424052748703860104575507581416301748

50 Amy Jo Martin, Abdruck mit Genehmigung der Autorin.

Teil IV: Wie Sie in Zeiten des Wandels führen können

1 Max DePree, *Leadership Is an Art*, New York 1989.

2 Sanjiv Ekbote, »Dale Carnegie Lesson 1: Begin with Praise and Honest Appreciation«, in: BookClub 22. August 2005, http://omnikronbookclub.blogspot.com/2005/06/sanjiv-ekbote-dale-carnegie-lession-1_24.html

3 Ray B. Williams, »Why We Love Bad News«, auf: PsychologyToday.com, 30. Dezember 2010.

4 Seit den 1950er-Jahren studiert man, wie sich Eindrücke im Gehirn formieren. Früher richteten sich diese Forschungsarbeiten vor allem auf negative Eindrücke. Jüngst veröffentlichte Studien ergaben aber, dass negative Wahrnehmungen vom Gehirn tatsächlich schneller und intensiver verarbeitet werden als positive.

5 J. Sidney Shrauger, Saul E. Rosenberg, »Self-Esteem and the Effects of Success and Failure Feedback on Performance«, in: *Journal of Personality* 38, 3 (1970), S. 404–417.

6 Trent Lorcher, »Leadership Principles for Teachers«, auf: Bright Hub, 31. Mai 2009, www.brighthub.com/education/k-12/articles/8881.aspx

7 Robert Sutton, *Der Chef-Faktor*, München 2013, S. 216.

8 Sidney Rosen, Abraham Tesser, »On Reluctance to Communicate Undesirable Information: The MUM Effect«, in: Sociometry 33, 3 (September 1970).

9 Robert Sutton, »The Mum Effect and Filtering in Organizations: The ›Shoot the Messenger‹ Problem«, auf: PsychologyToday.com, 5. Juni 2010.

10 Dale Carnegie and Associates, *The Leader in You*, New York 1995.

11 Marshall Goldsmith, *Was Sie hierhergebracht hat, wird Sie nicht weiterbringen*, München 2022, S. 128.

12 »Leaders Who Admit Mistakes Can Quickly Advance Their Careers«, Institute for Health and Human Potential, 21. Mai 2010, www.ihhp.com/speaking-coaching-training-blog/leadership-training/leaders-admit-mistakes-quickly-advance-careers

13 John Maxwell, *Failing Forward*, Nashville 2000, S. 52.

14 Portia Nelson, *There's a Hole in My Sidewalk*, New York 1994.

15 Goldsmith, *What Got You Here*, a. a. O., S. 95.

16 *Los Angeles Times*, 6. August 1982.

17 John C. Maxwell, *The 21 Irrefutable Laws of Leadership*, Nashville 2007, S. 157 f.

18 Siehe: Kerry Patterson, Joseph Grenny, David Maxfield, Ron McMillan, Al Switzler, *Die Kunst, alles zu verändern*, Wien 2011.

19 Ebd., S. 221.

20 D. Michael Abrashoff, *It's Your Ship*, New York 2002, S. 44.

21 Ed Fuller, *You Can't Lead with Your Feet on the Desk*, Hoboken 2011, S. 101.

22 Herbert H. Meyer, »Self-Appraisal of Job Performance«, in: Personnel Psychology 33, 2 (Juni 1980).

23 Clifton Fadiman, André Bernard (Hrsg.), *Bartlett's Book of Anecdotes*, New York 2000, S. 123.

24 Robert Sutton, *Der Chef-Faktor*, München 2013, S. 72.

25 Charles L. Bosk, *Forgive and Remember*, Chicago 2011.

26 Fiona Lee, »The Fear Factor«, in: Harvard Business Review, Januar 2001

27 Brian O'Keefe, »Battle-Tested: From Soldier to Business Leader«, in: *Fortune,* 8. März 2010.

28 Amy C. Edmondson, »Strategies for Learning from Failure«, in: Harvard Business Review, April 2011.

29 Dale Carnegie & Associates, *Der Erfolg ist in dir,* München 2023, S. 155.

30 »Chicago Hotel Combines Social Media and Employee Recognition«, auf: PR Web, 5. August 2010, https://www.prweb.com/releases/chicagohotel/socialmedia/prweb4347154.htm

31 Gerald H. Graham, U*nderstanding Human Relations: The Individual, Organization, and Management,* Chicago 1982.

32 Center for Management and Organization Effectiveness, »5 Ways to Give Praise: Small Efforts with a Huge Return«, https://cmoe.com/blog/5-ways-to-give-praise-small-efforts-with-a-huge-return/

33 D. Michael Abrashoff, *It's Your Ship,* New York 2002, S. 142–143.

34 Timothy Evans, »The Tools of Encouragement«, auf: CYC-Online, International Child and Youth Care Network, Ausgabe 73, Februar 2005, http://www.cyc-net.org/cyc-online/cycol-0205-encouragement.html

35 Jon Carlson, L. Sperry, D. Dinkmeyer, »Marriage Maintenance: How to Stay Healthy«, in: Topics in Family Counseling and Psychology 1 (1992), S. 84–90.

36 Rosamund Stone Zander, Benjamin Zander, *The Art of Possibility,* New York 2002, S. 27–28.

37 Ebd., S. 26.

38 Kerry Patterson, Joseph Grenny, Ron McMillan, Al Switzer, *Heikle Gespräche,* Wien 2012, S. 89

39 Amy Jo Martin, Abdruck mit Genehmigung der Autorin.

40 Greg Ferenstein, »How Dana White Built a UFC Empire with Social Media«, auf: Mashable (Blog), 8. Juni 2010, www.mashable.com/2010/06/08/dana-white-ufc-social-media

41 Dr. Tim Irwin, »The Compass of a Leader«, 21. Dezember 2009, https://www.drtimirwin.com/announcements/the-compass-of-a-leader.html

42 Siehe: Yvon Chouinard, *Lass die Mitarbeiter surfen gehen,* München 2017, S. 182.

43 Richard Branson, »Richard Branson on ›Social Relations‹«, in: Entrepreneur, 8. Februar 2011, https://www.entrepreneur.com/article/275472